Werner Färber

Geschichten vom Clown Coco

Mit Bildern von Regine Altegoer

W0372094

Hase und Igel®

Für Lehrkräfte gibt es zu diesem Buch
ausführliches Begleitmaterial beim Hase und Igel Verlag.

© 2011 Hase und Igel Verlag GmbH, Garching b. München
www.hase-und-igel.de
Druck: Himmer AG, Augsburg

Dieses Buch erschien erstmals unter dem Titel
„Kleine Geschichten vom Clown Coco"
in der Loewe Verlag GmbH, Bindlach.
Es wurde für diese Ausgabe vollständig neu bearbeitet.

Illustrationen von Regine Altegoer
©1998 Loewe Verlag GmbH, Bindlach

Kartonierte Ausgabe:
ISBN 978-3-86760-146-7
Gebundene Ausgabe:
ISBN 978-3-86760-726-1

Inhalt

Der Zirkus kommt 5

Auf den Hund gekommen 13

In letzter Sekunde 21

Eine zauberhafte Nummer 28

Notbremse 37

Der Zirkus kommt

Der  kommt!

Und Coco, der  ,

kommt natürlich auch.

Lange schon hat der 

auf riesigen 

die  angelacht.

Sie freuen sich auf den  .

Heute gehen ,

 und 

an den winkenden  vorbei.

Ein  tuckert

hinter dem anderen.

Jeder zieht

einen bunten .

Endlich halten sie an.

Wo steckt der  ?

Die Kinder laufen

von  zu  .

Im ersten wohnt der  .

Im nächsten der  .

Dahinter stehen die 

der  und  .

Der letzte  ist sehr bunt.

An der  hängt ein 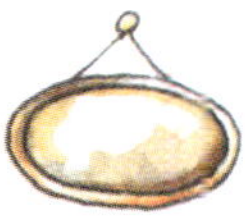.

Darauf steht: Coco, der .

Als die  aufgeht,

kommt ein normaler  heraus.

„Wohnt hier nicht der  ?“,

fragt ein  .

„Doch“, antwortet der  .

„Ich hole ihn.“

Die  müssen lange warten.

Dann steht Coco vor ihnen.

Er hat lustige 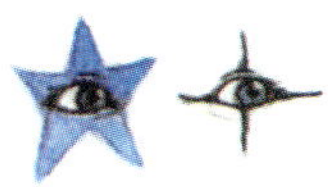,

eine rote 

und viel zu große .

„Und wo ist jetzt der  ,

der dich geholt hat?“,

fragt ein kleines  .

Coco legt den 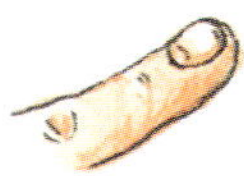 auf den  .

„Das wird nicht verraten.“

Auf den Hund gekommen

Beim  geht heute alles schief.

Zuerst ist ihm seine liebste 

vom  gefallen.

Dann hat er mit dem 

sein  verbrannt.

Und ein  ist ihm auch noch

vom  abgerissen.

Coco holt  und 

und näht den  wieder an.

Dabei sticht er sich in den 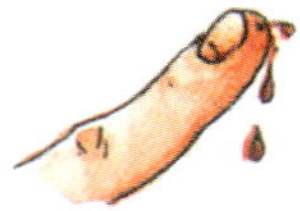

und braucht auch noch ein 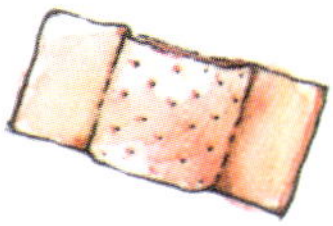.

Er schlüpft in seinen linken 

und bindet eine .

Dann in den rechten .

Der 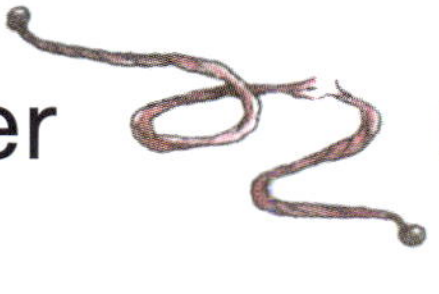 reißt.

Mit dem  in der 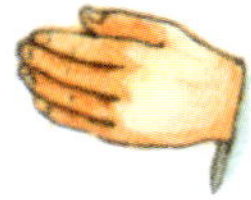

rennt Coco zum  .

„Hat jemand einen  ?“

„Nimm meinen“, sagt der  .

Er macht seinen  auf.

„Coco, du bist dran!“, ruft der  .

Da kommt Bonzo,

der  der  .

Er schnappt sich Cocos 

und läuft in die  .

Bonzo hat den 

zwischen den 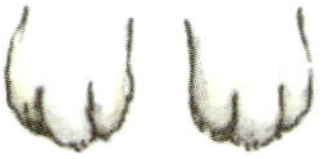

und nagt mit seinen scharfen 

daran herum.

Coco schleicht sich an.

Als er nach dem  greift,

rennt Bonzo davon.

Immer und immer wieder.

Die  klatschen

und trampeln mit den 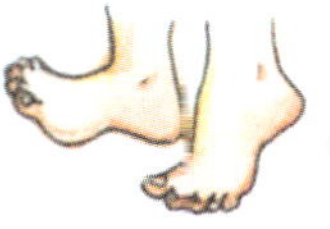 .

Sie glauben, der  und

der geklaute  gehören dazu.

Vielleicht sollte der 

immer mit Bonzo auftreten?

In letzter Sekunde

Nur ein einziger 

strahlt die  an.

Hoch über der 

tanzt sie auf ihrem 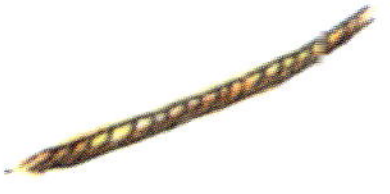 .

Die  auf ihrem 

glitzern und funkeln golden.

Bewundernd schaut ihr Coco zu.

Die  schreitet

mit einem  in der 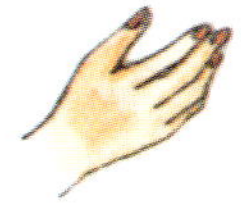

hin und her.

Dann fährt sie mit einem 

über das straff gespannte  .

Da hört Coco etwas knacken.

Ob mit dem 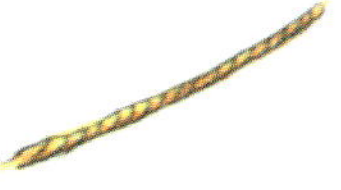

etwas nicht stimmt?

Nun verbindet sie sich die .

Es wird ganz still im .

Man hört nur noch leise die  .

Vorsichtig setzt die 

einen  vor den anderen.

Wieder knackt es.

Jetzt ist der  ganz sicher.

Das 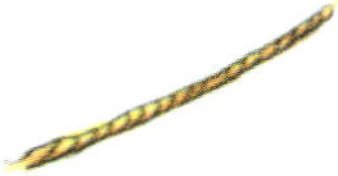 wird reißen.

Coco klettert die  hinauf.

„Nimm dein  ab

und geh weiter!“,

ruft der .

Er streckt der 

seine  entgegen

und packt entschlossen zu.

Peng! Das 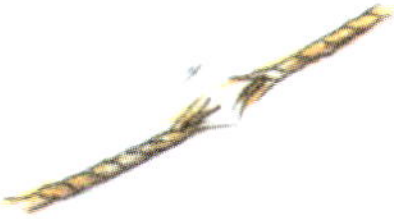 reißt!

Coco zieht die 

gerade noch zu sich.

Alle klatschen und jubeln wie wild.

Eine zauberhafte Nummer

„Unser  ist krank“,

sagt der  zu Coco.

„Du musst für ihn einspringen.

Hier sind sein ,

sein  und sein 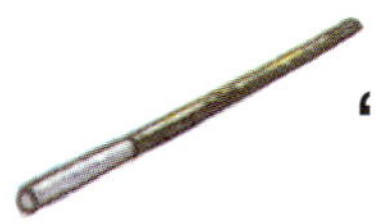 “,

sagt der .

Das  des  ist geheim.

Deshalb zieht Coco die  zu.

Er liest, wie man ein 

aus dem 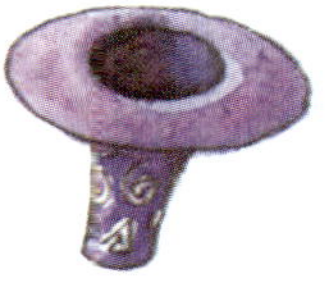 zaubert

und wie man einen 

in einen  verwandelt.

Er streicht über den 

und hat – Simsalabim! –

einen  in der 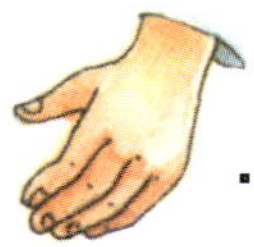.

Es funktioniert tatsächlich.

Trotzdem ist er aufgeregt,

als er mit  und 

in die  tritt.

Auf einem 

liegt das dicke  des .

Neugierig schlägt er es auf.

„Hoppla!“, ruft er,

als ihm plötzlich

ein  entgegenspringt.

Coco setzt es in den 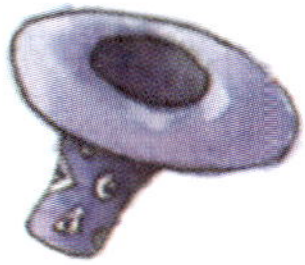 .

Als er den  wieder aufsetzt,

rieseln 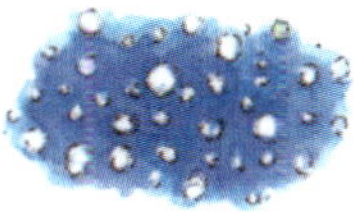 auf seinen  .

Das  ist verschwunden.

Als Coco das 

unter dem  wiederfindet,

lachen die .

Der  verwandelt

den  in eine  .

Damit lockt er das 

aus der 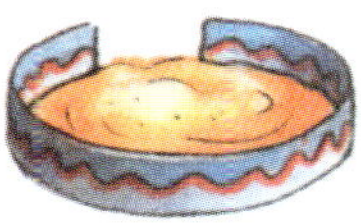 .

Die  sind begeistert.

Sie haben nicht einmal gemerkt,

dass Coco

gar kein richtiger  ist.

Notbremse

Der  reist ab.

Noch einmal

ziehen die 

durch die  .

Viele  winken hinterher.

Der  verabschiedet sich

mit riesigen 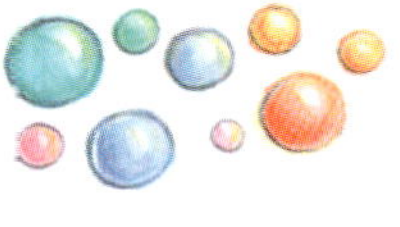 .

Die  werden

auf einen 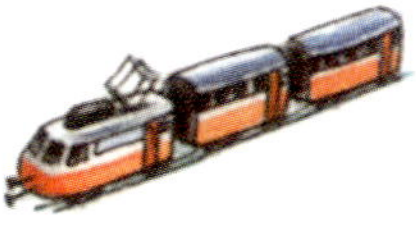 verladen.

Coco stellt sich ans 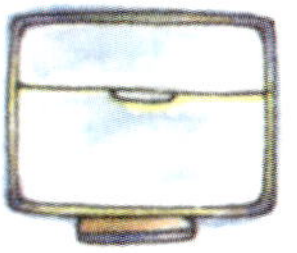.

Ein  winkt ihm zu.

Der  winkt

mit einem bunten 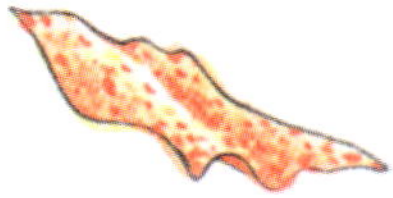 zurück.

Der  hat einen  .

Plötzlich steigt er in den  .

Schon hebt der  die  .

Die  schließen sich.

Der  fährt an.

Der  erschrickt.

„Ich will gar nicht mitfahren!“,

sagt er und fängt an zu weinen.

Der  fasst sich ein .

Er zieht die 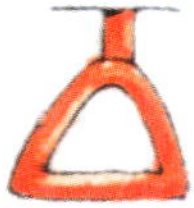.

Quietschend hält der  an.

Mit finsterem 

kommt der  angerannt.

„Was soll das?“, fragt er.

Coco zeigt dem 

den weinenden .

Schon klopft von außen eine 

gegen das 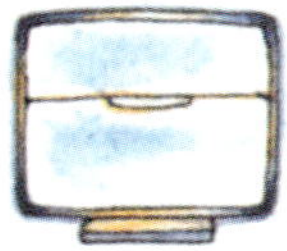.

„Mama!“, ruft der .

Schnell bringt der 

den  aus dem .

Noch einmal lässt er schrill

die  ertönen.

Jetzt reist der  endgültig ab.

Die Wörter zu den Bildern:

Zirkus

Clown

Plakate

Kinder

Pferde

Elefanten

Kamele

Traktor

Zirkuswagen

Zirkusdirektor

Zauberer

Käfige

Löwen

Tiger

Tür

Schild

Mann

Junge

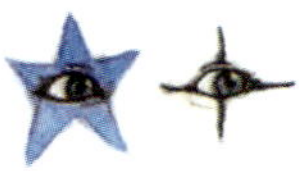
Augen

Nase

Schuhe

Mädchen

Finger

Mund

Tasse

Tisch

Bügeleisen

Hemd

Knopf

Nadel

Faden

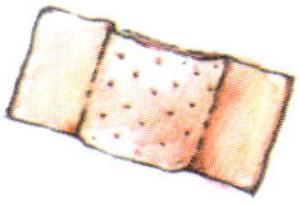
Pflaster

Schleife

Schnürsenkel

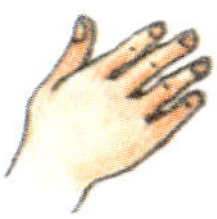
Hand

Zelt

Hund

Seiltänzerin

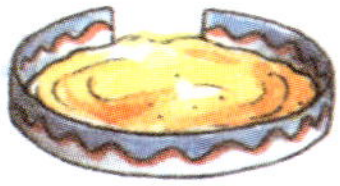
Manege

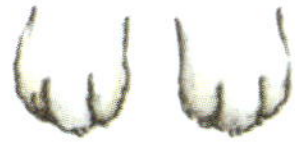
Pfoten

Zähne

Zuschauer

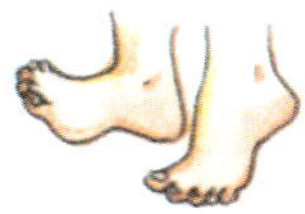
Füße

Scheinwerfer

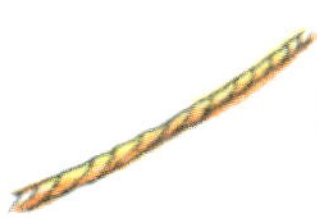
Seil

Sterne

Kleid

Schirm

Fahrrad

Trommel

Fuß

Leiter

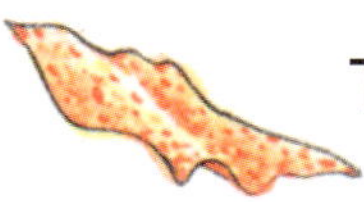
Tuch

Buch

Zauberhut

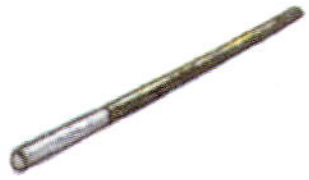
Zauberstab

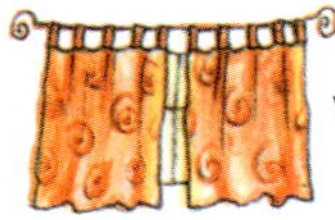
Vorhänge

Kaninchen

Blumen-
strauß

Frack

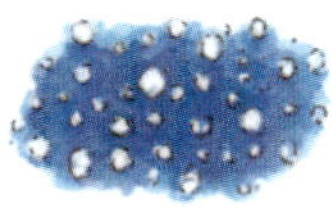
Schnee-
flocken

Kopf

Karotte

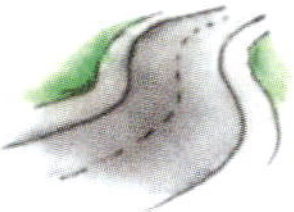
Straße

Seifenblasen

Zug

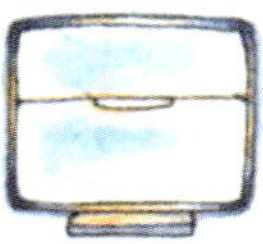
Fenster

Schaffner

Herz

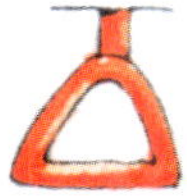
Notbremse

Gesicht

Frau

Pfeife

Werner Färber, 1957 in Wassertrüdingen geboren, ist ein bekannter Kinder- und Jugendbuchautor. Auch im Rundfunk sind seine Geschichten zu hören. Darüber hinaus ist er als Übersetzer aus dem Englischen tätig. Werner Färber lebt in Hamburg und wer noch mehr über ihn und seine Bücher erfahren möchte, findet im Internet unter *www.wernerfaerber.de* weitere Informationen.

Regine Altegoer, 1963 in Bonn geboren, studierte Design mit dem Schwerpunkt Buchillustration in Münster. Danach arbeitete sie in einer Frankfurter Werbeagentur. 1992 machte sie sich selbstständig. Seitdem illustriert sie für verschiedene Verlage Kinder- und Jugendbücher.

W0372118

Kinga Howorka

Insulinabhängig?...

Funktioneller Insulingebrauch: Der Weg zur Freiheit mit nahezu normalem Blutzucker

Ein Patientenlehrbuch für „Fortgeschrittene"
über die Behandlung mit Selbstkontrolle
und mehrfachen Injektionen
oder einer steuerbaren Insulinpumpe

Mit einem Geleitwort von Prof. Dr. V. Frankl

Die Deutsche Bibliothek – CIP-Einheitsaufnahme

Howorka, Kinga:
Insulinabhängig? ... : funktioneller Insulingebrauch: der Weg zur Freiheit mit nahezu normalem Blutzucker; ein Patientenlehrbuch für „Fortgeschrittene" über die Behandlung mit Selbstkontrolle und mehrfachen Injektionen oder einer steuerbaren Insulinpumpe / Kinga Howorka. Mit einem Geleitw. von V. Frankl. - 7., überarb. Aufl. - Mainz : Kirchheim, 1999
ISBN 3-87409-281-X

Autorin:
Univ.-Prof. Dr. med. KINGA HOWORKA
Institut für Biomedizinische
Technik und Physik,
Forschungsgruppe funktionelle
Rehabilitation
Universität Wien,
Allgemeines Krankenhaus
Leitstelle 4 L,
Währinger Gürtel 18 – 20,
A-1090 Wien

Graphik:
Karl Alex, Wien

Gefördert durch den medizinisch-wissenschaftlichen Fonds
des Bürgermeisters der Stadt Wien
und
den Fonds zur Förderung
der wissenschaftlichen Forschung

KIRCHHEIM

Alle Rechte vorbehalten
© 1987 by Verlag Kirchheim + Co GmbH, Mainz, 7. überarbeitete Auflage 1999
Printed in Germany/Imprimé Allemagne
ISBN 3-87409-281-X

Für die wirkliche Möwe Jonathan,
die in uns allen lebt

(Richard D. Bach
Jonathan Livingston Seagull)

Inhaltsverzeichnis

Geleitwort von Prof. Dr. Viktor E. Frankl 4

Erinnerungen von Helga Grillmayr 5

1. An den Leser 10

2. Einführung: Was ist ein funktioneller Insulingebrauch 11

3. Überblick über das FIT-Programm 14

4. Diabetikerschulung (Phase 1) 18
Testfragen zur Diabetikerschulung 41
Weiterführende Literatur 45

5. FIT-Schulung (Phase 2) 46
Testfragen zur FIT-Schulung 62

6. Zusammenfassung des ersten FIT-Tages 66

7. Einige „Insulinspiele" zur Überprüfung der Insulindosierungs-Algorithmen 69
7.1 Der Festtag oder die sogenannte „Sünde" 69
7.2 Die Prüfung der Blutzucker-Korrekturalgorithmen, Nebeneffekt: Bestimmung der Nierenschwelle 74
7.3 Das Fasten 79

8. Hypoglykämie: Unterzuckerung 84

9. Hyperglykämie: Überzuckerung, Insulinmangel 94

10. Regeln zur Algorithmenanpassung zusammengefaßt 98

11. Muskelarbeit 107

12. Sondersituationen 111

13. Die möglichen Fehler und die letzten Ratschläge 119

Danksagung 122

Testfragen zum Abschied 123

Anhang

Schwangerschaft bei Typ 1 Diabetes 126

Funktionelle Insulintherapie bei Kindern und Jugendlichen 132

FIT bei Typ 2 Diabetes 136

Diabetes-Folgeschäden 141

Hypertonie-Schulung 147

Glossar 148

Die richtigen Antworten auf die Testfragen 152

Sachverzeichnis 161

Zum Geleit

Das Schicksal diabetischer Menschen ist nicht immer leicht zu tragen, und sie selbst wissen es am allerbesten. So mag es auch kommen, daß sich der eine oder der andere gelegentlich auch fragt, ob es denn überhaupt noch einen Sinn habe, es weiterzuschleppen. Der Mensch ist nun einmal ein Wesen – nein, er ist **das** Wesen – das auf der Suche nach einem Sinn ist.

Nun läßt sich – auch auf empirisch-wissenschaftlicher Grundlage – nachweisen, daß jeder Mensch imstande ist, einen Sinn in seinem Leben auch zu finden, und das grundsätzlich in jeder Situation, unter allen Bedingungen und Umständen, auch den tristesten und tragischsten. Sinnvoll wird unser Leben nämlich nicht nur, wenn wir eine Tat setzen oder ein Werk schaffen, oder wenn wir etwas erleben, etwas oder jemanden, und jemanden wirklich erleben kann letzten Endes nur, wer ihn liebt. Zu guter Letzt stellt sich jedoch heraus, daß auch dort, wo wir uns mit einem unabänderlichen Schicksal konfrontiert sehen, sagen wir, mit einer unheilbaren Krankheit, auch dort hört unser Leben nicht auf, einen Sinn zu haben; denn wie wir ein solches Leiden auf uns nehmen, mit welcher Haltung und Einstellung, ob wir es mit Würde und Tapferkeit tragen, oder aber uns einfach unterkriegen lassen – all dies gibt uns eine Chance, Zeugnis abzulegen von der Fähigkeit des Menschen, aus dem bloßen Leiden eine menschliche Leistung zu machen, mit einem Wort, eine persönliche Tragödie in einen exemplarischen Triumph umzugestalten.

Dies alles gilt aber nur, wenn es sich, wie gesagt, um ein „unabänderliches Schicksal“ handelt. Wann immer es möglich ist, das Schicksal aktiv zu gestalten, dürfen wir es nicht bloß passiv hinnehmen. Eine heilbare Krankheit muß behandelt werden, ein operables Karzinom muß eben operiert werden. Mit anderen Worten, wir haben die Ursache eines Leidens zu beheben und zu beseitigen, soweit und solange dies möglich ist, und wir sind verantwortlich dafür, daß wir die Grenzen des diesbezüglich Machbaren so weit wie möglich hinausschieben, indem wir all die Segnungen der modernen Medizin ausschöpfen.

Was eine solche Verpflichtung im besonderen für die Optimierung einer diabetischen Stoffwechsellage bedeutet, erfährt der Leser aus dem vorliegenden Buch von Kinga Howorka. Wer ihre Ratschläge befolgt, wird die Früchte solcher Zusammenarbeit ernten und der Forscherin Howorka ebenso dankbar sein, wie ich der Ärztin Howorka dankbar bin – ich, der ich das Glück hatte, sie kennenzulernen, als ich in einem Spital, in dem ich ein Vierteljahrhundert als Primarius tätig gewesen war, eine Zeit lang als Patient lag und, wie es sich traf, von der „Diensthabenden“ Howorka betreut wurde.

Univ.-Prof. Dr. med. Viktor E. Frankl

Erinnerungen

Von Helga Grillmayr

● 350 mg/dl Blutzucker -
Früher:
Schuldgefühle, Angst, Hilflosigkeit, deprimiertes Warten über Stunden, ohne zu essen, bis der Zucker wieder „unten" ist.
Heute („FIT", damals auch „NIS" genannt):
Wenn es überhaupt vorkommt - unmittelbares, gezieltes Korrigieren auf den gewünschten Blutzuckerbereich, kurzes Nachdenken über die mögliche Ursache.

● Konzertbesuch mit Freunden –
Früher:
Vor dem Konzert auf der Toilette schnell Verzögerungsinsulin spritzen, nach einer halben Stunde (Spritz-Eß-Abstand) während der Aufführung – womöglich gerade beim Pianissimo – möglichst geräuschlos und unauffällig Kekse (2 BE!) verzehren (den Musikgenuß können Sie sich vorstellen ...). Anschließend gehen meine Freunde zum Italiener essen – Spaghetti, Tortellini, Pizza; ich: Salatschüssel mit einer halben Scheibe Brot (1 BE Spätmahlzeit). Naja...
Heute:
Keine Pflicht zum frühen Abendessen. Nach dem Konzert im Restaurant Blutzucker messen, Insulin dosieren, Spaghetti oder Tortellini oder Pizza mit den anderen essen – ein Hochgenuß: das Konzert und das Essen danach!

● Blinddarmoperation –
Früher:
Abhängigkeit von den Ärzten (welcher Chirurg versteht schon etwas von Diabetes?), Angst, Schwierigkeiten beim Fasten vor und nach der Operation...
Eine Operation heute:
Selbständige Blutzuckersteuerung mit engmaschigen Blutzuckerkontrollen, keine Pflicht zum Essen – (fast) keine Probleme mehr!

Tausend andere Situationen aus der Prae-FIT-Ära könnte ich aufzählen – Ausflüge mit Freunden, die an den unmöglichsten Stellen höflich warten, bis ich meine Mahlzeit verzehrt habe, dann nach einer Stunde essen alle bei der Hütte ihr Wurstbrot, ich sitze währenddessen bei Radieschen und Paprika. Im Urlaub, auf Gruppenreisen, bei Zeitverschiebungen – wie geht sich das wieder mit den Mahlzeiten aus? Habe ich genügend Notproviant mit? Ständig tickt die „Diätuhr" im Hinterkopf... Schlechte Blutzuckerwerte trotz großer Bemühungen, es will und will nicht gelingen – Sorgen, Verzweiflung, Resignation („Jetzt ist es auch schon egal!") – Angst vor Spätschäden, Schuldgefühle...

Ist dies unser unabänderliches, diabetisches Schicksal? Müssen wir uns damit abfinden? Nein, heute gibt es die neue Therapieform, die uns von vielen – wohl aber nicht von

PIEZ

allen – diabetischen Problemen erlöst: FIT macht's möglich! FIT gibt uns Diabetikern die Chance, selbständig und unabhängig unseren Stoffwechsel zu steuern, dadurch „frei zu leben“, nicht mehr in Abhängigkeit von der Insulinwirkung. Mit FIT haben wir das Rüstzeug zu einer völlig eigenverantwortlichen Blutzuckersteuerung und damit auch die Möglichkeit, langfristig eine zufriedenstellende Stoffwechsellage zu erhalten. Angesichts der drohenden Spätkomplikationen ein ganz wesentlicher Punkt.

Allerdings – ohne Fleiß kein Preis. Täglich mehrmals Blutzucker messen, Insulin dosieren, Protokoll führen – vor allem „mit Köpfchen“ dabei sein! FIT bedeutet aktive Arbeit mit seinem persönlichen Diabetes, einfach und mit wenig Aufwand, eigenverantwortlich und selbständig. Diabetes ist kein unabänderliches Leiden mehr, sondern ein Zustand, den man im Griff hat.

Ich persönlich bin Frau Dr. Howorka, die diese Methode entwickelt und beschrieben hat, unendlich dankbar, weil ich nun seit Jahren mit FIT langfristig eine „normale“ Stoffwechsellage (HbA1c im Normbereich) habe und damit nach 22 Jahren Diabetes ohne nennenswerte Spätschäden eine gesunde, muntere Tochter zur Welt gebracht habe. Heute, nach nun 35 Diabetesjahren habe ich keine Spätschäden mehr: die Retinopathie (Augenhintergrundschädigung) ist spurlos ausgeheilt. Im Namen aller ihrer Patienten danke ich Frau Dr. Howorka für die engagierte Vermittlung ihres Wissens und ihrer Erfahrungen mit FIT-Beratung an andere Ärzte, Diabetesberater und an die Betroffenen selbst. Ich danke auch für die Verfassung dieses Buches, das noch vielen Menschen helfen möge, ihren Diabetes sicher und problemlos zu managen!

Wien, im Sommer 1999

Dr. phil. HELGA GRILLMAYR
Vorsitzende
der Aktiven Diabetiker Austria
A-1030 Wien
Hörnesgasse 16

Einige Worte zur 5. Auflage 1994

Nun – endlich – ist es soweit: die größte Diabetes-Studie der Welt über den Zusammenhang zwischen Stoffwechselkontrolle und Folgeschäden der Zuckerkrankheit ist vor kurzem in den USA zu Ende gegangen: Die gute Diabeteseinstellung lohnt sich wirklich.

An der Studie haben über 1400 Diabetiker mit guter und schlechter Kontrolle teilgenommen, die insgesamt bis zu 10 Jahren beobachtet wurden. Die Studie hat gezeigt (1) eine relativ gute „Einstellung", d.h. ein mittlerer Zucker um etwa 150 mg/dl kann über sehr lange Perioden unter Einsatz von mehrfachen Injektionen oder Pumpe von der Mehrheit der Patienten erreicht werden, (2) die Intensivierung der Behandlung bzw. eigentlich die Verbesserung der Einstellung bewirkt eine entscheidende, hochsignifikante Senkung der Wahrscheinlichkeit von Veränderungen am Augenhintergrund (um 54–76%) und jener der Nierenschädigung, die an der Eiweißausscheidung im Harn gemessen wird (um 43–56%). Also: eindeutige Ergebnisse. Die Senkung des Blutzuckers hatte jedoch eine unangenehme Nebenwirkung: die Erhöhung der Wahrscheinlichkeit von schweren Unterzuckerungen.

Diese amerikanische Studie (DCCT:Diabetes Control and Complications Trial 1993) - ist mit einem sehr hohen Aufwand durchgeführt worden. Die Patienten standen unter einer sehr engmaschigen Überwachung, bei der Patientenauswahl sind sehr harte Kriterien angewendet worden (u. a. wurden später aus der Studie jene Diabetiker ausgeschlossen, die in der Vergangenheit Unterzuckerungen mit Bewußtlosigkeiten hatten). Die Skeptiker sagen daher nicht ohne Berechtigung, daß die Ergebnisse dieser Studie nicht so ohne weiteres in die Praxis umgesetzt werden können.

Nach Ausbildung von vielen hundert Patienten in funktioneller Insulinbehandlung wissen wir, daß ähnliches mit weniger Aufwand und mit noch weniger schweren Unterzuckerungen dann erreicht wird, wenn eine ausführliche Schulung des Patienten in Blutzuckersteuerung der Senkung der mittleren Blutglukose vorausgeht. Wir glauben, daß so eine angemessene Ausbildung insgesamt nicht weniger als etwa 45–50 Arbeitsstunden umfassen sollte und es daher in der Praxis lediglich als Gruppenschulung mit vielen praktischen Übungen möglich ist. Es gibt da eine Parallele: das Erlernen des Autofahrens und die Führerscheinprüfung. Jeder findet es legitim, das Autofahren während eines Kurses mit ausgiebigen praktischen Fahrübungen zu erlernen. Ähnlich ist es bei Diabetes: Den „Zucker zu steuern" muß in Theorie und Praxis geübt werden, und dies hat mit Krankenhaus per se nur relativ wenig zu tun, ja, die Erfahrungen zeigen, daß die stationären Bedingungen dem eigentlichen Lernen und einem Kurs nicht gerade dienen können.

Das vorliegende Buch ist für dieses Ziel entstanden: für das Erlernen der funktionellen Insulinbehandlung – aber nur als Kursbegleitung.

Vorwort zur 7. Auflage

Vor kurzem wurde in Großbritannien die größte Diabetesstudie der Welt über den Zusammenhang zwischen der Blutzucker- und Blutdruckkontrolle bei Typ-2-Diabetes und der diabetesbedingten Spätkomplikationen und Sterblichkeit veröffentlicht. In dieser kontrollierten Studie wurden über 4.000 Personen mit Typ-2-Diabetes in entweder intensivierten oder mehr „üblichen“ Blutzucker- und Blutdruck-Behandlungsgruppen eingeschlossen. Die Schlußfolgerung ist ähnlich der DCCT für Typ-1-Diabetes: intensivierte Diabetesbehandlung (mittels Insulin oder Sulfonylharnstoffen, bei übergewichtigen Diabetikern auch mit Metformin) reduziert das Risiko der diabetesbedingten Komplikationen (um 12% bis 25%). Besonders interessant ist aber, daß eine strengere Blutdruckkontrolle bei Patienten mit überhöhten Blutdruckwerten und Typ-2-Diabetes zusätzlich eine Verminderung von diabetesbedingter Sterblichkeit (um 32%) und eine Senkung der Diabetesspätkomplikationen um 24-37% gebracht hatte. Diese Ergebnisse bestätigen unsere langjährigen Erfahrungen mit Typ-2-Diabetikern. In der neuen Auflage dieses Buches haben wir dem auch Rechnung getragen und ein Kapitel über die Besonderheiten der funktionellen Therapie bei Typ-2-Diabetes hinzugefügt. Gleichzeitig war wachsendes Interesse der Kinder, Jugendlichen, ihrer Eltern und den pädiatrischen Endokrinologen an dieser Art der Therapie wahrzunehmen. Von den Betroffenen und ihren Eltern gefordert, findet funktionelle Insulintherapie nun auch Verbreitung in den USA. Den Wünschen der Patienten entsprechend, habe ich die Gespräche im einschlägigen Kapitel über die funktionelle Therapie für Kinder zusammengefaßt. Bei allen Beteiligten bedanke ich mich für Anregungen, Ergänzungen und Verbesserungen. In der Zeit der neuen Kommunikationsmedien möchte ich auch auf unsere Unterstützer im Internet hinweisen; FIT USA Foundation: **www.fitusa.org**, bzw. Diabetes Austria: **www.diabetes-austria.com**. Für all ihre Unterstützung und FIT-Begeisterung vielen Dank.

Wien, im Herbst 1999

Univ.-Prof. Dr. med. Kinga Howorka

1. An den Leser

Müssen Sie Insulin spritzen?
Möchten Sie einen weitgehend normalen Blutzucker haben?
Wollen Sie die Folgeschäden Ihrer Zuckerkrankheit vermeiden?
Möchten Sie sich von der regelmäßigen Lebensweise und der regelmäßigen Diät befreien?
Können Sie für Ihre Behandlung und die Selbstkontrolle etwa 5–10 Minuten pro Tag – jeden Tag – aufbringen?

Wenn Sie diese Fragen mit „ja“ beantwortet haben, sollten Sie dieses Buch lesen. Es wurde für Sie geschrieben.

Sie wissen es nicht – aber Sie haben mir geholfen, es zu schreiben. Natürlich nicht direkt; Sie sind hier aber als eine Art Ko-Autor vertreten: Dieses Buch wurde in einer Frage-Antwort-Form verfaßt, ähnlich einem Dialog... Ich habe mir vorgestellt, daß wir – Sie und ich – nebeneinander sitzen und gemeinsam Möglichkeiten und Grenzen, Nachteile und Vorteile von Selbstkontrolle und Selbstbehandlung diskutieren.

Sie haben sich als ein phantastischer Gesprächspartner erwiesen! Dafür möchte ich mich bei Ihnen bedanken.

Mein besonderer Dank gilt auch unseren ersten 200 insulinabhängigen Patienten, die uns in den ersten Jahren der FIT-Anwendung geholfen haben, allgemeingültige Richtlinien für einen funktionellen Insulingebrauch zu formulieren, und damit auch Ihnen die Alternative der Freiheit und des „nahezu normalen Blutzuckers“ anzubieten.

Wie sollte man dieses Buch lesen? Am besten so, wie es geschrieben wurde: **von vorne nach hinten**, und wenn es irgendwie möglich ist, nicht diagonal. Alle neuen Begriffe werden beim ersten Vorkommen erklärt. Sollte dennoch für Sie etwas neu sein, finden Sie im **Glossar** am Ende des Buches volle Erklärung. Beurteilen Sie selbst Ihren Wissensstand anhand der **Testfragen** (nach Kapitel 4, 5 und 13; die richtigen Antworten finden Sie am Ende des Buches). Wenn Sie sich selbst oder Ihren Arzt mehr „wissenschaftlich“ über funktionellen Insulingebrauch informieren wollen, steht Ihnen mein Buch für Ärzte, **„Funktionelle Insulintherapie“, Lehrinhalte, Praxis und Didaktik“** (**Springer-Verlag**, Berlin, 4. Auflage 1996) zur Verfügung.

Die Illustrationen zu diesem Buch wollen zeigen, was man für FIT unbedingt braucht: ein Tröpfchen Insulin, ein Tröpfchen Blut und ein Tröpfchen Humor. Die Darstellungen sind überwiegend frei erfunden. Ähnlichkeiten mit tatsächlichen Geschehnissen und lebenden Personen sind rein zufällig und nicht beabsichtigt.

Der Autor der Abbildungen, Karl Alex, ist bereits gestorben. Seine Tröpfchen-Männchen werden uns immer an ihn erinnern.

2. Einführung: Was ist ein funktioneller Insulingebrauch?

Was meinen Sie mit funktionellem Insulingebrauch? Was ist das?

Dabei wird das Insulin funktionell, also funktionsgebunden angewendet und die Nachahmung der Insulinproduktion beim Gesunden dadurch erreicht, daß das

- *basale* (= beim Fasten benötigte) Insulin getrennt vom
- *prandialen* (= mahlzeitenbezogenen) Insulin ersetzt wird. Die
- *Blutzuckerkorrekturen* werden gemacht, um einen zu hohen oder zu niedrigen Blutzucker auf den gewählten Korrektur-Zielpunkt zu bringen.

Was heißt das konkret?

Die Insulinzufuhr steuern Sie mit einer Insulinpumpe oder mit etwa 5 bis 6 Spritzen täglich entsprechend dem Bedarf anhand der Blutzucker-Selbstkontrolle. Wenn Sie das häufigere Spritzen der Pumpe vorziehen, so erfordert der Ersatz von basalem (= Fasten-) Insulin 2mal täglich die Injektion eines langwirkenden Insulins. Zum Essen oder für Blutzuckerkorrektur wird hingegen kurzwirkendes Insulin benötigt. Die funktionelle Insulinbehandlung hat zum Ziel, Ihnen eine möglichst gute Stoffwechselkontrolle bei gleichzeitiger Freiheit des Lebensstils zu ermöglichen. Sie wurde in ihren Anfängen von uns Medizinern auch eine „nahe-normoglykämische Insulinsubstitution" (NIS*) genannt. „Normoglykämisch" heißt „mit normalem Blutzucker"; die „Substitution" heißt „Ersatz". Anders ausgedrückt bedeutet FIT (früher NIS) Insulinersatz bei nahezu normalem Blutzucker. Mit „normalem" Blutzucker meinen wir Werte wie bei Nicht-Diabetikern: Nüchtern und vor dem Essen zwischen 80 und 120 mg/dl. Nach dem Essen kann der Blutzucker aber kurzfristig bis auf 160 - 180 mg/dl ansteigen. (Die Umrechnung von mg/dl in mmol/l finden Sie am Ende dieses Buches.)

Wenn ich Sie richtig verstehe, muß ich neben den Blutzucker-Selbstmessungen entweder mehrmals täglich spritzen oder ständig eine Insulinpumpe tragen? Ist das nicht ein irrsinniger Aufwand?

Nein, weil vieles einfacher geworden ist. Sie müssen nicht immer eine neue Spritze nehmen. Wenn Sie Spritzen mit eingeschweißten Nadeln verwenden, können Sie sie ruhig mehrmals, bis zum Stumpfwerden, benützen. Nur der Insulinvorrat kommt in den Kühlschrank, die angebrochenen Fläschchen können sie ohne weiteres mit sich herumtragen. Solange Sie sich normal waschen, ist die Hautdesinfektion erwiesenermaßen unnötig (Insuline beinhalten ohnehin Desinfizienzien). Sie müssen auch nicht unbedingt pünktlich zu bestimmten Zeiten spritzen; Sie machen das, wann es Ihnen paßt. Dagegen stehen allerdings einige „Schmerzsekunden" am Tag durch die häufigeren Spritzen und die Blutzucker-Selbstkontrolle. Übrigens müssen Sie zum Blutzuckermessen auch nicht ständig ein Gerät (ein Reflektometer) verwenden. Eine entsprechende Ausbildung vorausgesetzt, können sie den Blutzucker einfach mit den Augen durch Vergleich mit der

---

* Die andere, gleichbedeutende Abkürzung **FIT** steht für ‚functional insulin treatment' (Howorka, Springer, Berlin 1991) oder ‚funktionelle Insulin-Therapie'.

Farbskala abschätzen. Die eigentliche Anfangsinvestition in die Methode resultiert daraus, daß Sie lernen müssen, wie und wieviel Insulin Sie zu welcher Zeit, zu welcher Nahrung spritzen müssen, damit Sie ständig nahezu normale Blutzuckerwerte mit geringem Aufwand erreichen. Alles das ist aber nicht schwieriger, als den Führerschein zu machen.

Und wenn ich das nun mache, was habe ich dann eigentlich gegenüber der bisherigen Behandlung gewonnen?

Eben einen nahezu normalen Blutzucker und eine viel freiere Lebensführung. Wenn Sie bereit sind, nur 5–10 Minuten pro Tag für die Stoffwechselführung zu opfern, können Sie sonst praktisch so leben wie jeder Gesunde. Und die Diabetes-Folgeschäden werden hinausgeschoben, wenn nicht gar vermieden.

10 Minuten pro Tag könnte ich ja erübrigen... Momentan verliere ich viel mehr Zeit dadurch, daß ich regelmäßig alle 3 Stunden essen muß? Nur, wenn das so einfach ist, warum ist man nicht schon früher darauf gekommen?

Es ist eben erst in den letzten Jahren klar geworden, wie problemlos das Spritzen eigentlich ist: ohne Kühlschrank, ohne Desinfektion und ohne immer neue Spritzen. Durch steuerbare Insulinpumpen ist man der Nachahmung der Insulinproduktion beim Gesunden sehr nahe gekommen. Später zeigte sich, daß dieser Effekt auch ohne die Nachteile einer Pumpe durch häufigere Injektionen erreichbar ist. Andererseits werden die Pumpen immer kleiner und sind immer bequemer zu handhaben. Ganz wichtig war die Einführung der Blutzucker-Selbstkontrolle Ende der 70er Jahre. Erst dann konnte der Patient selbst wesentlich zur Blutzuckersteuerung beitragen.
Dabei stellte sich immer klarer heraus, daß viele Diabetiker gar nicht unbedingt „möglichst wenige Spritzen – wenn es geht, nur eine pro Tag!“ wünschen, sofern das mit Einschränkungen der Lebensführung, Zwang zum regelmäßigen Essen und inakzeptabler Stoffwechselkontrolle verbunden ist. Unsere ersten 200 Patienten haben uns eindeutig bestätigt, daß die Möglichkeit, so zu leben wie die Stoffwechselgesunden, d.h. zu essen, wann und was man möchte, für sie wichtiger war. Alle Patienten wollten natürlich eine möglichst gute Kontrolle haben, weil die Folgeschäden der Zuckerkrankheit, wie Gefäßveränderungen, Nierenschädigung bis zum Nierenversagen und Augenschäden bis hin zur Erblindung, durch eine konstant gute Blutzucker-Kontrolle weitgehend vermieden werden können.

Gab es irgendwelche Erkenntnisse, die besonders dazu beitrugen, FIT zu entwickeln?

Um zu wissen, wann wieviel von welchem Insulin bei Insulinmangeldiabetes zu ersetzen ist, mußte zuerst der Gesunde, der Nicht-Diabetiker hinsichtlich seiner Insulinproduktion untersucht werden. Erst als wir wußten, wieviel Insulin der Gesunde beim Fasten und beim Essen produziert, konnte ein Modell einer nahe-normoglykämischen Insulinsubstitution bei Diabetes entwickelt werden. Auch Sie sollten einiges über die Stoffwechselvorgänge beim Nicht-Diabetiker wissen. Sie wollen ja durch eine entsprechende Insulinzufuhr diese bei Gesunden „automatischen“ Vorgänge mit möglichst geringem Aufwand nachahmen.
Übrigens hat der Breslauer Kinderarzt Stolte schon vor Jahrzehnten versucht, mit eigenständiger Insulindosisanpassung und Stoffwechsel-Selbstkontrolle Verbesse-

rungen in der Diabetesbehandlung zu erreichen. Viele der Vorläufer einer solchen modernen Therapie, die auch den menschlichen Eigenschaften besser Rechnung trägt und mehr Spontaneität erlaubt, wurden aber oft falsch verstanden. Dabei wurde häufig übersehen, wie notwendig die Rückkoppelung zwischen Stoffwechsel-Selbstkontrolle und Insulindosierung ist. Aus diesen, vor Jahrzehnten schon unternommenen Therapieversuchen ist dann in weiterer Folge lediglich der Begriff der „freien Diät" mit der schlechten Einstellung übriggeblieben.

Heute sind die Voraussetzungen, das Insulin wirklich funktionell und berechenbar einzusetzen, wesentlich besser. Die Grundlage all dieser Entwicklungen war die Einführung der „intensivierten" Insulintherapie basierend auf der Mitarbeit der Betroffenen und der Stoffwechsel-Selbstkontrolle. Allerdings trifft die Bezeichnung „intensivierte" Insulintherapie für funktionelle Insulinbehandlung nicht unbedingt zu, da der Gesamtaufwand im Vergleich zu der herkömmlichen Insulintherapie unter FIT üblicherweise verkleinert wird. Der Begriff der „intensivierten" Insulintherapie ist inhomogen und wird an unterschiedlichen Orten unterschiedlich verstanden. Genauer kommen wir darauf noch im Kapitel über Diabetikerschulung (Seite 37) zurück. Auch der Name „NIS" von **n**ahe-normoglykämische **I**nsulin**s**ubstitution war für die funktionelle Insulinbehandlung nicht 100%ig zutreffend, da er nur das Therapieziel - die Nahe-Normoglykämie - beschreibt. Aus historischen Gründen sind wir ursprünglich bei der Bezeichnung NIS geblieben, wobei darunter die funktionelle Insulinbehandlung, also der funktionell getrennte Insulingebrauch zum Fasten, zum Essen und zur Korrektur eines zu hohen Blutzuckers (mit dem Ziel der Nahe-Normoglykämie) verstanden wird. Der gleichbedeutende Begriff FIT (**f**unctional **i**nsulin **t**reatment) gibt diesen Zusammenhang vielleicht noch besser wieder und sollte daher dafür verwendet werden.

Braucht man für FIT eine besondere Ausbildung?

FIT ist eine Behandlungsform für „Fortgeschrittene", die bereits mehrmals täglich Stoffwechsel-Selbstkontrollen durchführen und selbständig Insulindosis anpassen können. Optimal wäre es daher, wenn Sie schon einmal an einer richtigen Diabetikerschulung teilgenommen hätten. Am Ende des Kapitels über „Diabetikerschulung" werden Sie noch die Möglichkeit finden, Ihr allgemeines, diabetesbezogenes Wissen zu überprüfen und gegebenenfalls zu ergänzen.

Warum haben Sie eigentlich dieses Buch geschrieben? Kann man daraus FIT erlernen?

Dieses Buch entstand, um Ihnen (im wesentlichen während eines Trainingsprogramms im Spital oder in einer speziellen Schulungseinheit) in Ihrer FIT-Ausbildung zu helfen. Ohne ein bestimmtes Ausbildungsprogramm **(zumindest 6 Tage harte Arbeit!)** und ohne Hilfe eines erfahrenen Arztes wird es aber wahrscheinlich nicht möglich sein, FIT ausschließlich aus diesem Buch zu erlernen.

Die Schulung der Betroffenen zum eigenständigen, funktionellen Insulingebrauch ist - trotz der erwähnten Vorläufer - relativ neu. Wie bei allen Neuerungen kann es leicht zu Mißverständnissen kommen. Und auch um diese zu verhindern, schien es mir wichtig, Ihnen, Ihren Familienangehörigen oder anderen, die auch mehr Information über Ihre neue Behandlungsform wünschen, schriftliche Unterlagen zur Verfügung zu stellen.

3. Überblick über das FIT-Programm

Angenommen, ich möchte wirklich einen normalen Zucker haben und noch dazu flexibel leben können, was müßte ich dann lernen? Ich kenne mich mit der Diät ganz gut aus...

Wir haben gemeinsam mit unseren Patienten ein „FIT-Ausbildungsprogramm" erarbeitet, um es Ihnen zu ermöglichen, mit möglichst viel Spaß und mit möglichst geringem Aufwand die funktionelle, blutzuckerabhängige Insulinanwendung zu erlernen. Die wesentlichen Merkmale unserer Schulung sind (1) Unterricht in Gruppen (etwa 8-15 Patienten pro Gruppe) und (2) der hohe Anteil an praktischen Übungen (zumindest ein Drittel der Gesamtunterrichtszeit wird Übungen, Spielen und praxisorientierter Anwendung gewidmet). Es hat sich als sinnvoll erwiesen, dieses Programm in 2 Phasen zu unterteilen. Beide Phasen sind ohne weiteres auch ambulant durchführbar und umfassen insgesamt etwa 40-50 Stunden an Gruppenunterricht (Theorie, Praxis, Übungen und Spiele). Übrigens – Autofahren lernen dauert auch nicht kürzer ... Und ohne praktische Übungen hat es auch noch keiner gelernt.

Während der ersten Phase erfolgt eine übliche **„Diabetikerschulung"**. Dabei lernen Sie das Wichtigste über

1. Insulinwirkung und Insulinproduktion beim Gesunden,
2. Entstehung von Diabetes und unterschiedliche Diabetes-Typen,
3. Erkennung und Beurteilung des Insulinmangels: Grundlagen der Stoffwechsel-Selbstkontrolle (Harnzucker, Blutzucker, Acetonbestimmung im Harn),
4. Konsequenzen des Insulinmangels: Mechanismen und Symptome der Entgleisung,
5. „Diabetes-Diät": Bei Insulinmangel-Diabetes Konsequenz der noch unvollkommenen Insulinbehandlung,
6. Möglichkeiten der Insulinbehandlung heute.

Die Phase 1 dauert normalerweise zumindest 3 Tage (12 bis 20 Unterrichtsstunden). Spätestens am dritten Tag sollten Sie eine ausreichende Übersicht über die heute verfügbaren Behandlungsformen erhalten haben. Sie können sich nun eine entsprechende, für Sie günstige Form der Therapie auswählen. Die meisten entscheiden sich für eine selbständige Insulindosierung, für eine variable Diät und für einen unmittelbaren Einfluß auf den Blutzucker, also für FIT. Die Nachteile der funktionellen Insulinanwendung – häufigere Injektionen oder Pumpe, häufige Selbstkontrolle, aber nun auch die völlige Selbstverantwortung in der Behandlung – müssen dabei allerdings in Kauf genommen werden.

Und die 2. Phase?

Die Phase 2 des Programmes ist die eigentliche **„FIT-Schulung"**. Jetzt lernen Sie das Insulin **funktionsgebunden** anzuwenden: Entweder zur Deckung des Bedarfes beim Fasten oder zur Nahrungsaufnahme oder zur Korrektur eines zu hohen Blutzuckers. Um mit FIT beginnen zu können, müssen Sie daher jeweils die persönliche Antwort auf eine Reihe von Fragen wissen, damit sie die richtige Insulindosierung wählen können. Diese Fragen sind in der Abb. 3.1 zusammengestellt.

Abb. 3.1:

Beginnen Sie mit FIT erst dann, wenn Sie von Ihrem Arzt/Berater die Antwort auf folgende Fragen erhalten haben:

1. **Wie hoch ist mein basaler (Fasten-) Insulinbedarf?**

2. **Wie kann ich mein Fasteninsulin ersetzen?**

   Anders ausgedrückt:
   - Wieviel von welchem Insulin (und wann) müßte ich spritzen, auch, wenn ich nichts esse?

3. **Wie hoch ist mein Insulinbedarf für eine bestimmte Mahlzeit?**

   Anders ausgedrückt:
   - Wieviele Einheiten Normalinsulin brauche ich für 1 Broteinheit (50 kcal Kohlenhydrate)?
   - (bei kohlenhydratarmen Mahlzeiten auch –) für 100 kcal Eiweiß, Fett?

4. **Wie ersetze ich fehlendes Insulin für's Essen?**

   Konkret:
   - Wieviel von welchem Insulin,
   - wie verabreicht,
   - welchen Spritz-Eß-Abstand sollte ich einhalten?

5. **Wie kann ich meinen aktuellen Blutzucker beeinflussen?**

   Anders ausgedrückt:
   - Was bewirkt bei mir 1 Einheit Normalinsulin?
   - Was bewirkt bei mir 1 Broteinheit?

6. **Wo liegt mein Blutzucker-Korrekturzielpunkt?**
   Günstig wäre auch, noch vor der Veränderung der Strategie der Insulinbehandlung (Phase II) zu wissen:
   - Wie wirkt mein Insulin?
   - Was verändert seine Wirkung?
   - Warum ist es schlecht, bei hohem Blutzucker zu essen?
   - Wo liegt für mich der Zielbereich für MBG (mittlere Blutglukose)?

Ich verstehe schon: Wenn ich für 1 Broteinheit 2 Insulineinheiten brauche, so werde ich für 2 Broteinheiten, z.B. für eine Semmel, 4 Einheiten brauchen. Ist das richtig?

Genau. Wenn Sie das wissen, können Sie jeweils auch Ihren Blutzucker gezielt beeinflussen, wenn er außerhalb des Zieles liegt. Die Voraussetzung dafür ist, daß Sie wissen, was bei Ihnen 1 Einheit rasch wirkendes Insulin bewirkt, wie hoch Ihr Blutzucker derzeit ist, und wo Sie ihn lieber hätten (d. h., wo Ihr Zielbereich ist). Nur so können Sie sich ausrechnen, wieviel Einheiten Insulin gerade zur Blutzuckersenkung benötigt werden.

Durch die Antwort auf diese Fragen bekommt jeder Diabetiker eine Reihe von Regeln für die Insulindosierung. Jeder muß wissen, wieviel und welches Insulin er zum Fasten braucht, wieviel und welches Insulin er für eine bestimmte Mahlzeit braucht und wieviel und welches Insulin für eine etwaige Korrektur eines zu hohen Blutzuckers benötigt wird. Diese jeweils persönlichen Regeln der Insulindosierung heißen *„Algorithmen"*.

Wie lange dauert denn die Phase 2? Rechnen kann ja doch jeder, wenn ich meine „Algorithmen" für die Insulindosierung hätte, könnte ich doch sofort beginnen...

So einfach ist es auch wieder nicht. Ihre Algorithmen werden nicht Ihr Leben lang gleich bleiben. Sie können sich unter bestimmten Umständen verändern. Sie sind gut daran, wenn Sie nicht nur Ihren Blutzucker korrigieren, sondern auch Ihre Algorithmen bei Änderung des Insulinbedarfes anpassen können. Es gibt eine Reihe von „Insulinspielen", die dazu dienen, eben im Spiel zu erlernen, wie man den Blutzucker beeinflussen und beurteilen kann, ob die jeweils angewendeten Algorithmen für den Betreffenden tatsächlich richtig gewählt wurden. Nach unserer Erfahrung sind etwa 5 bis 7 Tage (20 bis 30 Unterrichtsstunden) notwendig, um den funktionsgebundenen Gebrauch des Insulins zu erlernen: Die Phase 2 kann deswegen auch nicht kürzer sein.

Wann können wir beginnen?

Insulin ist ein sehr wirksames Medikament. Unterschätzen Sie es nicht! Um am raschesten zu Ihrem Ziel zu kommen, sollten Sie sich einen Helfer suchen. Sie werden ja Ihren Diabetes – trotz FIT – nicht los. Darüber, wie Sie einen für Sie geeigneten FIT-Berater finden (günstig: in einem Schulungs-Zentrum) finden Sie Hinweise am Ende dieses Buches in der „Danksagung".

STRATEGIEN DER INSULINBEHANDLUNG
KONVENTIONELL
FUNKTIONELL
ALEX

4. Diabetikerschulung (Phase 1)

An einer Diabetikerschulung habe ich schon einmal teilgenommen. Ich glaube, ich weiß bereits genug über meinen Diabetes. Muß ich die Phase 1 des FIT-Programmes noch einmal machen?

Nein. Am Ende dieses Kapitels finden Sie einen Test, der Ihnen hilft zu beurteilen, ob Sie bereits mit funktioneller Insulinbehandlung beginnen können. Sollte dies nicht der Fall sein, so rate ich Ihnen, nochmals an einer Diabetikerschulung teilzunehmen und eines der am Ende dieses Kapitels angeführten Bücher durchzulesen. Wir können aber auch eine kurze Wiederholung versuchen. Fragen Sie doch einfach einmal!

Was ist Insulin?

Insulin ist ein Hormon, das in der Bauchspeicheldrüse in den Beta-Zellen der Langerhansschen Inseln gebildet und direkt in das Blut abgegeben wird.

Was bewirkt Insulin?

Insulin senkt den Blutzucker. Es wird von nahezu allen Geweben zum Glukose- (= Zucker-) Transport vom Blut in die Zellen benötigt.

Warum kann es nicht geschluckt werden?

Das Insulin ist ein Eiweißkörper. Wenn man es schlucken wollte, würde es von Verdauungssäften zerstört werden.

Produziert der Gesunde stets die gleiche Insulinmenge?

Nein. Der Nicht-Diabetiker produziert im Fastenzustand eine geringe, annähernd konstante Insulinmenge. Beim Essen kommt es zur Aufnahme von Kohlenhydraten aus dem Darm ins Blut; die daraus resultierende Blutzuckererhöhung verursacht unmittelbar eine verstärkte, mahlzeitengebundene (= prandiale) Insulinproduktion. Das Glukosegleichgewicht wird beim Gesunden durch einen empfindlichen Regelkreis aufrecht erhalten, indem jeweils auf eine etwaige Blutzuckererhöhung mit einer Insulinausschüttung und auf eine Blutzuckersenkung mit der Ausschüttung von blutzuckerhebenden, gegenregulatorischen Hormonen (die wichtigsten davon sind *Glukagon* und *Adrenalin*) und mit einer Hemmung der Insulinproduktion geantwortet wird.

Welche Faktoren beeinflussen die Insulinproduktion beim Gesunden?

Die produzierte Insulinmenge hängt beim Gesunden in erster Linie von der zugeführten Nahrungsmenge, insbesondere von der Menge der Kohlenhydrate, ab. Etwa die Hälfte des täglich aus der Bauchspeicheldrüse abgegebenen Insulins wird zu den Mahlzeiten bedarfsgerecht produziert (prandiales Insulin), die andere Hälfte ent-

Abbildung 4.1: Verhalten von Insulin (1) und Glukose (2) im Blut von Gesunden. Basales und prandiales Insulin sind zum besseren Verständnis getrennt dargestellt. (3) Schema der Insulinwirkung bei funktioneller Insulintherapie

(Modifiziert aus K. Howorka: Funktionelle Insulintherapie. Lehrinhalte, Praxis und Didaktik Springer-Verlag, Berlin - Heidelberg - New York, 4. Auflage 1996.

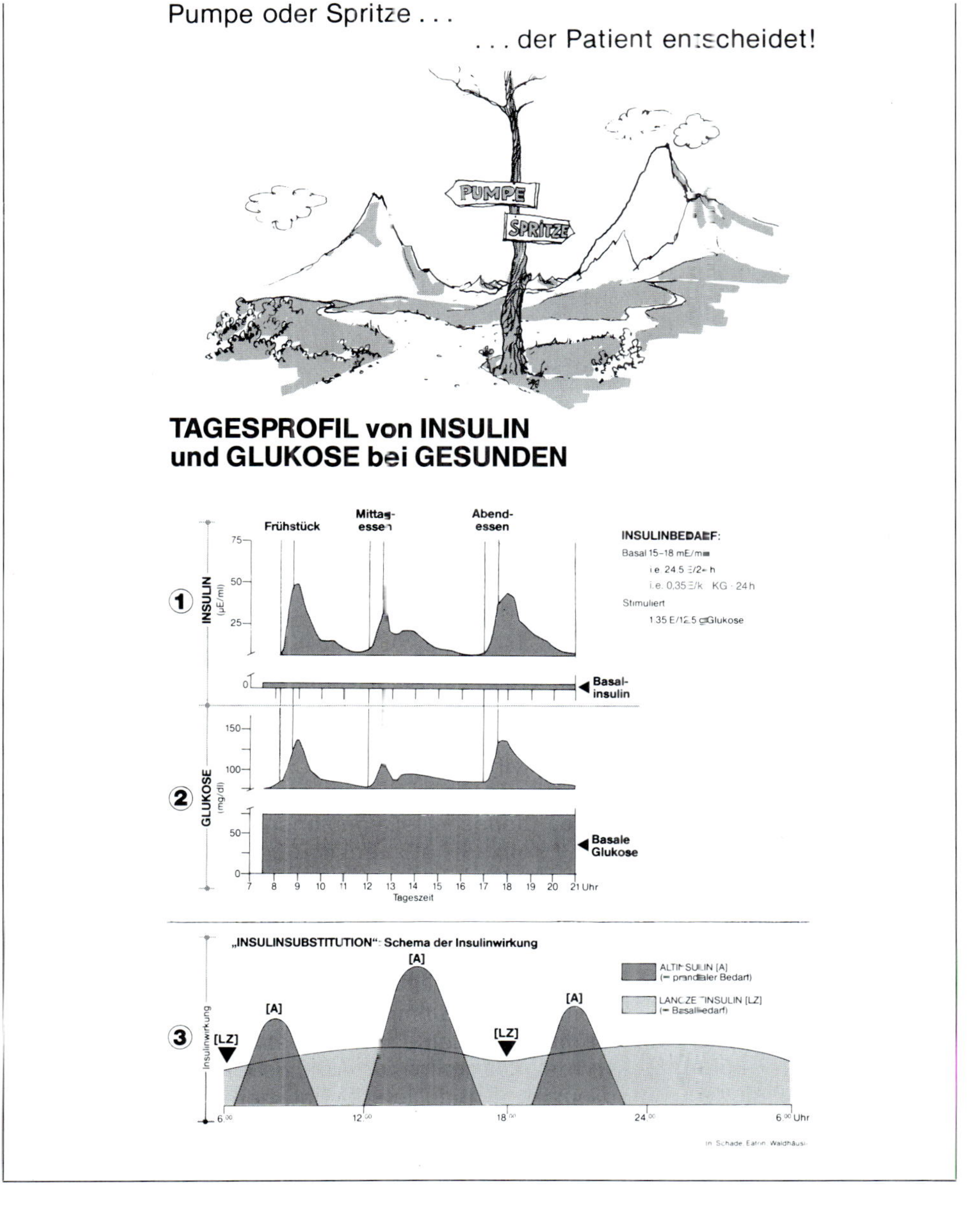

spricht dem Nüchterninsulinbedarf (basales Insulin). Weitere Faktoren, die den Insulinbedarf mitbestimmen, sind Muskelarbeit und Alkoholkonsum.

Was passiert, wenn man Alkohol trinkt?

Die Leber funktioniert wie ein Speicher, in dem Kohlenhydratvorräte in Form von Reservezucker *(Glykogen)* abgelagert werden. Aus diesem „Speicher" wird stets eine bestimmte Menge von Zucker (Glukose) ins Blut abgegeben, um andere Gewebe zu versorgen. Durch Glukosetransport in nahezu alle Gewebe ermöglicht das Insulin die Glukoseverwertung und -verbrennung. Alkohol hemmt die Zuckerproduktion der Leber. Weniger Zucker im Blut erfordert auch weniger Insulin, dadurch sinkt der Insulinbedarf.

Heißt das, daß durch Alkohol der Insulinbedarf auch bei Zuckerkranken herabgesetzt wird?

Ja. Die Insulinbehandelten sollten daher entweder ihre Insulindosis reduzieren oder mehr Kohlenhydrate essen als sonst, wenn sie Alkohol trinken wollen. Von zuviel Alkohol ist schon deshalb abzuraten, weil der Diabetiker seine Krankheit dann unter Umständen nicht mehr (vernünftig) behandeln kann.

Und wenn man sich mehr als sonst bewegt?

Muskelarbeit verstärkt die Insulinwirkung. Während der körperlichen Tätigkeit genügen bereits geringe Insulinmengen, um den Glukosetransport wesentlich zu erhöhen. Beim Gesunden geht daher die Insulinproduktion während der Muskelarbeit zurück: die Insulinkonzentrationen im Blut werden geringer.

Heißt das auch hier, daß ein Insulinbehandelter eine Unterzuckerung bekommt, wenn er nicht mehr Kohlenhydrate ißt als sonst?

Das ist richtig; allerdings könnte man auch alternativ die Insulindosis entsprechend vermindern.

Haben alle Diabetiker zu wenig Insulin?

Relativ zu wenig. Bei allen Diabetikern ist der Blutzucker zu hoch - entweder durch einen absoluten Insulinmangel *(Typ-1-Diabetes mellitus)* oder durch eine verminderte Insulinwirkung *(Typ-2-Diabetes mellitus)*.

Wie kann man feststellen, ob man einen Typ I oder Typ II Diabetes hat?

Das ist nicht immer einfach zu unterscheiden.
Der Typ-1-Diabetes tritt wesentlich seltener auf als der Typ-2. Wahrscheinlich nicht einmal 10% aller Zuckerkranken leiden an Typ-1-Diabetes. Diese Erkrankung tritt erstmals meist in der Jugend auf. Deswegen wurde sie früher der „Jugenddiabetes" genannt. Die Betroffenen sind in der Regel schlank. Die Krankheit beginnt meist plötzlich. Von Anfang an sind auch die Zeichen des Insulinmangels festzustellen: Aceton erscheint im Harn. Bei Krankheitsbeginn setzen die Symptome des zu hohen Zuckers plötzlich ein: Wenn

eine bestimmte Blutzuckerhöhe (die sogenannte Nierenschwelle) überschritten wird, wird Zucker in den Harn ausgeschieden. Die Zuckerausscheidung im Harn vermehrt das Harnvolumen - der Zucker kann ja nicht in „Würfelform" ausgeschieden werden, sondern eben gelöst in großen Wassermengen.

Ist das häufige Wasserlassen eben durch die großen Harnmengen und durch die Harnzuckerausscheidung bedingt?

Ja, aber vielen fällt, noch bevor sie die großen Harnmengen bemerkt haben, zuerst das Durstgefühl auf.

Wodurch kommt es zu einem Gewichtsverlust?

Einerseits wirkt der Harnzucker als Folge des zu hohen Blutzuckers entwässernd. Die Gewichtsabnahme kann also zum Teil durch den Wasserverlust bedingt sein. Andererseits bewirkt der Insulinmangel aber einen „Hungerzustand" im Gewebe und in den Zellen. Obwohl viel Glukose (Zucker) im Blut herumschwimmt, kann sie ohne Insulin nicht in die Zellen transportiert werden. Die Zellen „verhungern". Um die Verbrennungsvorgänge aufrecht zu erhalten – ohne Verbrennung ist ja kein Leben möglich – werden die vorhandenen Energievorräte „angeknackt". Diese

Energievorräte sind in nahezu allen Zellen in Form von Fett abgelagert. Wenn der Körper die Energie überwiegend aus der Fettverbrennung schöpft, ist das durch Aceton im Harn erkennbar.

Ist Aceton im Harn immer ein Hinweis für zu wenig Insulin?

Meistens, aber nicht unbedingt. Auch der Gesunde kann Aceton ausscheiden, und zwar dann, wenn er durch eine zu geringe Nahrungsaufnahme seine Energie überwiegend aus Körperfett schöpfen muß. Bei normaler Ernährung ist die Acetonausscheidung im Harn bei Erstfeststellung des Diabetes (hier besteht auch ein hoher Blut- und Harnzucker) häufig ein Hinweis auf absoluten Insulinmangel, d. h. auf das Vorliegen eines Typ-1-Diabetes.

Sie haben gemeint, daß bei Typ-2-Diabetes die Störung der Insulinwirkung und nicht der Insulinmangel im Vordergrund steht. Was ist für Typ-2-Diabetiker charakteristisch?

Der Typ-2-Diabetes, früher auch „Altersdiabetes" genannt, tritt meist im Erwachsenenalter oder sogar er im vorgerückten Alter auf. Die Menschen mit diesem Diabetes-Typ sind häufig (zumindest am Anfang ihrer Erkrankung) übergewichtig. Eben durch die Fettablagerung und durch das Übergewicht kommt es bei einer bestimmten Veranlagung zur Verschlechterung der Insulinwirkung und zur Entwicklung eines „relativen" Insulinmangels mit Blutzuckeranstieg. Im Gegensatz zu Typ-1-Diabetes müssen die Typ-2-Diabetiker gar nicht oder erst nach vielen Krankheitsjahren mit Insulin behandelt werden. Hier ist das Insulin nur dann notwendig, wenn durch Diät und gegebenenfalls eine (mitunter drastische) Gewichtsreduktion (bzw. manchmal auch durch Behandlung mit Tabletten) keine ausreichende Stoffwechselkontrolle erreichbar ist. Der Typ-2-Diabetes beginnt auch selten so abrupt wie der Insulinmangeldiabetes. Hier entwickeln die Patienten ihre Symptome nur langsam; die erhöhten Blutzuckerwerte werden häufig durch Zufall festgestellt.

Muß der Typ I Diabetiker immer mit Insulin behandelt werden?

Derzeit muß diese Frage noch mit „ja" beantwortet werden. Diese Form der Zuckerkrankheit entwickelt sich erst dann, wenn über 80% der insulinproduzierenden Beta-Zellen in der Bauchspeicheldrüse endgültig zugrunde gegangen sind.

Warum gehen diese Zellen zugrunde?

Es gilt heute als gesichert, daß es sich um eine *„Autoimmun"*-Krankheit handelt, d.h. daß noch vor Entwicklung der Krankheits-Symptome die körpereigenen Abwehrvorgänge fehlerhaft gegen die eigenen Beta-Zellen eingesetzt werden. Welche Faktoren nun diese „Selbstzerstörung" auslösen, ist nicht bekannt.

Kann man denn diese fehlerhafte Abwehr und Selbstzerstörung nicht rechtzeitig aufhalten!?

Theoretisch ja. Durch eine *Immunintervention* (medikamentös gesteuerte Veränderung der Abwehrleistung) können diese Vorgänge (wahrscheinlich aber nur unter ständiger Medikamenteneinnahme) unterdrückt werden. Vergessen Sie aber nicht,

Es gibt zwei Diabetes-Typen . . .

daß es erst nach Zerstörung von über 80% der vorhandenen Beta-Zellen zur Entwicklung der Symptome des insulinpflichtigen Diabetes kommt. Zu diesem Zeitpunkt muß wohl eine Immunintervention als „zu spät" betrachtet werden, selbst wenn sie unmittelbar nach der Diagnosestellung eingeleitet werden würde. Derzeit werden Versuche einer solchen möglichst frühzeitigen Immunintervention unternommen. Ob das einen Sinn hat, wird sich erst in einigen Jahren herausstellen.

Offensichtlich kann man heute um das Insulinspritzen nicht herumkommen... Welche Zukunftsaussichten hat heute der Typ-1-Diabetiker?

Die Lebensqualität und die Lebenserwartung bei Zuckerkrankheit sind durch die Entwicklung von Folgeschäden mitbestimmt. Die Diabetes-Spätschäden sind eine Folge der chronischen Erhöhung des Blutzuckers. Über andere Einflüsse (hormonelle, genetische und andere Faktoren) ist noch wenig bekannt.
Zur Entwicklung der typischen Folgeschäden an Augen, Nieren, Füßen und Herz führen vor allem die charakteristischen Veränderungen der kleinsten Gefäße (= *Kapillaren*), die *Mikroangiopathie* genannt werden. Aber auch die Veränderungen der größeren Schlagadern (*Atherosklerose*) treten bei Diabetikern öfter, früher und stärker auf als bei Stoffwechselgesunden. Die Schädigung der Nerven bei Diabetikern (diabetische *Neuropathie*) betrifft vorwiegend die sensiblen und die *autonomen* (= eingeweideversorgenden) Nerven. Da die Diabetes-Spätfolgen im Stadium der

Organschädigung meistens nicht mehr rückbildungsfähig sind, kommt der guten Stoffwechselführung zur Vermeidung der Spätkomplikationen eine entscheidende Bedeutung zu.

Hat dann bei bestehenden Folgeschäden die gute Einstellung keinen Sinn mehr?

Doch. Das Fortschreiten von Spätfolgen kann durch eine optimale Kontrolle verlangsamt oder gar verhindert werden, insbesondere dann, wenn die Gefäßveränderungen noch nicht sehr fortgeschritten sind und wenn gleichzeitig auch andere Behandlungsmöglichkeiten der Folgeschäden (z. B. *Laser-* oder *Lichtstrahlkoagulation* von Netzhautveränderungen, Blutdrucksenkung, Einstellen von Rauchen und andere) rechtzeitig eingesetzt werden. Bei schon bestehenden Schäden ist die Blutdrucksenkung sehr, sehr wichtig.

Wann treten die Diabetes-Folgeschäden auf?

Dies ist in erster Linie von der Stoffwechselführung abhängig. Bei den heute üblichen Behandlungsformen des Diabetes tritt die Mikroangiopathie (mit dem Augenspiegel erfaßbare Veränderungen der Netzhaut) sehr oft schon nach 7- bis 15jähriger Diabetesdauer auf. Bei schon bestehenden Schäden ist die Blutdrucksenkung sehr, sehr wichtig.

Bietet eine sehr gute Stoffwechselkontrolle völligen Schutz vor Gefäßveränderungen?

Es gibt starke Hinweise dafür, daß gut kontrollierte Diabetiker auch nach Jahrzehnten kaum Spätkomplikationen aufweisen. Allerdings ist diese Frage relativ schwer zu beantworten, zumal erst in den letzten Jahren eine wirklich gute Stoffwechselführung auch mit akzeptablem Aufwand langfristig ermöglicht wurde. Und erst seit einigen Jahren gibt es Möglichkeiten zur Beurteilung der Stoffwechselkontrolle über längere Zeitperioden mittels der HbA1c-Bestimmung, worauf wir noch zurückkommen werden.
Die Ergebnisse der amerikanischen Studie, des Diabetes Control and Complication Trial, DCCT 1993, die bereits eingangs erwähnt wurde, haben ziemlich eindeutig geklärt, daß die Wahrscheinlichkeit von Veränderungen der Netzhaut und der Nierenschädigung vielfach durch sehr gute Stoffwechselkontrolle vermindert werden kann. Dies gilt auch für Typ-2-Diabetes (UKPDS: United Kingdom Prospective Diabetes Study, 1998) und kann durch Blutdruckkontrolle noch weiter verstärkt werden.

Ergeben sich aus den Erkenntnissen der letzten Jahre über die Entwicklung von Folgeschäden für uns Diabetiker besondere Schlußfolgerungen?

Ja. Da der Insulinbedarf bei Insulinmangeldiabetes von sehr vielen Faktoren abhängig ist, müssen Sie die Behandlung weitgehend selbständig übernehmen und mit entsprechenden Blutzuckerkorrekturen den von Tag zu Tag schwankenden Insulinbedarf ausgleichen. Andererseits lohnt es sich, jene Behandlungsmodelle vorzuziehen, die Ihnen neben einer guten Stoffwechselkontrolle auch eine hohe Lebensqualität und Flexibilität der Lebensführung ermöglichen.

Welche Behandlungsmodelle meinen Sie konkret?

Die besten Stoffwechselergebnisse sind zu erreichen, wenn Sie das Fasteninsulin getrennt und unabhängig von dem zur Nahrungsaufnahme benötigten, prandialen Insulin ersetzen. Dadurch können Sie ihren Blutzuckerspiegel gut steuern und entweder Kohlenhydrate oder rasch wirkendes Insulin gezielt anwenden, um den Blutzucker in den vorgewählten Zielbereich zu bringen, weil nur so sich die „Antwort“ ihres Blutzuckers zumindest ungefähr vorhersagen läßt.

Dieser voneinander unabhängige Ersatz des Fasteninsulins, des Nahrungsinsulins und der Blutzuckersteuerung durch den Diabetiker heißt FIT?

Richtig, und am wichtigsten ist dabei, daß Sie Ihren Zucker täglich selber steuern.

Wie kann so eine „Steuerung" konkret durchgeführt werden?

Etwas „steuern" kann man erst dann, wenn man weiß, wo man ist und wo man hin möchte. Eine Blutzuckersteuerung erfordert unter FIT eine gewisse „Standortbestimmung" durch die Blutzuckermessung, um festzustellen, wo man sich gerade befindet. Andererseits muß aber auch jeder seinen aktuellen Zielbereich des Blutzuckers kennen, um zu wissen, was anzustreben ist. Wenn ein Unterschied zwischen Blutzucker-„Ist" und -„Soll" besteht, kann ein Insulindefizit mit der Regel "...1 Einheit Normalinsulin senkt meinen Blutzucker um ...mg/dl" berechnet und gegebenenfalls beseitigt werden.

Wie kann ich meine Stoffwechselsituation selbst erfassen?

Sie können
(1) Ihren Blutzucker,
(2) Ihren Harnzucker und
(3) Ihre Acetonausscheidung im Harn
untersuchen.
Einzelheiten entnehmen Sie bitte der „weiterführenden Literatur" am Ende dieses Kapitels.

Bietet die Blutzucker-Selbstkontrolle gegenüber dem Harnzucker besondere Vorteile? Man muß sich doch für jede Blutzuckeruntersuchung in den Finger stechen...

Die Meßergebnisse von Blut oder Harn auf Glukose sagen nicht das Gleiche aus... Welche Art der Stoffwechsel-Selbstkontrolle bei einem Diabetiker am günstigsten ist, hängt in erster Linie von der gewählten Strategie der Behandlung ab. Eine Blutzuckeruntersuchung liefert einen aktuellen Blutzuckerwert; der Harnzuckertest hingegen lediglich indirekte Hinweise auf die Blutzuckerhöhe, die zwischen zwei aufeinanderfolgenden Harnblasenentleerungen bestand. Der positive Harnzucker besagt, daß der Blutzucker in dieser Zeit über der *Nierenschwelle* gelegen ist, also über einer bestimmten Blutzuckerhöhe, ab der die Niere es nicht mehr schafft, den Harn zuckerfrei zu halten.

Wo liegt die Nierenschwelle?

Die Nierenschwelle ist individuell verschieden; sie liegt meist zwischen 170 und etwa 220 mg/dl. Es gibt aber Diabetiker, die eine ungewöhnlich „niedrige" (z. B. um 130 mg/dl) oder eine ungewöhnlich „hohe" (etwa über 250 mg/dl) Nierenschwelle für Glukose aufweisen. Bei ungewöhnlich hoher oder niedriger Nierenschwelle sollte grundsätzlich die Blutzucker-Selbstkontrolle den Harnzuckertests vorgezogen werden, um Interpretationsprobleme zu vermeiden. Die Kontrolle des Harnzuckers ist aber bei konventionellen Behandlungsformen mit konstantem Mahlzeitenplan und bei besonderen Patientengruppen, z. B. bei kleinen Kindern, sinnvoll und manchmal auch heute einzig durchführbar.

Und wo liegt der Hauptvorteil der Blutzucker-Selbstkontrolle bei sonstigen „Durchschnitts"-Diabetikern?

Der Hauptvorteil der Blutzuckermessung ist ein genauer, aktueller Blutzuckerwert, so daß eine unmittelbare, gezielte Reaktion auf das Meßergebnis mit Normalinsulin (bei zu hohen Werten) oder mit Kohlenhydraten (bei Blutzucker unter dem Zielbereich) möglich wird. Grundsätzlich kann daher gesagt werden: Je variabler die Nahrungsaufnahme ist, und je mehr eine tatsächliche Normoglykämie (= normaler Blutzucker) angestrebt wird, desto eher ist die Blutzuckermessung unverzichtbar und sollte dem Harnzuckertest routinemäßig vorgezogen werden.

Wenn man sich dabei nur nicht immer stechen müßte...

Es gibt eine Reihe von Möglichkeiten, die Blutzucker-Selbstkontrolle zu vereinfachen und alltäglich anzuwenden:

1. Verwenden Sie keine Lanzetten, sondern speziell zur Blutgewinnung entwickelte „Selbststich-Geräte", z.B. Autolancet TM, bzw. dünne Injektionsnadeln, die Sie sonst für Insulininjektionen nehmen.
2. Sie können eine Nadel mehrfach für die Blutgewinnung verwenden (bis zum Stumpfwerden).
3. Die „Hautdesinfektion" ist bei sonst sauberen Händen vor der Blutgewinnung nachgewiesenermaßen unnötig.
4. Verwenden Sie Blutzucker-Meßgeräte, die möglichst einfach in der Bedienung und genau sind und rasch das Ergebnis liefern.
5. Lernen Sie, die Blutzuckerhöhe ohne Blutzucker-Meßgerät, durch Vergleich mit der Farbskala abzuschätzen. Dies ist (bei größeren Meßgeräten) wichtig für unterwegs. Nützen Sie die ambulanten Kontrollen bei Ihrem Arzt zur Überprüfung Ihrer Blutzucker-Schätzfähigkeit durch Parallelmessungen mit dem Labor! Der Meßvorgang ohne Gerät erfordert eine Uhr mit Sekundenanzeige!
6. Verwenden Sie alle Finger zur Blutgewinnung, nicht nur zwei „Lieblingsfinger". Stechen Sie seitlich in die Fingerkuppen, das schmerzt viel weniger.

Wann und wie häufig sollen die Selbstkontrollen durchgeführt werden?

Das hängt
(1) vom gewählten Behandlungsziel und
(2) von der angewendeten Behandlungsstratgie ab.
Bei absolutem Insulinmangel gilt heute eine 2mal tägliche Insulininjektion (jeweils aus einer Normalinsulin- und aus einer Verzögerungsinsulinkomponente bestehend, deren Dosis vom Patienten selbständig angepaßt werden sollte) sowie zumindest 4 Selbstkontrollen täglich – nüchtern, vor dem Mittagessen, vor dem Abendessen und spät abends – als ein absolutes Minimum. Bei dieser, eher „konventionellen" Therapieform, die ein fixes Diätschema beinhaltet, gilt also eine 4mal tägliche Harnzucker- oder Blutzucker-Selbstkontrolle als eine unbedingte Voraussetzung.
Bei variabler Diät (und daher bei variabler Insulindosierung; d.h. unter FIT) sind erfahrungsgemäß zur langfristigen Normalisierung der Stoffwechsellage täglich zumindest 4–5 Blutzucker-Selbstmessungen erforderlich.

Wann sollen die Blutzuckermessungen unter FIT vorgenommen werden?

Wenn Sie bereits die Technik der funktionellen, blutzuckerabhängigen Insulindosierung (= FIT) beherrschen, ist die Blutzuckermessung spät vor dem Schlafengehen die wichtigste Messung des Tages. Mit dieser einzigen Messung (und gegebenenfalls mit einer entsprechenden Blutzuckerkorrektur, sofern der Blutzucker außerhalb des Zielbereiches liegt) können Sie gute Blutzuckerwerte während der Schlafenszeiten, d.h. während eines Drittels Ihres Lebens, erreichen. Richtige Regeln für die Dosierung des Fasteninsulins vorausgesetzt, können Sie Ihren Blutzucker am Abend ruhig in den Zielbereich bringen, ohne befürchten zu müssen, daß er dann spontan in den hypoglykämischen Bereich abfällt... Die zweitwichtigste Blutzuckermessung ist jene in der Früh – nüchtern, zumal der Nüchternblutzucker am stärksten variiert. Darüber hinaus sind weitere 2–3 Messungen, auf den Tag verteilt notwendig. Es ist zwar günstig, aber keinesfalls notwendig, vor jeder Mahlzeit zu messen. Etwa ein Drittel aller Blutzuckermessungen sollte auch nach dem Essen stichprobenweise vorgenommen werden, um abzuschätzen, ob die gewählte Normalinsulindosis in richtiger Weise – entsprechend der Menge und der Resorptionsgeschwindigkeit einer bestimmten Mahlzeit – verabreicht wurde.

Mein Blutzucker schwankt sehr stark. Sind denn diese Schwankungen sehr schädlich?

Nein, nicht die Blutzuckerschwankungen an sich, sondern mit größter Wahrscheinlichkeit die durch den hohen Zucker hervorgerufene „Überzuckerung" des gesamten Organismus dürfte für die Spätfolgen verantwortlich sein. Diese Überzuckerung können Sie dann vermeiden, wenn Sie eine Nahe-Normalisierung der Parameter der langristigen Kontrolle erreichen können - die Normalisierung des Hämoglobin A1c.

Was ist Hämoglobin A1c?

Das HbA1c (Abkürzung für Hämoglobin A1c, manchmal auch weniger genau als HbA1 bestimmt) ist der Eiweißkörper der roten Blutkörperchen, der sich in gewissem Ausmaß (in Abhängigkeit von der durchschnittlichen Blutzuckerhöhe eines Menschen) unlösbar mit Zucker (Glukose) verbindet. Bei Stoffwechselgesunder, bei einem mittleren Blutzucker um 85 mg/dl sind etwa 5% aller Hämoglobinmoleküle unzertrennlich mit Glukose verbunden – man sagt, sie sind *„glykosiliert"*. Die „Glykosilierung" entspricht somit der „Verzuckerung". Auch bei gut kontrollierten Diabetikern (die nahezu normale Blutzuckerwerte erreichen) beträgt der Anteil des glykosilierten Hämoglobins, also des HbA1c, etwa 5–7%. Wenn der mittlere Blutzucker jedoch um 30–60 mg/dl höher liegt als beim Gesunden, werden sich auch mehr Hämoglobinmoleküle fix mit dem Zucker verbinden: das HbA1c ist dann erhöht. Jedes Labor sollte (in Abhängigkeit von der gewählten Bestimmungsmethodik) die eigenen Grenzen des Normalbereiches für HbA1c (durch Untersuchung gesunder Personen) entsprechend definieren. Bei Zuckerkranken gelten die HbA1c-Werte, die im Normbereich liegen, als charakteristisch für „ausgezeichnete" Stoffwechsel-Kontrolle, die mitunter mit Unterzuckerungsgefahr verbunden sein kann, jene innerhalb von 1 % oberhalb der Normgrenze, als „sehr gute" bis „akzeptable" Kontrolle, jene, die höher sind als etwa 1 % oberhalb der oberen Normgrenze, als „mäßige" Kontrolle und jene, die höher sind als 2 % oberhalb der oberen Normgrenze, als Hinweis auf „unzureichende" und über 3 % als „schlechte" Stoffwechselkontrolle. Das Hämoglobin A1c gibt Auskunft (entsprechend der Lebenszeit der roten Blutkörperchen) über die durchschnittliche Blutzuckerhöhe innerhalb der letzten 5 - 7 Wochen vor der Blutentnahme.

Kann das HbA1c nur im Labor bestimmt werden?

Derzeit ja. Die Bestimmung ist relativ schwierig, aber derzeit die meisten Labors sind imstande, diesen Parameter zu erfassen.

Wie häufig sollte man das HbA1c bei Insulinmangeldiabetikern bestimmen?

Es ist sinnvoll, HbA1c-Bestimmungen zumindest 4mal im Jahr durchführen zu lassen. Besonders bei Patienten, die Selbstkontrollen vornehmen, erlaubt eine regelmäßige HbA1c-Untersuchung die Qualität der Selbstbehandlung abzuschätzen. Gerade aus diesen Bestimmungen im Vergleich zu Ergebnissen der Selbstkontrolle wissen wir, daß vereinzelte „Ausreißer" des Blutzuckers nicht unbedingt von Bedeutung sind und daher nicht überbewertet werden sollten. Vielmehr sollten Sie danach trachten, ein niedriges (nahezu normales) Hämoglobin A1c zu erreichen, ohne jedoch dabei schwere Unterzuckerungen mit Bewußtlosigkeit herbeizuführen! Andererseits ist es auch wichtig zu wissen, daß ein HbA1c tief im Normbereich häufig mit Überinsulinisierung und wiederholten Unterzuckerungen einhergeht. Erfahrungsgemäß ist es sinnvoll, HbA1c-Werte nur knapp oberhalb des oberen Normbereich anzustreben.

Schade, daß man das HbA1c nur im Labor bestimmen kann...

Um eine größere Aussage über Ihre Stoffwechselkontrolle zu erreichen, als dies eine momentane Blutzuckermessung erlaubt, können Sie täglich einen mittleren Blutzucker aus Ihren Einzelmessungen berechnen. Dieser Blutzucker-Mittelwert, sofern er täglich ausgerechnet wird, erlaubt Ihnen bereits eine selbständige Entscheidung und Schlußfolgerungen bezüglich einer etwaigen Veränderung der Regeln für Insulindosierung.

Welcher Blutzucker-Mittelwert sollte angestrebt werden?

Bei der überwiegenden Mehrheit der Patienten unter FIT (Ausnahmen: Schwangere, Patienten mit fehlender Hypoglykämiewahrnehmung und/oder mit wiederholten, schweren Unterzuckerungen in der Vorgeschichte) streben wir einen Tagesblutzucker-Mittelwert **(MBG; mittlere Blutglukose)** nicht tiefer als 100 mg/dl und nach Möglichkeit nicht höher als etwa 160 mg/dl an. Erfahrungsgemäß sind in der Zeit der Berufstätigkeit die MBG-Werte (Werte auch nach dem Essen mitberechnet!) um etwa 130-140 mg/dl optimal. Wenn Sie aus den einzelnen Mittelwerten des Tages (MBG) von den letzten 7 Tagen einen Mittelwert der Woche **(MBG der Woche)** errechnen, bekommen Sie einen ziemlich aussagekräftigen Parameter für Ihre BZ-Kontrolle. Wenn dieser Wert zwischen 110 und 150 mg/dl liegt, ist Ihre Kontrolle als gut zu betrachten. Das bezieht sich allerdings auf Selbstkontrollen, die etwa zu einem Drittel auch nach dem Essen vorgenommen worden sind. Wenn Sie den Blutzucker ausschließlich vor dem Essen messen, muß der Blutzucker-Mittelwert verständlicherweise tiefer liegen. Bei konventioneller Therapie mit nur 2-3 Insulininjektionen pro Tag müßte hingegen der MBG aufgrund der Hypogefahr höher liegen.

Ich sehe schon, ich sollte mir einen Taschenrechner anschaffen...

Das ist richtig. Durch die Berechnung des MBG des Tages und der Woche erhalten Sie wichtige, aussagekräftige Parameter über Ihre eigene Kontrolle... Sie machen sich dadurch von einer Fremdbeurteilung und auch von einer HbA1c-Messung in einem Labor zum Teil unabhängig.

Nicht die Selbstkontrolle, sondern vielmehr die regelmäßige Diät bedrückt mich...

Die sogenannte „Diabetes-Diät“ bei Insulinmangeldiabetes ergibt sich aus unzureichender Behandlung. Regelmäßiges Essen ist bei herkömmlicher Insulintherapie mit 2–3mal täglicher Injektion erforderlich, um Unterzuckerungen zu vermeiden. Wird Insulin jedoch mahlzeitengerecht gespritzt, können Menge und Zeitpunkt des Essens frei gewählt werden. Unabhängig von der Behandlungsart muß man aber den Kohlenhydratgehalt der Nahrung immer kennen, um die Insulindosis richtig zu wählen.

Ich weiß, ich brauche dafür nur eine „Kohlenhydrataustauschtabelle“...

Diese wurde von einem berühmten deutschen Diabetologen sehr zutreffend „ein Wortungetüm mit 28 Buchstaben“ genannt. Aber Scherz beiseite, sie beschreibt jene Menge von Nahrungsmitteln (von Kohlenhydraten), die jeweils einer Broteinheit entspricht.

Was ist eine Broteinheit?

Eine *Broteinheit* ist eine Berechnungseinheit für Kohlenhydrate. Sie gibt an, in welcher Menge eines bestimmten Nahrungsmittels 12 g Kohlenhydrate enthalten sind (neuerdings enthält eine Kohlenhydrateinheit KHE in Deutschland nur noch 10 g vertretbare Kohlenhydrate). So entspricht eine Broteinheit etwa einer dünnen Scheibe Brot, bzw. einer halben Semmel. Weitere Werte entnehmen Sie bitte den Kohlenhydrat-Austauschtabellen. Ganz wichtig ist es, die Kohlenhydratmenge durch Kenntnis von entsprechenden Schätzmaßen (1 BE = eine halbe Banane, = ein mittlerer Apfel, = 1 Glas Milch, etc.) abschätzen zu können. Unsinnig ist es allerdings, die Kohlenhydrate genau auf 1 g auszuwiegen, da der Blutzuckeranstieg nach den verschiedenen Nahrungsmitteln ohnehin unterschiedlich ist. Es gibt Kohlenhydrate, die zu einem raschen Blutzuckeranstieg führen (Semmeln, Reis, Kartoffel) und es gibt solche, die einen langsamen Anstieg bewirken, da sie nur langsam verdaut werden (Linsen, Hülsenfrüchte, Obst, Eis, Spaghetti). Die Resorptionsgeschwindigkeit der Kohlenhydrate beeinflußt auch den Insulinbedarf für eine bestimmte Mahlzeit: Je langsamer die Kohlenhydrataufnahme aus dem Darmtrakt, desto niedriger wird der prandiale (= mahlzeitenbezogene) Insulinbedarf sein. In der Phase, in der Sie selbständig Insulin dosieren lernen, werden wir darauf zurückkommen. (Glykämischer Index = Blutglukose-Wirksamkeit unterschiedlicher kohlenhydrathaltiger Nahrungsmittel s. Ende dieses Buches.)

Stimmt es, daß ich unter FIT dann alles essen darf? Auch Süßigkeiten?

Das „dürfen“ Sie nur dann, wenn Sie es können. Es erfordert nämlich eine gewisse Erfahrung, die richtige Entscheidung über die notwendige Insulinmenge wie auch über den erforderlichen Zeitabstand vor einer Mahlzeit und über die Art der Insulinverabreichung zu treffen. Es ist äußerst schwierig abzuschätzen, wieviel Kohlenhydrate in einer Mehlspeise sind. Dementsprechend ist auch die Abschätzung der benötigten Insulinmenge nicht einfach! Die Süßigkeiten sollten Sie lieber als „gefährlich“ einstufen, weil es hier dann (durch Dosierungsfehler) leicht zu einem zu hohen oder zu niedrigen Blutzucker kommen kann. Besonders schwierig ist die Wahl der

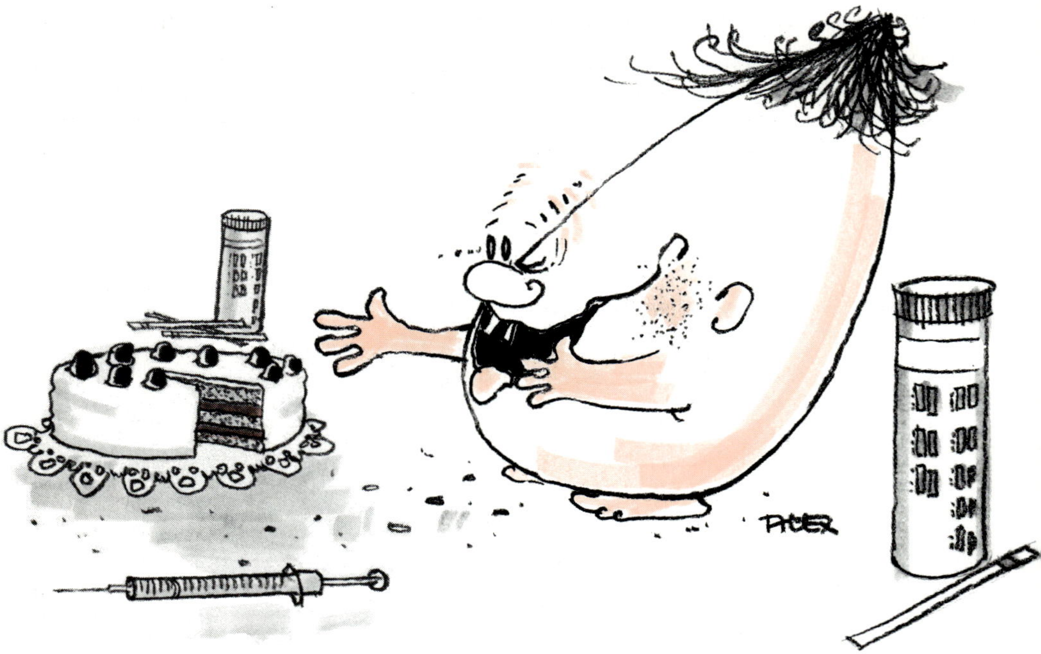

richtigen Dosis für Diabetiker-Mehlspeisen zubereitet mit Xylit, Sorbit und Fruktose. Diese „Zuckeraustauschstoffe“ werden zum Teil insulinunabhängig verwertet, der prandiale Insulinbedarf ist daher geringer. Kalorien haben sie trotzdem . . .

Genügt es, den Kohlenhydratgehalt zu berücksichtigen, oder soll ich auch die Kalorien berechnen?!

Die *Kalorie* ist eine Maßeinheit für den Energiegehalt. Kalorienreiche Nahrungsmittel machen dick, wenn Sie mehr davon essen, als Sie verbrauchen. Wenn Sie übergewichtig sind oder zu Übergewicht neigen, sollten Sie den Kaloriengehalt berücksichtigen. Bedenken Sie, daß Sie unter FIT – wenn Sie es richtig machen – nahezu keinen Harnzucker haben werden. Wenn Sie bis jetzt durch noch nicht optimale Blutzuckerkontrolle viel Harnzucker hatten, was unter herkömmlicher Insulinbehandlung häufig vorkommt, wird ein Teil der Kohlenhydrate durch bessere Einstellung nicht mehr wie bisher durch den Harnzucker wieder ausgeschieden. Erfahrungsgemäß nimmt man daher an Gewicht zu, wenn der Stoffwechsel plötzlich wesentlich besser eingestellt ist... Wenn Sie diese Gewichtszunahme bei Verbesserung der Einstellung vermeiden wollen, bleibt nur die Möglichkeit, weniger zu essen.

Wie soll ich denn das machen? Ich bin ständig hungrig!

Wenn Sie unter- bis normalgewichtig sind, können Sie weitgehend essen, was Sie wollen, sofern Sie das Insulin richtig dosieren. Wollen Sie eine Gewichtszunahme vermeiden, bedenken Sie, daß Fett die meisten Kalorien enthält, denn 1 g Fett liefert 9 kcal, 1 g Eiweiß oder 1 g Kohlenhydrate dagegen nur je 4 kcal.

Ich habe immer gedacht, daß gerade Kohlenhydrate die meisten Kalorien enthalten.

Das ist nicht richtig. Verwechseln Sie das nicht mit dem Insulinbedarf? Es ist nämlich richtig, daß Sie für Kohlenhydrate die größte Insulinmenge benötigen. Der Insulinbedarf für Nicht-Kohlenhydrate (Eiweiß-Fett) ist bei normaler, kohlenhydratreicher Kost vernachlässigbar niedrig.

Ist es richtig, auf Fett zu verzichten, wenn man nicht zunehmen möchte?

Man soll zumindest die Fettaufnahme einschränken, weil die fetten Speisen die meisten Kalorien enthalten. Überdies sollten Sie auch den Alkoholkonsum einschränken: 1 g Alkohol hat nämlich 7 Kalorien.

Wie kann man aber den Kaloriengehalt ganzer Speisen abschätzen?

Das ist einfach. Wenn 1 g Kohlenhydrate 4 Kalorien enthält, wieviel Kalorien wird dann eine Broteinheit (12 g Kohlenhydrate) liefern?

4 × 12 = 48...

Da allerdings die Broteinheiten (Getreideprodukte, Kartoffeln...) neben Kohlenhydraten meist zusätzlich noch Eiweiß enthalten, können Sie grundsätzlich die Ihnen schon sicher bekannten Schätzmaße für eine Broteinheit mit etwa 60 kcal je Broteinheit abrunden (einzige Ausnahme: Obst; hier sind nur Kohlenhydrate enthalten).

Da eine Semmel etwa 2 Broteinheiten enthält, wird sie daher 120 kcal haben?

Das ist richtig. Diese grobe Schätzung der Kalorien bei Getreideprodukten genügt vollkommen. Bitte, merken Sie sich auch, daß 10 dag Fleisch oder Wurstwaren (je nach Fettgehalt) etwa 150 – 400 kcal entsprechen. Vereinfacht kann man sagen, daß 10 dag (= 100 g) Wurstwaren (z. B. Wiener Würstel) etwa 250 kcal enthalten.

Und wie ist das mit Fett?

Bei „reinen“ Fetten wie Öl, Schmalz, Butter usw. ist das am einfachsten. Fett ist nicht wasserlöslich, so daß Sie in z. B. 20 g Butter wirklich fast 20 g Fett haben. Das würde heißen, daß 20 g Butter (20 × 9 kcal) etwa 180 Kalorien ergeben. Dies trifft auf alle möglichen Fette zu: auf die guten, die pflanzlichen, die sogenannte „ungesättigte“ Fettsäuren enthalten, als auch auf die gesundheitlich weniger günstigen, tierischen Fette, die vollkommen „gesättigt“ sind (z. B. Butter, Schmalz).

Ich habe heute morgen eine Buttersemmel (vielleicht 10 g Butter) mit etwa 5 dag Schinken gegessen. Das wären dann...120 Kalorien (Semmel) plus (10 × 9) 90 Kalorien für die Butter plus 5 dag Schinken, dies wären etwa 150 Kalorien, also insgesamt entspricht das alles etwa 360 Kalorien?...

Ganz genau. Dies sollten Sie zur Vereinfachung noch auf 300 abrunden oder auf 400 aufrunden. Die Schätzung der Kalorienmenge auf diese Art und Weise genügt vollkommen.

Muß man für Eiweiß und Fett auch Insulin spritzen?

Bei einer relativ kohlenhydratreichen Mahlzeit (Beispiel: die erwähnte Schinkensemmel) genügt es völlig, wenn Sie das Insulin ausschließlich für Kohlenhydrate berechnen. Bei einer gemischten Mahlzeit, wo Kohlenhydrate „belegt" mit Eiweiß und Fett aufgenommen werden, bewirken Fett und Eiweiß, daß die Kohlenhydrate langsamer aufgenommen werden. Der Insulinbedarf für diese Mahlzeit wird daher gleich oder vielleicht sogar kleiner als er für die Semmel allein, ohne Zusatz von Eiweiß und Fett wäre. Wenn Sie allerdings größere Mengen von Nicht-Kohlenhydraten (insbesondere von Eiweiß) allein, ohne Kohlenhydrate essen, z.B. ein Naturschnitzel mit Salat, müssen Sie mit einem (zwar langsamen) Blutzuckeranstieg rechnen, wenn Sie dafür gar kein Insulin spritzen.

Bei kohlenhydratarmen Mahlzeiten sollte ich also auch für Nicht- Kohlenhydrate Insulin spritzen?

Richtig, da die Leber daraus trotzdem Zucker macht. Allerdings bedürfen die Nicht-Kohlenhydrate einer wesentlich niedrigeren, fast vernachlässigbaren Insulindosierung. Wir werden darauf noch zurückkommen.

Welche Insuline sind die besten?

Jedes Insulin ist für seinen Zweck gut. Herkunft, Zusammensetzung und vor allem die Wirkungscharakteristika der einzelnen Insulinarten entscheiden darüber, welches Präparat für eine bestimmte Strategie der Behandlung letztlich gewählt wird.

Wie wird das Insulin gewonnen?

Meist aus den Bauchspeicheldrüsen von Rindern oder Schweinen. Das Schweineinsulin ist dem menschlichen ähnlicher. Nachdem ist es gelungen, durch bestimmte Verfahren das Schweineinsulin in ein menschliches *(= Human-)*Insulin umzuwandeln, sollten eben Humaninsuline vorzugsweise verwendet werden. Sie können weiter produziert werden, indem man Bakterien die Fähigkeit einimpft, ein Insulin mit der Zusammensetzung des Humaninsulins zu produzieren. Es ist damit zu rechnen, daß in naher Zukunft wahrscheinlich nur mehr Humaninsuline verwendet werden, da diese eine geringere Antikörperbildung auslösen. Sonst bieten sie allerdings keine besonderen Vorteile.

Was ist ein Altinsulin?

Altinsulin enthält keine Verzögerungssubstanzen. Es ist ein rasch wirkendes Insulin. Es heißt „Alt", weil es schon in den 20er Jahren verwendet wurde, nachdem es erstmals gelungen war, Insulin zu isolieren. Richtiger wäre allerdings der Ausdruck *Normalinsulin*. Die rasch wirkenden *Insulinanaloga* (veränderte Insuline) wirken viel rascher als das Normalinsulin.

Wie lange wirkt Normalinsulin?

In üblicher Dosierung etwa 4 bis 6 Stunden, das Wirkungsmaximum wird nach etwa 1 – 2 Stunden erreicht. Die Wirkungseigenschaften hängen aber sehr stark von der gespritzten Insulinmenge sowie von der Art der Insulinapplikation ab.

Wie beeinflußt die Insulinmenge die Wirkungseigenschaften?

Je mehr Insulin gespritzt wurde, desto länger die Wirkungsdauer. Und umgekehrt – bei kleinen Insulinmengen können Sie nur mit kurzer Wirkung rechnen.

Und was verstehen Sie unter Art der Insulinapplikation?

Unter der herkömmlichen Insulinbehandlung sollte das Insulin „unter die Haut", d.h. *subkutan* gespritzt werden, und zwar – bei einer Behandlung mit 2–3 Injektionen täglich – jeden Tag in eine vergleichbare Körperregion, z.B. am Oberschenkel oder am Bauch (von Tag zu Tag „rotieren"), um jeden Tag vergleichbare Wirkungseigenschaften zu erreichen. Die Wirkung des Normalinsulins kann jedoch beschleunigt (und verkürzt) werden, wenn die Insulinaufnahme vom Gewebe ins Blut beschleunigt wird. Das kann erreicht werden, indem das Insulin z.B. in einen Muskel gespritzt wird, denn Muskeln sind ja viel besser durchblutet als das Fettgewebe. Eine andere Möglichkeit ist die Förderung der Durchblutung der Haut an der Injektionsstelle. Darauf kommen wir noch zurück.

Wodurch unterscheiden sich die Verzögerungsinsuline von Normalinsulin?

Erstens haben diese Insuline andere Wirkungseigenschaften: Sie wirken länger.
Zweitens durch die Zusammensetzung. Die Verzögerungsinsuline enthalten noch andere Substanzen wie z.B. andere Eiweißkörper oder Zinkionen. Diese Verzögerungssubstanzen bilden mit Insulin entweder Kristalle von einer bestimmten Größe oder vermindern die Löslichkeit von Insulin und verlangsamen dadurch die Insulinabgabe von der Injektionsstelle ins Blut.
Drittens haben die länger wirkenden Insuline eben durch diese Zusatzstoffe ein anderes Aussehen: sie sind meistens trüb (Ausnahme: Surfen-Insuline, Proinsulin) und müssen vor dem Spritzen geschüttelt werden.

Wie lange wirken die Verzögerungsinsuline?

Es gibt sehr viele Verzögerungsinsuline auf dem Markt. Merken Sie sich vielleicht nur die Eigenschaften (siehe Skizzen, Abb. 4.2) der drei wichtigsten Gruppen:

1. Die **NPH-Insuline**. Die Abkürzung bedeutet „Neutral Protamin Hagedorn". Das Protamin, ein Fischeiweiß, wurde erstmals in den 40er Jahren von Hagedorn zur Resorptionsverzögerung eingesetzt. In der üblichen Dosierung wirken sie etwa 10–18 Stunden, wobei das Wirkungsmaximum nach etwa 4–8 Stunden eintritt.
2. Die Insuline vom **Monotard-Typ** (anders: **Lente**-Insuline). Als Zusatzstoff enthalten sie Zink (kristallin und amorph). Sie wirken etwas länger als die NPH-Insuline und haben auch später ihr Wirkungsmaximum.
3. Insuline vom **Ultratard-Typ** (auch **Ultralente**-Typ Insuline genannt) haben Zink als Verzögerungssubstanz (kristallin). Sie wirken am längsten. Ihre Wirkung setzt erst mehrere Stunden nach dem Spritzen ein und hält dann relativ gleichmäßig fast einen Tag lang an.

Welches Insulin ist für meinen Fastenbedarf unter FIT am besten geeignet?

Als basales Insulin können Sie grundsätzlich alle diese Verzögerungsinsuline verwenden (vom NPH-, Monotard- oder Ultratard-Typ), wenn sie 2mal täglich in etwa

Insulintyp (Verzöger. substanz)	Pharmakokinetik** (Beispiele)	Hersteller		
		HOECHST	LILLY	NOVO-NORDISK
Normal-insulin	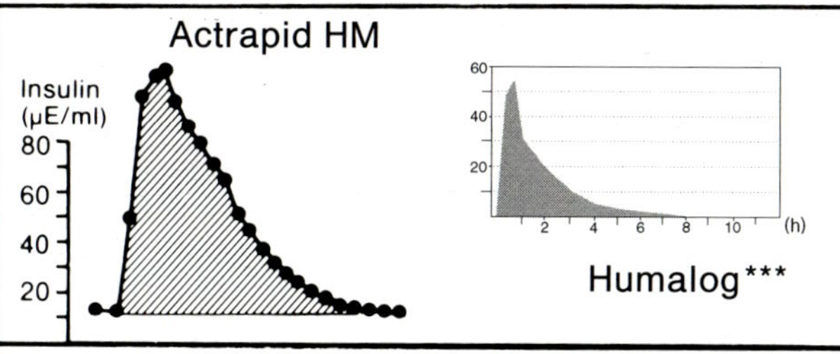	Insuman Rapid	(Insulin-analog Lispro Humalog®) Huminsulin Normal	Humaninsulin Velosulin Actrapid HM
NPH-Typ (Protamin)	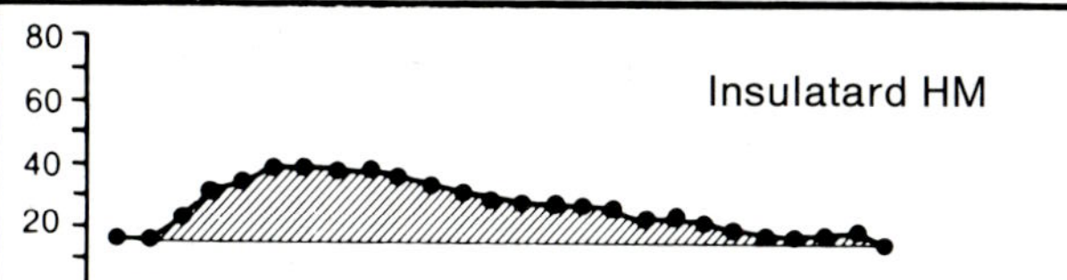	Insuman Basal	Huminsulin Basal NPH	Insulatard HM (früher: Protaphan HM)
Lente-Typ Zink (amorph + kristallin)	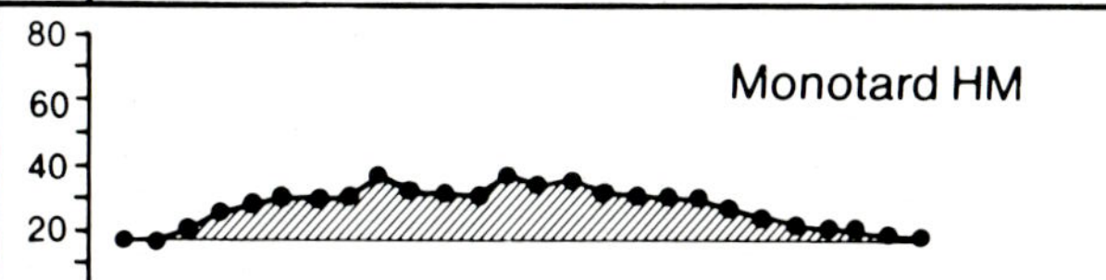		Huminsulin Long (Lente)	Monotard HM
Ultralente-Typ Zink (kristallin)	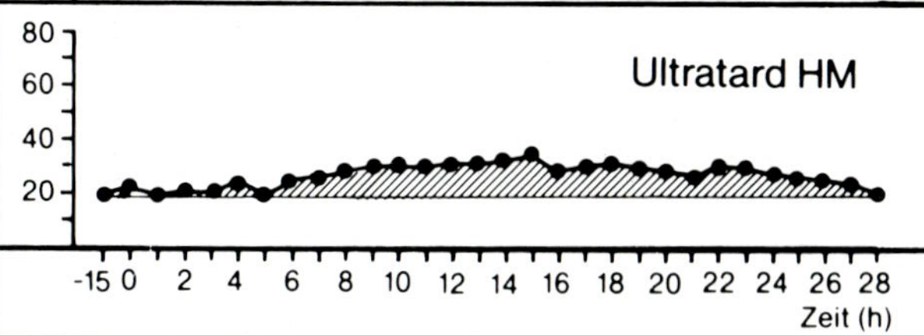		Huminsulin Ultralong (Ultralente)	Ultratard HM

◀ **Abbildung 4.2: Auswahl von Humaninsulinen***

* Mischinsuline (am Markt gibt es zahlreiche fixe Mischungen von Normal- und Verzögerungsinsulin) sind für FIT nicht geeignet. Sie werden hier daher nicht angeführt.

** Die angeführten Wirkungseigenschaften beziehen sich auf eine Insulindosierung in der Größenordnung von etwa 20–25 IE. (Nach Bottermann et al., 1985, in Dosierung 0,3 Einheiten pro kg Körpergewicht.) Unter der für FIT erforderlichen, fraktionierten, niedrigen Insulindosierung (Einzeldosen von nur wenigen Einheiten) ist dementsprechend eine kürzere Wirkungsdauer zu erwarten.

*** Insulinanalog Lispro (Marktname: Humalog®) wirkt noch wesentlich rascher als Normalinsulin. Die hier angeführten Wirkungseigenschaften beziehen sich auf eine Insulindosierung von 10 Einheiten (also weniger als die Hälfte wie bei den schraffierten Kurven; Galloway et al., 1993). Weitere Insulinanaloga werden von Novo-Nordisk (Aspart, ähnlich Insulin Lispro) und von Hoechst (Gargine, ähnlich Ultralente) demnächst eingeführt.

(Modifiziert aus K. Howorka: Funktionelle Insulintherapie. Lehrinhalte, Praxis und Didaktik. Springer-Verlag, Berlin - Heidelberg - New York, 4. Auflage 1996)

gleicher Dosierung gespritzt werden. Ultratard-Typ Insuline (2mal täglich) sowie eine Kombination von Ultratard morgens und NPH-Insulin spätabends haben sich allerdings in der Praxis am besten bewährt. Darauf kommen wir später noch zurück.

Welche Strategie der Insulinbehandlung ist die beste?

Diese Frage kann nicht pauschal beantwortet werden. Die Wahl einer bestimmten Behandlungsstrategie hängt in erster Linie von Ihren Zielen ab. Je jünger Sie sind, desto eher sollten Sie einen weitgehend normalen Blutzucker anstreben, denn nur so können die Folgekrankheiten, die Sie vielleicht noch erleben werden, hinausgezögert werden. Je älter Sie sind, desto unwahrscheinlicher sind für Sie die Spätkomplikationen des Diabetes, weil sie erst nach langjähriger Krankheitsdauer auftreten. Verständlicherweise müssen dann auch andere Behandlungsziele gewählt werden. Dies ist auch der Fall, wenn Sie außer Diabetes noch eine schwerwiegende Erkrankung haben (wie z.B. eine Krebserkrankung), die Ihre Lebenserwartung dementsprechend verkürzt. Am Rande sei auch erwähnt, daß gerade im vorgerückten Alter schwere Unterzuckerungen vermieden werden sollten.

Welche Strategien der Insulinbehandlung gibt es?

Vereinfacht unterscheiden wir zwei Gruppen: (1) die **konventionelle** und (2) die **funktionelle** Insulinbehandlung. Erst die letztere, die neuere Kategorie, erlaubt eine nahe-normoglykämische Insulinsubstitution (NIS, FIT), indem das Insulin nach bestimmten Regeln voneinander unabhängig entweder zum Essen oder zum Fasten oder für Korrektur eines Blutzuckers außerhalb vom Zielbereich eingesetzt wird. Ich erinnere daran, daß eine funktionelle Insulinbehandlung sowohl mit mehrfach täglichen Insulininjektionen als auch mit einer steuerbaren Insulinpumpe realisierbar ist. Voraussetzung ist eine entsprechende Ausbildung des Betroffenen, um die Fähigkeit der eigenständigen Insulin-Selbstdosierung zu erlangen. Eine Blutzucker-Selbstkontrolle – zur Normalisierung des HbA1c meist zumindest 4mal täglich – ist unerläßlich. Zur eigenen Überwachung und Kontrolle ist auch täglich die Bilanzierung des Insulinverbrauchs und der Nahrungsaufnahme erforderlich.

Abbildung 4.3: Prinzipien der Insulintherapie bei Insulinmangeldiabetes

Behandlungsart / Behandl.-merkmale	Konventionelle Insulinbehandlung „Klassische“	„Intensivierte“	Funktionelle Insulintherapie
Insulin	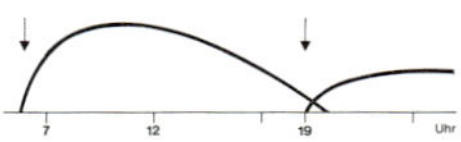 Verzögerungs- oder Mischinsulin (1–2 Injektionen täglich)	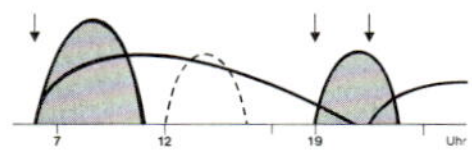 Mischen von kurzwirkendem Insulin (schraffiert) und Verzögerungsinsulin ermöglicht bereits eine gewisse Insulindosisanpassung (2–4 Injektionen täglich)	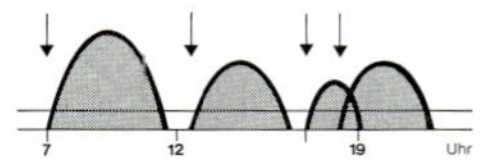 FIT ist mit mehrfachen Injektionen von Normal- und Langzeitinsulinen (kurzwirkendes Insulin schraffiert) oder einer steuerbaren Insulinpumpe realisierbar. Die Injektionsanzahl ist variabel (durchschnittlich 4–5 Injektionen täglich).
Funktion (Basis/ Bolus)	Globale Deckung des basalen (= dem Fastenbedarf entsprechenden) und prandialen (= den Mahlzeiten zuzuordnenden) Insulinbedarfs		Klar getrennter Insulingebrauch • basal • prandial • zur Korrektur eines zu hohen BZ
Diät	Anpassung der Mahlzeiten an die Insulinwirkung; Zeitpunkt, Menge und Zusammensetzung der Mahlzeiten fixiert	durch Zusatzgaben von Altinsulin ein wenig flexibler	Zeit- und mengenmäßig frei, aber bilanziert; das Insulin wird bedarfsgerecht gespritzt.
Selbstkontrolle	häufig keine, eher selten Harn- oder Blutzucker	4 × /Tag Harnzucker oder Blutzucker	Zur Normalisierung des HbA1c mindestens 4 × / Tag Blutzucker erforderlich.
Konsequenzen der Selbstkontrolle	praktisch keine selbständigen, Arzt (Nur Hypo-Korrektur mit Kohlenhydraten)	verzögert (Insulindosisänderung erst, wenn an 2–3 Tagen dasselbe „Muster“ auftritt)	• sofort, unmittelbar und gezielt mit Normalinsulin oder Humalog® • verzögert – bei Veränderung der Dosierungsrichtlinien (Algorithmen)

Fortsetzung Abb. 4.3

Behandlungsart / Behandl.-merkmale	Konventionelle Insulinbehandlung „Klassische“	Konventionelle Insulinbehandlung „Intensivierte“	Funktionelle Insulintherapie
Schulung	keine/wenig Information	Diabetikerschulung zur selbständigen Insulindosisanpassung (Minimum: Die sog. „5-Tage“-Schulung oder die Phase 1 des FIT-Programmes)	Erarbeiten der FIT-Algorithmen in Theorie und Praxis: „Insulinspiele“ – gezielte Hebung und Senkung des Blutzuckers – experimentelles Fasten – experimentelle „Sünde“ Erlernen der Fähigkeit zur kritischen Überprüfung und gegebenenfalls Anpassung von Algorithmen der funktionellen Insulinanwendung

Im Gegensatz dazu gibt es die Ihnen sicher schon bekannte „konventionelle“, herkömmliche Insulintherapie. Bei dieser Behandlung wird das Insulin „pauschal“ ersetzt. Daher wird die Insulindosis immer gleichzeitig mit einer Diätverschreibung erfolgen. Variationen der Nahrungsmenge von Tag zu Tag sind hier kaum möglich. Wenn aufgrund Ihrer Lebenserwartung eine Normalisierung der Stoffwechselsituation zur Vorbeugung der Spätschäden gewählt wurde, so sind hier 2 bis 3 tägliche Insulinspritzen das absolute Minimum. Sie sollten in diesem Fall keine Mischinsuline verwenden, sondern eigenständig über die Zusammensetzung Ihrer morgendlichen und abendlichen Injektionen, die je zu einem Anteil von Altinsulin und Verzögerungsinsulin bestehen, entscheiden. Zumindest 4 Selbstkontrollen (Harnzucker oder Blutzucker) sollten jeden Tag durchgeführt werden. Wenn der Patient neben diesen Selbstkontrollmessungen bereits auch selbständig die „Anpassung“ der Insulindosierung vornimmt, spricht man von einer „intensivierten“ Insulintherapie. **Bei Insulinmangeldiabetes gilt heute eine derart „intensivierte“ Insulintherapie als ein absolutes Behandlungsminimum.**

Heißt das, daß Insulinspritzen 2mal täglich allein, ohne Selbstkontrolle, auf keinen Fall genügt?

Nicht, sofern eine langfristige Normalisierung der Blutzuckerwerte als Behandlungsziel gewählt wurde. Die Insulinbehandlung ohne jegliche Selbstkontrolle mag aber, wie viele behaupten, bei betagten Diabetikern, entsprechend einem anderen therapeutischen Ziel, die einzig durchführbare Therapie sein.

Abbildung 4.4: Vor- und Nachteile der einzelnen Behandlungsformen

„Intensivierte", konventionelle Insulintherapie	Funktionelle Insulintherapie
Vorteile	
• Nur 2 oder 3 Injektionen • Ein Teil der Verantwortung für die Behandlung kann „auf den Arzt" abgeschoben werden (Ein Vorteil?!) • „Nur" 5–7 „Hautstiche" pro Tag für Selbstkontrolle und Injektionen.	• Gute Stoffwechselkontrolle • Nahrungsaufnahme frei bezüglich (1) Menge (2) Zeitpunkt • Injektionszeitpunkte verschiebbar • Gezielte Einflußnahme auf den Blutzucker • Durchschaubarkeit der Stoffwechselvorgänge (= funktionsgebundener Insulingebrauch) • Weitgehende Unabhängigkeit vom Arzt und seiner Verschreibung • Selbstverantwortung
Nachteile	
• Zwang zum Einhalten eines Diätplanes bezüglich (1) Menge (2) Zeitpunkt der Nahrungsaufnahme • Injektionszeitpunkte fixiert • Mangelnde Steuerungsmöglichkeit des Blutzuckers • Unzureichende Durchschaubarkeit (Insulin wird „pauschal" verabreicht) • Hypoglykämiegefahr bei Verschiebung der Mahlzeit	• Insgesamt mindestens 10 „Hautstiche" pro Tag für Selbstkontrolle und Injektionen • (evtl. Pumpe: muß ständig am Körper getragen werden)

Die Eigenschaften der einzelnen Strategien der Insulinbehandlung, der konventionellen Insulintherapie, der intensivierten Insulinbehandlung wie auch der FIT, sind in der Abbildung 4.3 zusammengestellt. Wie Sie sehen, kann die konventionelle Insulintherapie im herkömmlichen Sinn nicht empfohlen werden, wenn sie keine Selbstkontrolle in entsprechendem Ausmaß beinhaltet. Mit Anwendung der Harnzucker- und/oder Blutzucker-Selbstkontrolle wird die Behandlung „intensiviert" und ein wenig flexibler gestaltet, sofern keine Mischinsuline verwendet werden.

Kann man um diese Selbstkontrollen wirklich nicht herumkommen?

Je unregelmäßiger Sie leben, je variabler die Nahrungsaufnahme und die körperliche Tätigkeit von Tag zu Tag sind, desto mehr Selbstmessungen sind erforderlich. Wie häufig Sie täglich den Blutzucker messen sollen, damit Ihr Hämoglobin A1c nahenormal bleibt, können Sie nur durch Erfahrung ermitteln. Der Insulinbedarf schwankt von Tag zu Tag, selbst unter konstanten Diätbedingungen sehr stark, und das ist nicht immer vorhersagbar. Dem können Sie praktisch nur durch Korrekturen eines zu hohen oder zu niedrigen Blutzuckers entgegenwirken. Bevor Sie sich für eine bestimmte Strategie der Insulinbehandlung entscheiden, sollten Sie die Vor- bzw. die Nachteile der einzelnen Behandlungsformen überdenken. Diese wurden in der Abbildung 4.4 zusammengefaßt. Die herkömmliche, „konventionelle" Insulintherapie ohne Selbstkontrolle, wird dabei aus verständlichen Gründen außer acht gelassen. Wir vergleichen hier lediglich den funktionsgebundenen Insulingebrauch (FIT) mit den weniger differenzierten Behandlungsformen, bei denen das Insulin pauschal für alle diese Funktionen gleichzeitig verabreicht wird. Dies hat grundsätzlich den Nachteil der mangelnden Durchschaubarkeit wie auch der mangelnden Beeinflussung des aktuellen Blutzuckers.

Ich sehe schon, daß die Vorteile der FIT überwiegen... Ich bin aber nicht sicher, ob ich mit den Nachteilen der Methode fertig werde...

Der wesentliche Nachteil liegt scheinbar in der Selbstverantwortung, die Sie ab jetzt für Ihre Stoffwechselkontrolle tragen müssen, denn den „Blutzucker beeinflussen können" heißt sicher manchmal auch, ihn beeinflussen „müssen"... Oder würden Sie den Blutzucker bei 300 mg/dl belassen, wenn sie ihn auf 100 mg/dl bringen könnten?

Schon, aber gerade diese Selbstverantwortung macht mich von vielen anderen Faktoren, vom Arzt, von der Verschreibung, vom Zwang zum Essen zu bestimmten Zeiten frei. Das gefällt mir. Allerdings, wenn ich rechnen kann, komme ich auf gut 10 „Stiche" pro Tag. Etwa 4 für die Selbstkontrolle und vielleicht 6 für die Injektionen. Mindestens 10 Stiche täglich!

Das stimmt. Nur wenn Sie diese 10 Stiche oder 10 „Schmerzsekunden" pro Tag und einen Zeitaufwand von etwa 10 Minuten täglich in Kauf nehmen, ergeben sich daraus für Sie doch bedeutende Vorteile. Die Entscheidung müssen Sie jedoch selbst treffen. Lassen Sie sich dabei durch niemanden beeinflussen. Glauben Sie auch nicht, daß eine Pumpe, bzw. ein „Insulin-Pen" (füllfederartige Vorrichtung zum Spritzen von Normalinsulin) die Geschichte für Sie „automatisch" erledigen können. Eine Insulinpumpe oder ein Insulin-Pen sind so viel wert wie das Wissen oder das Handeln ihrer Benützer. Sie garantieren nicht von sich aus eine gute Kontrolle. Gerade die Selbstkontrolle und Ihre ureigenen Entscheidungen, wieviel Insulin Sie daraufhin jedesmal spritzen, sind wesentlich.

Sollte ich mich für FIT entscheiden ... bietet eine tragbare, steuerbare Insulinpumpe gegenüber den mehrfach täglichen Injektionen besondere Vorteile?

Schon, insofern als das basale Insulin mit kontinuierlicher Normalinsulin-Infusion hergestellt wird und dadurch noch gleichmäßiger ist als mit 2 täglichen Injektionen eines Verzögerungsinsulins. Allerdings können Sie mit Spritzen zu den Mahlzeiten je nach Art und Gehalt der Kohlenhydrate die Resorption von Normalinsulin durch entsprechende Maßnahmen gezielt beeinflussen, was unter Pumpen-Therapie nicht möglich ist.

Bei kontinuierlicher Insulininfusion mittels Pumpen hat sich nur die *subkutane* Insulinzufuhr (mit einem Katheter unter die Haut) durchgesetzt – vom *intravenösen* (in die Vene) und dem *intraperitonealen* Zugang (in den Bauchfellraum) ist man mittlerweile praktisch abgekommen. Über die technischen Details der Pumpenhandhabung, Katheterwechsel, Alarmfunktionen, etc., die bei jedem Modell unterschiedlich sind, werden wir uns in diesem Buch nicht unterhalten (s. auch „Weiterführende Literatur"), sondern uns auf die Prinzipien der Insulindosierung konzentrieren. Diese sind unter FIT mittels mehrfachen Injektionen oder mittels einer Pumpe grundsätzlich ident (bis auf die Tatsache, daß der Insulinbedarf unter kontinuierlicher Insulininfusion etwas geringer ist). Pumpeninteressierte mögen die technischen Einzelheiten mit den betreuenden Ärzten diskutieren.

Auf jeden Fall ist es aber günstig, daß Sie *nicht* von Haus aus sagen: „Ich will die Pumpe nicht". Glauben Sie nicht, daß ein Versuch während einiger Wochen doch sinnvoll wäre?

Bitte treffen Sie die Entscheidung selbst.

Testfragen zur „Diabetikerschulung“

Datum: ....

Bei allen Fragen sind eine oder mehrere Antworten richtig:

A) 1 BE entspricht

	richtig	falsch
1. 1 kleiner Apfel	☐	☐
2. 1 Banane	☐	☐
3. 1 kleine Grapefruit	☐	☐
4. 1 hühnereigroße Kartoffel	☐	☐
5. 2 Eßlöffel Kartoffelpüree	☐	☐
6. 1 Viertelliter Vollmilch	☐	☐
7. 1 halber Liter Magermilch	☐	☐
8. 1 Viertelliter Joghurt	☐	☐
9. 1 dünne Scheibe Schwarzbrot	☐	☐
10. 2 Scheiben Vollkornbrot	☐	☐
11. 1 Schöpflöffel gekochte Teigwaren	☐	☐
12. ⅛ Liter Orangenjuice	☐	☐
13. 5 Scheiben Knäckebrot	☐	☐

B) Folgende Gemüsesorten können selbst in größeren Mengen bei der Diabetes-Diät unberücksichtigt bleiben:

	richtig	falsch
1. Gurken	☐	☐
2. Erbsen	☐	☐
3. Sauerkraut	☐	☐
4. Mais	☐	☐

C) Eine Portion von 20 g Butter entspricht:

	richtig	falsch
1. 100 kcal	☐	☐
2. 170 kcal	☐	☐
3. 310 kcal	☐	☐

D) 1 BE Getreideprodukte enthält meist:

	richtig	falsch
1. 20 kcal	☐	☐
2. 60 kcal	☐	☐
3. 150 kcal	☐	☐

E) 100 g (10 dag) Fleisch enthält

	richtig	falsch
1. 150 – 200 kcal, wenn es mager ist	☐	☐
2. 300 – 400 kcal, wenn es fett ist	☐	☐
3. durchschnittlich 250 – 300 kcal	☐	☐

F) Für einen jungen, berufstätigen Typ I Diabetiker, der bereits seit 3 Jahren zuckerkrank ist, sind folgende Behandlungsarten als alleinige Maßnahme gut geeignet:

	richtig	falsch
1. 1mal täglich ein Insulin vom Monotard-Typ und keinerlei Selbstkontrolle	☐	☐
2. 2mal täglich ein Mischinsulin und jeden zweiten Tag eine Harnzuckeruntersuchung	☐	☐
3. 2mal täglich ein Mischinsulin und regelmäßige Diät, regelmäßige Kontrollen beim Hausarzt und keine Selbstkontrolle	☐	☐
4. morgens und abends selbständiges Mischen von Verzögerungs- und Normalinsulin; mehrmals tägliche Selbstkontrolle, regelmäßige Diät	☐	☐
5. 2mal täglich Verzögerungsinsulin, mehrmals täglich Normalinsulin, flexible Diät, mehrmals täglich Blutzucker-Selbstkontrolle	☐	☐
6. eine steuerbare Insulinpumpe, flexible Diät, jeden Tag Nüchtern-Blutzucker	☐	☐

G) Bei erwachsenen Diabetikern und bei vorhandener Rückkoppelung zwischen Selbstkontrolle und Insulindosierung ist eine Normalisierung des Hämoglobin A1c am ehesten unter folgenden Arten der Selbstkontrolle (als alleinige Maßnahme) wahrscheinlich:

	richtig	falsch
1. wöchentlich ein Blutzucker-Tagesprofil, bestehend aus 7 Werten	☐	☐
2. täglich 2mal Blutzucker-Selbstkontrolle	☐	☐
3. täglich Nüchtern-Blutzuckerwerte	☐	☐
4. jeden dritten Tag Blutzucker-Selbstmessung 6mal täglich	☐	☐
5. täglich 4mal Blutzucker-Selbstkontrolle	☐	☐
6. 3mal täglich Frischharn-Untersuchung	☐	☐

H) Ein Insulinmangel liegt auf jeden Fall dann vor, wenn:

	richtig	falsch
1. Aceton im Harn vorhanden ist und der Harnzucker negativ ist	☐	☐
2. Aceton im Harn vorhanden ist und der Blutzucker 190 mg/dl beträgt	☐	☐
3. Aceton im Harn + + positiv ist und der Blutzucker 90 mg/dl beträgt	☐	☐

I) Die hier angeführten Verzögerungsinsuline sind in der (auf- oder absteigenden) Reihenfolge ihrer Wirkungsdauer geordnet:

	richtig	falsch
1. Ultratard-Insuline, NPH-Insuline, Monotard-Insuline	☐	☐
2. NPH-Insuline, Monotard-Insuline, Ultratard-Insuline	☐	☐
3. Monotard-Insuline, Mischinsuline, Ultratard-Insuline	☐	☐

J) Zur Herstellung der Basalrate für funktionelle Insulinbehandlung sind gut geeignet:

	richtig	falsch
1. Insuline vom Ultratard-Typ 2mal täglich	☐	☐
2. Insuline vom Ultratard-Typ 1mal täglich	☐	☐
3. Insuline vom NPH-Typ 2mal täglich	☐	☐
4. Mischinsuline 2mal täglich	☐	☐
5. Insuline vom Monotard-Typ 2mal täglich	☐	☐

K) Der Harnzucker informiert indirekt über die Blutzuckerhöhe

	richtig	falsch
1. in den letzten 5 Stunden	☐	☐
2. zwischen den letzten zwei Blasenentleerungen	☐	☐
3. in der letzten Stunde vor der Blasenentleerung	☐	☐

L) Beurteilen Sie, ob die folgenden Sätze richtig oder falsch sind:

	richtig	falsch
1. Glukagon hebt den Blutzucker.	☐	☐
2. Die einzige Funktion der Bauchspeicheldrüse besteht darin, Insulin und Glukagon zu produzieren.	☐	☐
3. Wenn man Alkohol trinkt, geht die Zuckerproduktion in der Leber zurück.	☐	☐
4. Wenn der Diabetiker Alkohol trinkt, muß er mehr Insulin spritzen.	☐	☐
5. Glykogen und Glukagon sind das gleiche.	☐	☐
6. Muskelarbeit schwächt die Insulinwirkung ab.	☐	☐
7. Diabetiker sind immer dick.	☐	☐
8. Typ I Diabetes tritt immer vor dem 25. Lebensjahr auf.	☐	☐
9. Das Durstgefühl bei hohem Blutzucker ist vor allem durch entwässernde Wirkung des Harnzuckers bedingt.	☐	☐
10. Aceton im Harn zeigt auf, daß der Körper die Energie überwiegend aus Fettverbrennung schöpft.	☐	☐
11. Bei Typ II Diabetes ist die Behandlung mit Tabletten **immer** die Therapie der Wahl.	☐	☐
12. Die Spätschäden bei Diabetes entwickeln nur die Typ I-Diabetiker.	☐	☐
13. Die fortgeschrittenen Diabetes-Folgeschäden können ausheilen, wenn die Stoffwechselkontrolle sehr gut ist.	☐	☐
14. Mikroangiopathien sind die charakteristischen Veränderungen der kleinsten Gefäße bei Diabetes.	☐	☐

	richtig	falsch
15. Bei bestehenden Spätschäden hat eine gute Stoffwechselkontrolle keinen Sinn mehr.	☐	☐
16. HbA1c gibt Hinweise über die Diabeteseinstellung in den letzten 5 Wochen vor der Blutabnahme.	☐	☐
17. Diabetiker haben Mangel an HbA1c.	☐	☐
18. 1 g Fett = 9 kcal	☐	☐
19. 1 g Eiweiß = 4 kcal	☐	☐
20. 1 g Kohlenhydrate = 9 kcal	☐	☐
21. 1 g Alkohol = 4 kcal	☐	☐
22. 1 g Wasser = 1 kcal	☐	☐
23. FIT ist eine neue Behandlungsform, bei der das Insulin geschluckt werden kann.	☐	☐
24. Um FIT zu machen, maß man unbedingt einen Insulin-Pen haben.	☐	☐
25. Gute Stoffwechselkontrolle kann heute nur dann erreicht werden, wenn man als Diabetiker ein sehr regelmäßiges Leben führt.	☐	☐
26. Die Spätkomplikationen der Zuckerkrankheit lassen sich durch gute Stoffwechselkontrolle hinauszögern oder gar vermeiden.	☐	☐
27. Insulin muß immer im Kühlschrank aufbewahrt werden, auch das gerade verwendete Fläschchen.	☐	☐
28. Die Hautdesinfektion vor Insulinspritzen ist immer erforderlich.	☐	☐
29. FIT erfordert voneinander getrenntes Dosieren von Insulin zum Essen, zum Fasten und zur Korrektur des Blutzuckers.	☐	☐
30. Diätkenntnisse sind für FIT überflüssig.	☐	☐
31. Die Insulinproduktion Gesunder kann heute in der Praxis bei Typ I-Diabetikern nur durch den funktionellen Insulingebrauch weitgehend nachgeahmt werden.	☐	☐
32. Die funktionelle Insulinbehandlung kann sowohl mit einer Pumpe als auch mit mehrmals täglichen Injektionen erreicht werden.	☐	☐
33. Ziele der FIT sind gute Stoffwechselkontrolle und flexible Lebensführung (hohe Lebensqualität).	☐	☐
34. Bei Insulinmangel-Diabetes genügt es, das HbA1c 1mal jährlich zu bestimmen.	☐	☐
35. Bei Insulinmangel-Diabetes sollte man eine mittlere Blutglukose von 90 mg/dl anstreben.	☐	☐
36. Man sollte den Blutzucker nie nach dem Essen messen.	☐	☐
37. Als prandiales Insulin wird unter FIT immer Verzögerungsinsulin angewendet.	☐	☐
38. Kohlenhydrate liefern mehr Kalorien als Fett.	☐	☐
39. Als Diabetiker sollte man möglichst wenig Kohlenhydrate essen.	☐	☐
40. Diabetikerwaren zubereitet mit Sorbit, Xylit und Fructose erfordern genausoviel Insulin wie normale Süßspeisen für Nicht-Diabetiker.	☐	☐
41. Insulin darf nie in den Muskel gespritzt werden.	☐	☐

	richtig	falsch
42. Unter FIT darf man nur Humaninsuline verwenden.	☐	☐
43. FIT kann durch 2mal tägliche Injektionen von Normal- und Verzögerungsinsulin erreicht werden.	☐	☐
44. Wenn man als Typ I-Diabetiker regelmäßig zum Hausarzt geht, kann auf Selbstkontrolle verzichtet werden.	☐	☐
45. Die intensivierte Insulintherapie erfordert eine selbständige Insulindosis-Selbstanpassung anhand von täglicher Selbstkontrolle.	☐	☐

Weiterführende Literatur:

Wenn Sie mehr als 9 von diesen 97 Fragen zur „Diabetikerschulung" falsch beantwortet haben, empfehlen wir Ihnen, an einer Diabetikerschulung teilzunehmen und eines der folgenden Bücher durchzulesen, bevor Sie zur „FIT-Schulung" übergehen.

- V. Jörgens, Monika Grüßer, M. Berger: Mein Buch über den Diabetes mellitus. Ausgabe für Typ-1-Diabetiker, 13. Auflage, Kirchheim Verlag, Mainz, 1999
- P. Hürter, L. W. Travis: Einführungskurs für Kinder und Jugendliche mit Diabetes mellitus. 4. Auflage, Verlag Gerhards + Co, Frankfurt/M., 1987
- B. Willms: Was ein Diabetiker alles wissen muß: Themen einer Diabetikerschulung. 7. Auflage, Kirchheim Verlag, Mainz, 1995
- H. Mehnert, E. Standl: Ärztlicher Rat für Diabetiker. 4. Auflage, Thieme Verlag, Stuttgart, 1987
- R. Petzoldt, K. Schöffling: Sprechstunde: Diabetes. Rat und Hilfe bei Erwachsenen- und Jugendlichen-Diabetes. 3. Auflage, Gräfe und Unzer Verlag, München, 1985

Wenn Sie Interesse an Insulinpumpen haben, lesen Sie auch:

- F. Best: Insulinpumpen. Kurzer Leitfaden für Patienten. Insuliner-Verlag, Marburg, 1985

Wenn Sie bereits Diabetes-Folgeschäden haben, empfehle ich Ihnen:

- I. Mühlhauser, P. Sawicki: Wie behandle ich meinen Bluthochdruck, Blutdruckselbstmessung, Ernährung, Medikamente. Kirchheim Verlag, Mainz, 3. Auflage 1997

5. FIT-Schulung: Phase 2

Wenn ich mich jetzt für FIT entscheide, muß ich dann mein Leben lang dabei bleiben?

Nein. Sie können jederzeit zu Ihrer früheren Behandlungsform mit Intermediärinsulinen zurückkehren (erfahrungsgemäß macht das allerdings keiner...). Jede Behandlungsform bringt Vor- und Nachteile mit sich. Sie sollen sich entscheiden, zwischen einer Behandlung mit 2 – 3 Spritzen und konstanter Diät (auch hier ist Selbstkontrolle unerläßlich!) oder einer Behandlung mit Selbststeuerung (d. h. noch häufigeres Spritzen oder Pumpe) mit dem Vorteil einer flexiblen Diät und Lebensführung.

Muß ich zum Erlernen der FIT ins Krankenhaus?

Keinesfalls. Wir machen die Schulungen als „Blockveranstaltungen" ausschließlich ambulant.
Manchmal hat sich eine stationäre Aufnahme für einige Tage bewährt, in erster Linie, um Sie vor den Folgen von Insulindosierungsfehlern in der Lernphase zu schützen und Sie vor dem Tumult des Alltags abzuschirmen. Unsere Erfahrungen haben allerdings eindeutig gezeigt, daß sowohl eine klassische „Diabetikerschulung" (Phase I) als auch eine „FIT-Schulung" (Phase II des Ausbildungsprogrammes) ohne weiteres ambulant durchgeführt werden können, die übliche Sorgfalt vorausgesetzt. Zum jetzi-

gen Zeitpunkt führen wir die Phase II zeitlich getrennt von der Phase I durch. Das hat den Vorteil, daß sich jeder Diabetiker den für ihn günstigsten Zeitpunkt wählen kann. Die Hinweise auf geeignete Schulungszentren finden Sie am Ende dieses Buches in der Danksagung.

Ich entscheide mich für FIT, und zwar mit mehrfachen Injektionen. Kann ich gleich damit beginnen?

Ja. FIT beruht auf einer funktionellen, gezielten Insulinanwendung:
1. entweder zum Fasten, oder
2. zum Essen, oder
3. zur Korrektur eines zu hohen Blutzuckers.

Jene Regeln, die beschreiben, wie Sie das Fasteninsulin und das mahlzeitenbezogene Insulin ersetzen und den Blutzucker korrigieren, heißen **Algorithmen der Insulindosierung.** Sie geben konkrete Antworten auf die Fragen, die in Kapitel 3, Abbildung 3.1 zusammengefaßt worden sind. (Wichtig!!! Lesen Sie bitte diese Fragen **jetzt** nochmals durch).

Und noch bevor diese Regeln für Sie erstellt werden, möchten wir Ihnen einige Tips zur Gestaltung der Lernphase für FIT geben:
1. Während der kommenden Lernphase für FIT versuchen Sie möglichst viele Selbstkontrollen durchzuführen. Um ein „Gefühl" dafür zu entwickeln, was mit Ihrem Blutzucker geschieht, wenn Sie essen oder Insulin spritzen, sind in der Lernphase erfahrungsgemäß etwa 10 bis 12 Blutzuckermessungen täglich erforderlich. Auf jeden Fall sollten Sie den Blutzucker messen:
   - vor dem Schlafengehen,
   - um 3 oder 4 Uhr morgens,
   - nüchtern – morgens,
   - jeweils vor dem Essen und
   - etwa 1–2 Stunden nach dem Essen.

Später, ambulant, nachdem Sie eben das besondere „Gefühl für Insulingebrauch" und Blutzuckerwahrnehmung entwickelt haben, genügen meist 4-6 Messungen täglich, um das HbA1c zu normalisieren.

2. Überprüfen Sie unbedingt die Genauigkeit Ihrer Blutzucker-Selbstmessungen indem Sie zumindest 1mal pro Tag den Blutzucker parallel mit dem Labor messen.
3. Ihr Diabetes-Arzt oder Diabetes-Berater sollte sich die Technik des Blutzuckermessens ansehen, beurteilen und, wenn möglich, vereinfachen. Fragen Sie Ihren Diabetes-Berater ausdrücklich, ob er mit der Genauigkeit und mit der Technik der Blutzuckermessung zufrieden ist.
4. Bitten Sie Ihren Diabetes-Arzt bzw. Diabetes-Berater auch um Beurteilung Ihrer Injektionstechnik. Verwenden Sie ausschließlich Spritzen mit eingeschweißten Nadeln, die mehrfach verwendet werden können. Bei einem üblichen Insulinbedarf (Tagesgesamtinsulinverbrauch zwischen 30 und 60 Einheiten) ist die Verwendung von Insulinspritzen für niedrige Insulindosierung (wie früher für Kinder; z. B. Insulinspritzen Micro-Fine BD™ 0,5 ml) günstig, da dadurch die Insulindosierung insbesondere bei kleinen Dosen auf halbe Insulineinheiten genau ohne weiteres möglich wird. Und bei dem erwähnten Insulinbedarf werden unter funktioneller Insulinsubstitution kaum mehr als 10–15 Einheiten Insulin auf einmal gespritzt.

5. Obwohl sowohl die Nadeln für die Blutgewinnung zur Selbstkontrolle als auch die Spritzen mehrfach verwendbar sind, beachten Sie insbesondere im Krankenhaus, daß keine Verwechslung dieser Spritzen oder Nadeln mit jenen von einem anderen Patienten passiert! (Gelbsuchtgefahr bei Verwechslung!). Im Zweifelsfall nehmen Sie immer eine neue Spritze oder Nadel.
6. Obwohl die Harnzucker-Selbstkontrolle unter FIT im Alltag nur bei bestimmten Diabetikern sinnvoll ist, schauen Sie sich im Krankenhaus bitte auch einige Male täglich Ihre Harnzucker- und Acetonausscheidung an. Dies hat sich in der Lernphase für die Entwicklung des besagten „Gefühls" für Ihre Stoffwechselkontrolle ebenfalls als sehr wichtig erwiesen. Wenn möglich, erkundigen Sie sich nach Ihrer Ausscheidung von Zucker im 24-Stunden-Harn.
7. Tragen Sie alle Ereignisse in Ihre Protokolle ein. Die Abbildung 5.1 zeigt Ihnen ein Protokoll für die Dokumentation von Blutzucker, Insulindosierung und Nahrungsaufnahme.
   Das Allerwichtigste auf diesem Protokoll sind die täglich zu erstellenden **Summen:** Die Tagesbilanz des Insulinverbrauches und der Kohlenhydrataufnahme. Berechnen Sie auch täglich Ihre mittlere Blutglukose (MBG).
8. Um Dosierungsfehler in der Lernphase zu vermeiden, bitten wir Sie, während der ersten Wochen der FIT-Anwendung ausschließlich die erwähnten Spritzen mit eingeschweißten Nadeln zu verwenden und keine Pen-Geräte. Es kommt soviel Neues auf Sie zu... Die erwähnten Geräte (die sicher wichtig für die Zukunft sind) würden Sie in der schwierigen Lernphase nur unnötig von wirklich wichtigen Dingen ablenken. Den Pen sollten Sie daher erst dann verwenden, wenn Sie schon volle Klarheit über Ihre Insulindosierungs-Richtlinien gewonnen haben.

Wie werden meine Algorithmen der Insulindosierung erstellt?

Zwei Tatsachen sind dabei besonders wichtig:
1. Ihr bisheriger Tagesinsulinverbrauch und
2. Ihre bisherige Stoffwechselkontrolle.

Natürlich müssen auch Ihre Diät, Häufigkeit von Unterzuckerungen und etwaige Harnzucker- und Acetonausscheidung mitberücksichtigt werden.
Sofern Sie einen Insulinbedarf von etwa 40 – 50 Insulineinheiten pro Tag bei einer üblichen Diät haben, können Sie die Kennwerte der Insulinproduktionsrate gesunder Personen als Modell für Ihre Algorithmen nehmen:

Abbildung 5.1: Protokollblatt

Ein Protokollblatt für Dokumentation der Insulindosierung, der Blutzuckerwerte und der Nahrungsaufnahme.
Die üblichen Log-Bücher für „Insulindosisanpassung" sind für FIT wenig geeignet, weil sie eine konstante Diät voraussetzen.
Die Notizen über die Kalorienaufnahme sind nur für Übergewichtige zu empfehlen. Der Algorithmus für Insulindosierung für Eiweiß und Fett gilt nur bei kohlenhydratarmen Mahlzeiten.
Die wichtigste Spalte auf dem Protokoll umfaßt die Bilanz des Tages (Insulinverbrauch, mittlere Blutglukose (MBG) und BE-Summe für 24 Stunden).
Die graphische Darstellung der Blutzuckerhöhe (als Diagramm) hat sich nicht bewährt.

Forschungsgruppe für funktionelle Rehabilitation und Gruppenschulung Wien

Institut für Biomedizinische Technik und Physik, Univ. Wien
(Prof. Dr. H. Thoma)
A-1090 Wien, Währinger Gürtel 18
AKH, Leitstelle 4 L, Tel. 40 4000/19 93,
Fax 40 400/39 88

PATIENT: **ZENTRUM:**

Name/Code: .... /...........
Geb.: .... Tel.-Nr.: ....
Adresse: ....
Diabetes seit: .... Gewicht: ....

Funktionelle Insulintherapie (FIT) seit .... mit ○ Insulininjektionen ○ Insulinpumpe

INSULIN
- BASAL (= Fastenbedarf): Früh .... /............... E.
  Abends .... E.
- PRANDIAL (= zur Mahlzeit): 1 BE = ... E.
  (100 Kal Eiweiß/Fett*= .... E.)

Ziel für Blutzucker-Korrektur:
Nüchtern/Vor dem Essen: 100 mg/dl (bzw.: ......)
Nach d. Essen, 1 h: < 160 (bzw.: < .....); 2 h: < 140 mg/dl
MBG-Zielbereich: von ...... bis ...... mg/dl

Korrektur: 1 E Normalinsulin senkt meinen Blutzucker um ca. – .... 1 BE hebt meinen BZ um ca. + ... mg/dl.

THERAPIEBEISPIEL – Diät (BE): ....
– Insulin (E): ....

DATUM:

TAGESZEIT		1	2	3	4	5	6	7	8	9	10	11	12	13	14	15	16	17	18	19	20	21	22	23	24	SUMME
MO	VERZ.-I.																									
	NORMAL-I.																									
.....	BZ																									MBG
.....	BE																									
BEMERKUNG																										
DI	VERZ.-I.																									
	NORMAL-I.																									
.....	BZ																									MBG
.....	BE																									
BEMERKUNG																										
MI	VERZ.-I.																									
	NORMAL-I.																									
.....	BZ																									MBG
.....	BE																									
BEMERKUNG																										

TAGESZEIT		1	2	3	4	5	6	7	8	9	10	11	12	13	14	15	16	17	18	19	20	21	22	23	24	SUMME
DO	VERZ.-I.																									
	NORMAL-I.																									
.....	BZ																									MBG
.....	BE																									
BEMERKUNG																										
FR	VERZ.-I.																									
	NORMAL-I.																									
.....	BZ																									MBG
.....	BE																									
BEMERKUNG																										
SA	VERZ.-I.																									
	NORMAL-I.																									
.....	BZ																									MBG
.....	BE																									
BEMERKUNG																										
SO	VERZ.-I.																									
	NORMAL-I.																									
.....	BZ																									MBG
.....	BE																									
TAGESZEIT		1	2	3	4	5	6	7	8	9	10	11	12	13	14	15	16	17	18	19	20	21	22	23	24	

* gilt nur bei kohlenhydratarmen Mahlzeiten

MBG der Woche:

1. Das basale Insulin liegt dann bei etwa 20-24 Einheiten pro Tag. Sie könnten es ersetzen, indem Sie 2mal täglich ein Verzögerungsinsulin in der Größenordnung von je 10 bis 12 Einheiten spritzen. (Einige Einheiten Normalinsulin werden meist zusätzlich in die Basalrate morgens inkludiert, weil der Insulinbedarf in der Früh am höchsten ist; darauf kommen wir noch zurück.)
2. Das mahlzeitenbezogene Insulin liegt bei etwa 1,5 Einheiten je 1 Broteinheit. Zum Ersatz des prandialen (= mahlzeitenbezogenen) Insulins kann nur Normalinsulin genommen werden.
3. Bei dem erwähnten Tagesinsulinbedarf von 40 – 50 Einheiten kann bei einem Diabetiker unter *„basalen Bedingungen"*, also bei stabilem Blutzucker, mit einem Blutglukoseabfall von 40 mg/dl durch 1 Einheit Normalinsulin gerechnet werden. Umgekehrt bewirkt 1 Broteinheit von rasch resorbierbaren Kohlenhydraten einen Blutzuckeranstieg um etwa 50 mg/dl.

Und wenn jemand einen wesentlich höheren Tagesinsulinbedarf hat?

Dann müssen die Algorithmen für das Fasteninsulin und für das mahlzeitenbezogene Insulin dementsprechend proportional vergrößert werden. Umgekehrt, bei einem wesentlich kleineren Tagesinsulinbedarf als etwa 40 Einheiten pro Tag, erfolgt eine analoge, proportionale Verminderung dieser Algorithmen.

Auf welche Art und Weise beeinflußt meine bisherige Stoffwechsellage den Wert meiner Algorithmen?

Sie beinhaltet die Information darüber, ob Ihre bisherige Insulindosierung richtig war. Bei Personen, die reichlich Zucker im Harn ausscheiden, eine hohe MBG haben, häufig aceton-positiv sind, ist die Insulindosierung offensichtlich zu niedrig. Umgekehrt, bei Diabetikern mit vielen Unterzuckerungen und sehr niedriger mittlerer Blutglukose des Tages (z.B. unter 120 mg/dl) kann eine zu hohe Insulindosierung vermutet werden. Versuchen Sie daher, bevor Sie mit FIT beginnen, Ihre bisherige Stoffwechselkontrolle selbständig zu beurteilen. Zu diesem Zweck berechnen Sie Ihre Tages-MBG während der letzten Tage (Werte nach dem Essen bitte unbedingt mit einbeziehen!). Zur Beurteilung Ihrer Kontrolle unter konventioneller Behandlung können Sie folgende Richtlinien heranziehen:

MBG höher als 200 mg/dl	= sehr schlecht
160 – 200 mg/dl	= unzureichend
130 – 160 mg/dl	= gut
unter 130 mg/dl	= Verdacht auf zuviel Insulin

Welche Aussage hat der Harnzucker?

Bei einer durchschnittlichen Nierenschwelle sollten Sie (abgesehen von Ausnahmen) möglichst harnzuckerfrei bleiben. Die Aussage einzelner Harnzuckermessungen kann erhöht werden, indem die gesamte Harnzuckerausscheidung im 24 Stunden gesammelten Harn bestimmt wird. So entspricht eine Harnzuckerausscheidung bis zu wenigen Gramm pro Tag einer guten, bis zu 20 g pro 24 Stunden einer unzureichenden und eine Ausscheidung von mehr als 20 g pro Tag einer schlechten Stoffwechselkontrolle. Bei positivem Aceton im Sammelharn muß eine zu niedrige Insulindosierung vermutet werden.

Um Ihre bisherige Einstellung zu beurteilen, erkundigen Sie sich auch nach Ihrem HbA1c, dem bereits besprochenen glykosilierten Hämoglobin.
Zur Erfassung des Ist-Zustandes gehören auch einige Überlegungen bezüglich der Häufigkeit von Unterzuckerungen (= Hypoglykämien) und Schwankungen des Blutzuckers im allgemeinen. So werden wir einen mittleren Blutzucker um 120 oder 130 mg/dl nicht als Behandlungsziel ansehen, sofern dieser nur über viele Hypoglykämien erreichbar ist. Schauen Sie sich die Blutzuckerwerte der letzten Tage an. Wie häufig traten Werte unter 60 mg/dl auf? Welchen Blutzuckerbereich nehmen Sie als „Hypo" wahr? Wie häufig erleben Sie Hypos?

Sollte man denn überhaupt keine Hypos haben?

Leichte Unterzuckerungen, die unmittelbar behandelt werden, sind belanglos und (bei den meisten Patienten) unvermeidbar. Deshalb sollten Sie immer Dextroenergen bei sich haben! Auf jeden Fall aber sollten schwere Hypoglykämien mit Bewußtlosigkeit vermieden werden. Im Kapitel über Unterzuckerung werden wir noch näher darauf eingehen. Im Augenblick sind jedoch Ihre bisherigen Erfahrungen mit Unterzucker sehr wichtig, denn diese entscheiden über die Wahl eines für Sie geeigneten Blutzucker-Korrekturzielpunktes und Zielbereiches für MBG.

Auf dem Protokollbogen steht, daß als Korrektur-Zielpunkt die Werte von 100 mg/dl vor dem Essen und nüchtern sowie 160 mg/dl nach dem Essen gewählt worden sind.

Dieser Blutzucker-Zielpunkt gilt lediglich für Diabetiker, die keine schweren Unterzuckerungen mit Bewußtlosigkeit durchgemacht haben und die Werte unter 50 mg/dl gut merken. Falls Sie aber schon früher wiederholt schwere Hypos hatten, wählen Sie einen etwas höheren Korrektur-Zielpunkt: 120 mg/dl nüchtern und vor dem Essen und bis 180 (sogar bis 200) mg/dl nach dem Essen.

Vom Blutzucker-Korrekturzielpunkt ist ein Zielbereich für die mittlere Blutglukose zu unterscheiden. Wenn Sie nüchtern und vor dem Essen auf 100 zielen und nach dem Essen auf etwa 180, so korrespondiert das mit einem Zielbereich für die mittlere Blutglukose zwischen 100 (110) und 160 mg/dl. Bei hohem Hypoglykämierisiko (Bewußtlosigkeiten in der Vergangenheit) sollte der MBG-Zielbereich ebenfalls noch höher (um 10 – 20 mg/dl) angestrebt werden.

Einen solchen höheren Blutzucker-Zielbereich sollten Sie auch anstreben (zumindest in der Lernphase), wenn:

1. Sie bereits fortgeschrittene Diabetes-Spätschäden (z. B. schwere Netzhautveränderungen) haben und wenn Ihre bisherige Stoffwechselkontrolle unzureichend war. Dann sollten Sie eine zu abrupte Senkung des mittleren Blutzuckers vermeiden und Ihrem Körper eine gewisse Gewöhnungszeit zugestehen. Besprechen Sie mit Ihrem Diabetes-Arzt, ob Sie den Zielbereich anschließend doch noch entsprechend senken können.
2. Sie zu Perfektionismus neigen und sehr ehrgeizig sind. Nichts gegen Ehrgeiz – allerdings haben wir bemerkt, daß gerade die Ehrgeizigen häufig etwas mehr Insulin nehmen als notwendig...Wenn Ihnen Ihr Perfektionismus bewußt ist, dann wählen Sie bitte einen höheren Blutzucker-Zielbereich, um einer etwaigen Insulinüberdosierung bewußt vorzubeugen. Überlegen Sie nach einer gewissen Erfahrungszeit, ob der Zielbereich für Sie doch tiefer angesetzt werden könnte.

Unter Berücksichtigung aller dieser Aspekte Ihrer Vorgeschichte und Ihrer bisherigen Tagesinsulindosierung ermitteln Sie gemeinsam mit Ihrem Diabetes-Arzt die Algorithmen der Insulinanwendung. Halten Sie diese auf Ihrem Protokollblatt fest. Berechnen Sie auch eine vorläufige Insulindosierung für den ersten Tag, für den Fall (der mit großer Wahrscheinlichkeit nicht eintreten wird), daß Ihr Blutzucker ständig am Korrektur-Ziel liegt.

Mit Angabe dieser Zahlen könnte ich jetzt schon essen, was ich möchte und den Blutzucker jederzeit in meinen Zielbereich bringen!

Beinahe. Sie haben für den Anfang Ihre Zahlen, Ihre Algorithmen für Insulindosierung, ohne Gewähr bekommen. Sie brauchen noch nicht zu stimmen. Der Sinn des Ausbildungsprogrammes ist es ja, diese Zahlen auch konkret auszuprobieren und in gewissen Extremsituationen zu testen. Gemeinsam mit Ihrem FIT-Arzt können Sie dann beurteilen, ob Ihre Algorithmen für Sie auch tatsächlich richtig gewählt worden sind oder, wenn nicht, wie sie verändert werden sollen. Sie können sich ja vorstellen, daß Ihre Regeln nicht mehr stimmen werden, wenn Sie 10 kg zunehmen oder abnehmen, wenn sich Ihr Insulinbedarf aufgrund einer Erkrankung vergrößert oder durch andere Umstände verändert.

Wenn ich die Algorithmenanpassung selbst vornehmen könnte, müßte ich ja nie mehr ins Spital zu einer sogenannten „Einstellung!"

So ist es auch. Dazu müssen Sie nur wissen, wie Sie jederzeit beurteilen können, ob die Algorithmen, die Sie gerade verwenden, für Sie angemessen sind, oder ob sie nun verändert und neu angepaßt werden sollen.

Woran kann ich erkennen, ob ich das basale, das Fasteninsulin, richtig dosiere?

Zur Beurteilung der basalen Dosierung haben Sie drei Kriterien:

1. Anteil des Verzögerungsinsulins (also der Basalrate) am Tagesinsulinverbrauch,
2. Nüchternwerte,
3. Stabilität des Blutzuckers unter kurzfristigem Fasten — also zwischen den Mahlzeiten.

Welcher Anteil des Tagesinsulins sollte auf das basale Insulin entfallen?

Dieser Anteil liegt bei durchschnittlicher Ernährung bei 40% (auf jeden Fall unter 50%!). Immer gilt: **Das basale (Verzögerungs-)Insulin sollte so niedrig wie möglich dosiert werden!**

Die Nüchternwerte haben wir schon definiert. Sie sollten bei Patienten ohne besonderes Hypo-Risiko bei 100 mg/dl liegen...

Gar so einfach ist es nicht. Können Sie sich vorstellen, daß Sie mit etwa 180 mg/dl schlafen gehen? Wo wird dann der Nüchternblutzucker liegen?

Gleich hoch oder sogar noch höher?

Richtig — wahrscheinlich noch höher. Der Blutzucker sollte von der Basalrate allein auf keinen Fall abfallen.

Ich habe häufig sehr hohe Werte in der Früh — nüchtern, obwohl ich mit normalem Zucker schlafen gehe. Muß ich die Dosierung für basales Insulin erhöhen?

Früher, in der Ära der Intermediärinsuline, konnte man nachweisen, daß hohe Nüchternwerte manchmal durch nächtliche Unterzuckerungen mit nachfolgender „Gegenregulation" hervorgerufen werden. Bei nächtlichen Hypos müßte man auch die nächtlichen Insuline vermindern! Heute weiß man, daß dieses Phänomen in der Praxis der funktionellen Insulinanwendung äußerst selten anzutreffen ist: Bei „überschlafenen" nächtlichen Hypoglykämien bleiben auch die Nüchternwerte sehr niedrig. Aber selbst wenn hohe Nüchternwerte äußerst selten durch nächtliche Hypoglykämien hervorgerufen werden, empfehle ich Ihnen, stichprobenweise den Blutzucker dann zu messen, wann er erfahrungsgemäß am tiefsten ist — etwa um 03.00 oder 04.00 morgens, um die Unterzuckerungen nachts auszuschließen.

Und wenn ich die nächtlichen Hypos ausgeschlossen habe?

Dann sollten Sie die Basalrate – bei Verwendung von Langzeitinsulinen vom Typ Ultratard – „symmetrisch", d.h. morgens und abends erhöhen. Denken Sie aber daran, daß die Verzögerungsinsuline insgesamt wirklich nicht mehr als maximal die Hälfte des Tagesinsulins ausmachen sollten.

Was soll ich aber tun, wenn ich trotz hoher Basalrate immer noch morgens hohe Werte habe?

Auch dieses Problem kann gelöst werden. Der Ersatz des basalen Insulins ist manchmal schwierig, wenn der Bedarf an Fasteninsulin nicht gleichmäßig über 24 Stunden verteilt ist. Viele brauchen in der Früh die größten Insulinmengen, selbst beim Fasten. Dieses Phänomen wurde „Morgendämmerungs-Phänomen" genannt (vom englischen *„dawn*-phenomenon"). Der Bedarf an Fasteninsulin wird im wesentlichen durch die Zuckerproduktion der Leber definiert. Jene Zuckermenge, die von der Leber produziert wird, muß auch durch Insulin in das Gewebe transportiert werden. Die Zuckerproduktion durch die Leber ist aber offensichtlich auch von der Tageszeit abhängig: Da die größte Menge an Zucker in der Früh produziert wird, hat es sich bewährt, die Basalrate so festzulegen, daß sie morgens durch eine kleine Menge an Normalinsulin (in der Höhe von 10% des gesamten Tagesinsulinbedarfes – das sind meist etwa 4 Einheiten) zusätzlich zum Verzögerungsinsulin gedeckt wird. Auf diese Art und Weise kann die vermehrte Zuckerproduktion in den Morgenstunden kompensiert werden.
Neuerdings wurde auch festgestellt, daß das Aufstehen am Morgen allein bereits eine Erhöhung des Blutzuckers bewirkt; man hat dieses Phänomen ein „Aufsteh-Phänomen" genannt. Das Aufsteh-Phänomen dürfte das Morgendämmerungsphänomen noch akzentuieren und letztlich zu den besonders erhöhten Werten um die Frühstückszeit herum führen.

Der Einschluß von Normalinsulin in die Basalrate am Morgen löst aber nur das Problem des erhöhten Insulinbedarfes zum Frühstück. Was soll man aber tun, wenn man ständig mit hohen Blutzuckerwerten aufwacht? Wenn man „hoch" aufwacht, obwohl schon mehr als die Hälfte des gesamten Tagesinsulins auf die Langzeitinsuline entfällt, die nächtlichen Hypos ausgeschlossen wurden, und die hohen Nüchternwerte auch nicht durch Fehlen der Blutzucker-Korrektur vor dem Schlafengehen hervorgerufen werden?

In diesem Fall müßte man ein Insulin mit der stärksten Wirkung in den frühen Morgenstunden verwenden. Diese Eigenschaft zeigen die Insuline vom NPH- oder Monotard-Typ (Abb.4.2), wenn sie spät vor dem Schlafengehen, also etwa zwischen 20 und 24 Uhr, gespritzt werden (nicht etwa vor dem Abendessen!).

Ist es nicht besser (statt dem Pflicht-Normalinsulin morgens) unterschiedliche Dosierung je 1 BE zu unterschiedlichen Tageszeiten zu verwenden? Z.B. morgens 2 IE je 1 BE, mittags 1 IE, abends...

Nein, weil Sie sich dadurch verpflichten zu frühstücken, um den morgendlichen Insulinmehrbedarf abzudecken. **Sie tun sich leichter, den tageszeitlich unterschiedlichen Insulinbedarf über die Basalrate auszugleichen.**

Gibt es einen besonderen Test zur Beurteilung der basalen Insulindosierung?

Es hat sich bewährt, die Basalrate anhand eines Fasttages zu überprüfen.

Es ist logisch, das Fasteninsulin im Fasten zu überprüfen! Heißt das, daß man zum Fasten nur das basale Insulin spritzen soll?

Richtig. Darauf werden wir noch näher eingehen. In der jetzigen Phase sollten Sie nur wissen, daß das basale (=Fasten-) Insulin unter kurzfristigem Fasten weder einen Blutzuckerabfall noch einen Blutzuckeranstieg bewirken sollte.

Was ist bei der Dosierung von Normalinsulin zum Essen zu beachten? Vorausgesetzt man weiß, wieviel Insulin man für eine Broteinheit braucht, muß die Dosierung ja ganz einfach sein...

Bedenken Sie allerdings, daß die essensbezogene Insulinproduktion des Gesunden relativ schwierig nachzuahmen ist, da er entsprechend der Kohlenhydrataufnahme relativ große Insulinmengen produziert und binnen kurzer Zeit einen hohen Insulinspiegel im Blut erreichen kann, um einen Blutzuckeranstieg zu verhindern. Bei üblicher, subkutaner Insulinverabreichung kann eine so hohe Insulinkonzentration im Blut nur selten mahlzeitengerecht erreicht werden. Wie Sie vielleicht aus eigener Erfahrung wissen, ist ein normaler Blutzucker nach dem Essen relativ schwierig zu erzielen, besonders wenn Sie viel rasch resorbierbare Kohlenhydrate gegessen haben.

Kann denn die Normalinsulinwirkung nicht „beschleunigt" und somit der Insulinproduktion eines Gesunden angeglichen werden?

Doch. Um eine raschere Aufnahme von Insulin zu erreichen, können Sie:

1. statt subkutan in das Fettgewebe, das Insulin in den Muskel *(intramuskulär)* spritzen. Da das Muskelgewebe besser durchblutet ist, wird auch das Insulin schneller ins Blut aufgenommen;
2. eine stärkere Durchblutung der Haut durch
   - Wärme,
   - Massage der Injektionsstelle, oder
   - durch gewisse durchblutungsfördernde Rheumasalben

   hervorrufen, wenn Sie subkutan spritzen wollen;
3. sich körperlich mehr bewegen.

In der Praxis bewähren sich offensichtlich lediglich das intramuskuläre Insulinspritzen (wenn Sie fast senkrecht einstechen, können Sie einen Muskel am Unterarm leicht erwischen) und die Verstärkung der Hautdurchblutung durch die unter Punkt 2 angeführten Maßnahmen. Nach dem heutigen Wissensstand sollten Sie, wenn Sie in Ausnahmefällen das Insulin intravenös spritzen wollten, 10% der Tages-Gesamtdosierung nicht überschreiten.

Gibt es sonst irgendwelche Maßnahmen, die „schöne" Blutzuckerwerte nach dem Essen ermöglichen?

Neuerdings gibt es rasch resorbierbare und somit wesentlich rascher wirksame Insulinanaloga, die durch Veränderung des Insulinmoleküls hergestellt werden (siehe Abb. 4.2). Sie erlauben es, wesentlich leichter, auch nach dem Essen viel niedrigere

Blutzuckerwerte zu erreichen, selbst dann, wenn das Insulin praktisch gleichzeitig mit dem Essen verabreicht wird. Als Alternativmaßnahme zur Veränderung der Insulinverabreichung können Sie den Spritz-Eß-Abstand vergrößern. Insbesondere vor dem Frühstück sind 30 (bis 40!) Minuten ein optimaler Spritz-Eß-Abstand, sofern der Blutzucker nicht ausgerechnet im Hypobereich liegt. An dieser Stelle wird jedoch betont, daß die Beschleunigung der Insulinresorption im Alltag wesentlich „sicherer" ist, als eine Verlängerung des Spritz-Eß-Abstandes. Außerdem ist das „lange Warten" auf das Essen einfach nicht pratikabel. Das erklärt auch, warum immer mehr Patienten die rasch wirkenden analogen (Insulin lispro, Humalog®) vorziehen.

Wenn ich das richtig verstehe, muß ich also jeweils bei einer Normalinsulinspritze zwei voneinander unabhängige Sachen beachten. Entscheiden muß ich erstens über die Insulindosis und zweitens über eventuelle Maßnahmen zur Beschleunigung der Normalinsulinwirkung, bzw. über den Spritz-Eß-Abstand.

Das ist richtig. Genauer können Sie das an Beispielen in der Abbildung 5.2a/b beobachten.

Ich kann die Richtigkeit einer Insulindosis für eine bestimmte Mahlzeit also erst dann beurteilen, wenn sowohl das Normalinsulin als auch die aufgenommenen Kohlenhydrate bereits vollständig resorbiert sind?

Das ist richtig. Erst die Blutzuckerwerte mehrere (4–5) Stunden nach dem Essen erlauben Ihnen endgültige Schlußfolgerungen bezüglich der gewählten Insulinmenge. Im Gegensatz dazu geben die Werte kurz (1–2 Stunden) nach dem Essen in erster Linie Auskunft darüber, ob Sie zu diesem Zeitpunkt die richtige Insulinkonzentration für eine bestimmte Mahlzeit gewählt haben, d. h. ob Sie den Spritz-Eß-Abstand oder die *Insulinkinetik* der Mahlzeit entsprechend angepaßt haben.

Sie meinen „der Mahlzeit entsprechend". Soll ich darunter verstehen, daß für verschiedene Kohlenhydratarten auch eine unterschiedliche Insulinkinetik notwendig ist?

Leider ja. Auch der Insulinbedarf hängt zum Teil vom Verarbeitungsgrad und der Art der Kohlenhydrate ab. In der Praxis können Sie daher, anstatt die Insulinkinetik zu verändern, eventuell auch die Resorptionsgeschwindigkeit der Kohlenhydrate verlangsamen: Etwa durch:

1. Geringen Verarbeitungsgrad der Kohlenhydrate (roh statt gekocht, körnig statt gemahlen etc.);
2. Vergrößerung des Anteils der Nicht-Kohlenhydrate an der Mahlzeit (insbesondere Fett verlangsamt die Resorptionsgeschwindigkeit der Kohlenhydrate aus dem Darm);
3. Ballaststoffe (wie z. B. Salate, Kleie, Gemüse);
4. Gelierende Substanzen (wie z. B. Guar, Agar-Agar, u. a.);
5. Wenig Flüssigkeit während der Mahlzeit.

Gibt es einen Test zur Beurteilung, ob ich das Insulin zum Essen bereits richtig spritzen kann?

Ja, nachdem Sie schon Erfahrungen mit Normalinsulin gesammelt haben, wenn Sie schon Ihren Algorithmus „so und so viele Einheiten Insulin je 1 Broteinheit" ausprobiert und angepaßt haben, sollten Sie sich eine kleine „Sünde" erlauben.

Forschungsgruppe für funktionelle Rehabilitation und Gruppenschulung
Wien

Institut für Biomedizinische Technik und Physik, Univ. Wien
(Prof. Dr. H. Thoma)
A-1090 Wien, Währinger Gürtel 18
AKH, Leitstelle 4 L, Tel. 40 4000/19 93,
Fax 40 400/39 88

PATIENT: **ZENTRUM:**

Name/Code: .... / ....
Geb.: .... Tel.-Nr.: ....
Adresse: ....
Diabetes seit: .... Gewicht: ....

Funktionelle Insulintherapie (FIT) seit .... mit ○ Insulininjektionen ○ Insulinpumpe

I – BASAL (= Fastenbedarf): Früh .... / .... E.
N
S Abends .... E.
U – PRANDIAL (= zur Mahlzeit): 1 BE = ... E.
L
I
N Korrektur: 1 E Normalinsulin senkt meinen Blutzucker um ca. – ... mg/dl. 1 BE hebt meinen Blutzucker um ca. + ... mg/dl.

Ziel für Blutzucker-Korrektur:
Nüchtern/Vor dem Essen: 100 mg/dl (bzw.: ......)
Nach d. Essen, 1 h: < 160 (bzw.: < .....); 2 h: < 140 mg/dl
MBG-Zielbereich: von ...... bis ...... mg/dl

THERAPIEBEISPIEL – Diät (BE): ....
– Insulin (E): ....

DATUM:

TAGESZEIT		1	2	3	4	5	6	7	8	9	10	11	12	13	14	15	16	17	18	19	20	21	22	23	24	SUMME
MO	DEPOT-I.																									
	NORMAL-I.													5												
7.8	BZ												100		220			104								MBG
	BE													3												
	KAL.																									
BEMERKUNG	BEISPIEL 1																									
DI	DEPOT-I.																									
	NORMAL-I.												4													
	BZ												90		146			96								MBG
	BE													3												
	KAL.																									
BEMERKUNG	BEISPIEL 2																									
MI	DEPOT-I.																									
	NORMAL-I.													7												
	BZ												110		120			~40								MBG
	BE													3												
	KAL.																									
BEMERKUNG	BEISPIEL 3																	(#)								

TAGESZEIT		1	2	3	4	5	6	7	8	9	10	11	12	13	14	15	16	17	18	19	20	21	22	23	24	SUMME
DO	DEPOT-I.																									
	NORMAL-I.													3												
	BZ												96		140			190								MBG
	BE													3												
	KAL.																									
BEMERKUNG	BEISPIEL 4																									
FR	DEPOT-I.																									
	NORMAL-I.																									
	BZ																									MBG
	BE																									
	KAL.																									
BEMERKUNG																										
SA	DEPOT-I.																									
	NORMAL-I.																									

Abbildung 5.2a: Sie sehen hier 4 Situationen, wo Normalinsulin zum Essen gespritzt wurde. Versuchen Sie, sich bei jedem dieser Beispiele zwei Fragen zu beantworten:

1. Wurde die Insulindosis richtig gewählt?
2. Wurde der Mahlzeit entsprechend auch nach dem Essen die richtige Insulinkonzentration im Blut (die Mediziner nennen das *„Insulinkinetik"* oder *„Insulinresorptionsgeschwindigkeit"*) erreicht?

Bei all diesen Beispielen nehmen wir an, daß die Dosierung für basales Insulin richtig ist, d.h. daß es durch das basale Insulin allein zu keiner spontanen Veränderung des Blutzuckers kommt.

Abb. 5.2b:

Beispiel 1:

1 – 2 Stunden nach dem Essen kam es zu einer Erhöhung des Blutzuckerspiegels. Die aufgenommenen Kohlenhydrate wurden rascher resorbiert als das verabreichte Insulin. Wäre eine höhere Dosis gewählt worden, könnten zwar bessere Werte nach dem Essen erreicht werden, allerdings käme es dann im weiteren Verlauf zu einer Hypoglykämie.

Schlußfolgerung: Richtige Dosis, falsche „Insulinkinetik".

Um dem Blutzuckeranstieg nach dem Essen vorzubeugen, könnten künftig folgende Maßnahmen angewendet werden:

1. Verlängerung des Spritz-Eß-Abstandes, oder
2. Beschleunigung der Normalinsulinresorption
3. Umsteigen auf ein rasch wirkendes Insulinanalog, Humalog®

Beispiel 2:

In diesem Fall sind sowohl etwa 1 1/2 Stunden nach dem Essen als auch 5 Stunden nach dem Essen die Blutzuckerwerte im Zielbereich.

Schlußfolgerung: Richtige Insulindosis und richtige Art der Insulinapplikation (in diesem Fall war der Spritz-Eß Abstand länger!).

Beispiel 3:

Die Blutzuckerwerte nach dem Essen sind optimal. Sie liegen bei 120 mg/dl. Die Schlußfolgerung, die Dosis wurde richtig gewählt, ist allerdings nicht richtig! Mehrere Stunden nach dem Essen kommt es zu einer Unterzuckerung, was darauf hindeutet, daß die gewählte Insulindosis für die aufgenommene Mahlzeit zu hoch war.

Schlußfolgerung: Zu hohe Normalinsulindosis.

Beispiel 4:

Die Blutzuckerwerte liegen nach der Mahlzeit zwar noch im Normbereich, jedoch jene mehrere Stunden nach dem Essen, nach der vollständigen Aufnahme (= Resorption) von Kohlenhydraten und Insulin, bei 190 mg/dl, also über dem Zielbereich. Eine richtige Dosierung der Basalrate vorausgesetzt, muß eine zu niedrige Insulindosis für die Mittagsmahlzeit angenommen werden.

Schlußfolgerung: Zu wenig Normalinsulin.

Essen Sie einfach etwas, worauf Sie schon seit längerer Zeit Lust gehabt haben, aber früher nicht gewagt haben, es zu essen. Aus dem Blutzuckerverlauf können Sie dann gleich ablesen, ob Sie:

1. die Kohlenhydratmenge in der von Ihnen gewählten Speise richtig abgeschätzt haben,
2. dazu die richtige Insulindosis gewählt haben,
3. die Insulinkinetik bzw. den Spritz-Eß-Abstand richtig gewählt haben und
4. alle die erwähnten Maßnahmen auch außerhalb des Krankenhauses, ohne Waage und sonstige Spitals-Ausrüstung, durchführen können.

Mir scheint, ich werde zu einem richtigen „Sünden"-Spezialist...

Das Experiment der sogenannten „Sünde" oder des „Festtages" sollten Sie erst dann durchführen, wenn Sie bereits Erfahrungen mit FIT gesammelt haben und sich vor allem über Ihre Algorithmen der Insulindosierung bereits im klaren sind.

Wie wichtig ist die Berücksichtigung der Nicht-Kohlenhydrate in einer Mahlzeit? Bis jetzt hat es ja geheißen, daß ich Eiweiß und Fett ohne Berechnung essen kann.

Wenn Sie eine kohlenhydratarme (Kohlenhydratanteil unter etwa 30%), aber eiweißreiche Mahlzeit zu sich nehmen, wird Ihre Leber daraus schon anschließend Zucker (= Broteinheiten) produzieren...Nur um sich eine Normalinsulininjektion zu ersparen, lohnt es sich daher nicht, statt Kohlenhydrate beispielsweise ein Schnitzel zu essen, in der Hoffnung „da brauche ich kein Insulin". Das heißt, daß Sie auch für **kohlenhydratarme** Mahlzeiten eine gewisse (allerdings viel geringere) Menge von Normalinsulin brauchen. Bei einem üblichen Tagesinsulinbedarf von etwa 40 – 50 Einheiten wird etwa eine halbe Einheit Normalinsulin je 100 kcal an Eiweiß-Fett-Gemisch benötigt.
Umgekehrt wird der Zusatz von Eiweiß und Fett bei „normal belegten" Broteinheiten (Kohlenhydratanteil der Mahlzeit: 40 – 50%) die Aufnahme von Kohlenhydraten aus dem Darm verlangsamen und somit den Insulinbedarf für diese Mahlzeit sogar eher verkleinern, denn im allgemeinen gilt: je rascher die Resorption der Kohlenhydrate, desto höher der Insulinbedarf.

Was muß bei der Korrektur eines zu hohen Blutzuckers bedacht werden?

Seien Sie klug und essen Sie nicht, solange Ihr Blutzucker erhöht ist. Das ist keine übertriebene Forderung. Bedenken Sie, daß bei Insulinmangeldiabetes erhöhter Blutzucker mit Mangel an Insulin gleichzusetzen ist. Wenn Sie – ohne Insulinzufuhr oder auch gleich nach der Korrektur eines zu hohen Blutzuckers – essen, wird es sicher zu einem starken Blutzuckeranstieg kommen. Warten Sie daher mit dem Essen nach der Korrektur solange, bis Ihr Blutzucker annähernd im Zielbereich liegt. Essen bei Insulinmangel wird Sie zwar um das Magenknurren erleichtern, die Nahrung wird jedoch in erster Linie im Harn landen, weil sie durch die Niere (als Harnzucker) ausgeschieden wird!

Ist sonst noch etwas zu beachten, wenn man den Blutzucker senken möchte?

Ja. Hüten Sie sich vor sogenannten „Doppelkorrekturen". Lassen Sie dem Blutzucker Zeit zum Fallen. Der Mindestabstand zwischen zwei aufeinanderfolgenden Blutzuckerkorrekturen sollte nicht kleiner als etwa 3 – 4 Stunden sein. **In kürzeren Abständen kann das Normalinsulin nur zum Essen gespritzt werden – keinesfalls aber für Blutzuckerkorrekturen**, weil es dadurch zu einer Insulinüberdosierung und Unterzuckerung kommen kann.

Daraus ergibt sich eigentlich, daß eine Blutzuckermessung in Abständen von weniger als etwa 3 – 4 Stunden auch nicht sehr sinnvoll ist.

Das ist richtig. Häufigere Blutzuckermessungen als in etwa 3stündigen Abständen sind nicht sehr sinnvoll, zumal sich daraus auch kaum Konsequenzen für die Insulindosis ergeben. Jetzt, während der Lernphase für FIT, sollten Sie allerdings wesentlich häufiger messen! Nur so können Sie einen „Sinn" für Ereignisse entwickeln, die Ihren Blutzucker beeinflussen. Dadurch läßt sich in Zukunft der gesamte Aufwand für die Behandlung verkleinern.

Gibt es einen Test, um die Blutzucker-Korrekturalgorithmen zu überprüfen, um wirklich herauszufinden, um wieviel mg/dl 1 IE Normalinsulin meinen Blutzucker senkt und was bei mir 1 BE bewirkt?

Nachdem Sie Ihre Regeln einige Tage bereits angewendet und ausprobiert haben, können Sie unter bestimmten Bedingungen versuchen, gezielt den Blutzucker (mit Dextroenergen) zu heben oder (mit Normalinsulin) zu senken. Wenn Sie dabei gleichzeitig Harnzucker und Blutzucker untersuchen, können Sie das mit der Bestimmung der Nierenschwelle verbinden. Die Nierenschwelle ist jener Blutzuckerwert, bei dem der Harnzucker positiv wird. Darauf werden wir im Kapitel über sogenannte Insulinspiele noch zurückkommen.

Können wir das Gesagte nun noch zusammenfassen – was ist das Wichtigste bei der Verwendung von Verzögerungsinsulinen?

Unter FIT-Bedingungen werden die **Verzögerungsinsuline** zur Herstellung einer möglichst gleichmäßigen Basalrate (= Fasteninsulinersatz) verwendet. Das **basale Insulin** kann auch mittels einer kontinuierlichen Normalinsulin-Infusion (= Insulinpumpe) ersetzt werden.

Zur Beurteilung der basalen Dosierung werden routinemäßig folgende Kriterien herangezogen:

1. **Das Verhältnis Normalinsulin:Verzögerungsinsulin.** Höchstens die Hälfte des Tagesinsulins sollte auf Verzögerungsinsuline entfallen, besser nur etwa 40%.
2. **Stabilität der Blutzuckerwerte unter kurzfristigem Fasten.** Das basale Insulin sollte bei kurzfristigem Fasten (bis zu ca. 14 Stunden) keinen spontanen Blutzuckerabfall oder Blutzuckeranstieg bewirken (Ausnahme: körperliche Bewegung).
3. **Nüchtern-Blutzuckerwerte.** Eine spätabendliche Blutzuckerkorrektur auf das Ziel von etwa 120 mg/dl vorausgesetzt, sollten die Nüchtern-Blutzuckerwerte nur selten unter 90 oder über 150 mg/dl liegen.

Wenn trotz relativ „hoher" Basalrate immer wieder zu hohe Nüchtern-Blutzuckerwerte auftreten („Dawn"-Phänomen), muß (nach Ausschluß nächtlicher Hypoglykämien) eine Veränderung der Basalrate vorgenommen werden. Statt Langzeitinsulin

vom Ultratard-Typ abends sollen dabei Insuline vom NPH- oder Monotard-Typ spät vor dem Schlafengehen verwendet werden.
Nüchtern-Blutzuckerwerte unter 90 mg/dl sind häufig ein Hinweis für zu hohe basale Insulinisierung.
Morgens sollte üblicherweise eine geringe Menge von Altinsulin in die Basalrate inkludiert werden (auch, wenn man nicht frühstückt!). Dies verhindert den Blutzuckeranstieg am Vormittag.

Und das Wichtigste bei Verwendung von kurzwirkendem Insulin

Das kurzwirkende Insulin wird unter FIT-Bedingungen für folgende Zwecke eingesetzt:
1. Als prandialer (= essensbezogener) Insulinersatz;
2. Zur Senkung eines zu hohen Blutzuckerwertes;
3. Zum Ausgleich des erhöhten Insulinbedarfs am Morgen

In allen diesen drei Situationen besteht ein Insulinmangel, der möglichst rasch ausgeglichen werden sollte. Überspitzt formuliert: **Wenn das Normalinsulin unter FIT überhaupt notwendig ist, dann sollte es sofort wirken.** Da subkutan (wie üblich) gespritztes Normalinsulin nur (zu) langsam ins Blut kommt, müssen gewisse Maßnahmen zur Veränderung der Insulinkinetik routinemäßig ergriffen werden. Alternativ kann das schnell wirkende Insulinanalog Lispro (Humalog®) verwendet werden. (Ausnahme: prandiales Insulin bei Diabetikern mit Magenentleerungsstörung durch Neuropathie.)

Bei Verwendung von Normalinsulin **prandial** muß berücksichtigt werden, daß (bei Ausschluß der Blutzuckeränderungen durch eine zu hohe oder zu tiefe Basalrate)
1. erst die **spät-postprandialen Werte** (4 – 5 Stunden nach dem Essen) über die Richtigkeit der gewählten **Insulinmenge** informieren;
2. die **frühen Werte** hingegen (1 – 2 Stunden nach dem Essen) vor allem über den **Spritz-Eß-Abstand** sowie **die gewählte Insulinkinetik** Auskunft geben. Zu diesem Zeitpunkt sind aber endgültige Schlußfolgerungen bezüglich der gewählten Insulinmenge noch nicht möglich.

Bei Verwendung von Normalinsulin für **BZ-Korrekturen** ist zu bedenken, daß
1. Essen erst **nach** der Senkung eines zu hohen Blutzuckers sinnvoll ist;
2. „Doppelkorrekturen" vermieden werden sollen, d.h. daß nach Korrektur eines zu hohen Blutzuckers mit Normalinsulin eine weitere Korrektur frühestens nach drei Stunden erlaubt ist. In kürzeren Zeitabständen dürfen Sie nur zum Essen spritzen;
3. Immer das **jeweilige**, aktuelle Ziel für Blutzucker-Korrektur muß berücksichtigt werden. 1 – 2 Stunden nach dem Essen können Blutzuckerwerte bis zu 160 (bei Diabetikern mit besonderem Hypoglykämie-Risiko sogar bis 200) mg/dl akzeptiert werden.

Die Zusammenfassung der Phase II des FIT-Programmes – also Kurztests und Alltagskriterien zur Beurteilung der Algorithmen der funktionellen Insulinanwendung – finden Sie auf der Umschlagseite dieses Buches.

Testfragen zur FIT-Schulung

Datum: ....

Bei allen Fragen sind eine oder mehrere Antworten richtig.

A) Beurteilen Sie, ob die folgenden Sätze richtig oder falsch sind:

	richtig	falsch
1. FIT kann jeder in 2 Tagen lernen, nachdem er dieses Buch gelesen hat.	☐	☐
2. Algorithmen der funktionellen Insulintherapie beschreiben, wie man das Insulin zum Fasten, zum Essen oder für die Korrektur des Blutzuckers dosieren soll.	☐	☐
3. Die eigentliche FIT-Schulung kann erst durchgeführt werden, wenn man ein ausreichendes Allgemeinwissen über Diabetes besitzt.	☐	☐
4. Es ist sinnvoll, erst dann mit FIT zu beginnen, wenn man bereits eine Behandlungsart mit mehrmals täglicher Selbstkontrolle durchführt.	☐	☐
5. FIT erlaubt den Blutzucker zu korrigieren, man darf aber nie selbst die eigenen Algorithmen verändern.	☐	☐
6. Die funktionelle Insulinbehandlung ist nur für Diabetiker geeignet, die eine völlige Selbstverantwortung in der Behandlung tragen können.	☐	☐
7. Die heutigen Behandlungsmethoden erlauben zwar eine gute Stoffwechselkontrolle, aber nie eine variable Diät.	☐	☐
8. Um mit FIT zu beginnen, ist es gar nicht so wichtig zu wissen, wieviel Insulin man für 1 BE braucht.	☐	☐
9. Der basale (zum Fasten) Insulinbedarf ist für alle Diabetiker gleich.	☐	☐
10. Eine allgemeine Diabetikerschulung wie auch eine spezielle FIT-Schulung können innerhalb von 5 Tagen (insgesamt für beide Schulungsphasen) absolviert werden.	☐	☐
11. Die „Insulinspiele“ sind dazu da, um auszuprobieren, ob man ohne Insulin auskommen kann.	☐	☐
12. Die persönlichen Algorithmen der Insulindosierung bleiben für jeden Diabetiker sein Leben lang gleich.	☐	☐
13. FIT befreit die Diabetiker von Blutzucker-Selbstkontrolle.	☐	☐
14. Die wichtigste Blutzuckermessung unter funktioneller Insulinbehandlung ist die vor dem Schlafengehen.	☐	☐
15. Für FIT braucht man einen Taschenrechner, um auszurechnen, wieviel Insulin man für eine Mahlzeit braucht.	☐	☐

		richtig	falsch
16.	Eiweiß und Fett können unter FIT auch in großen Mengen ohne Insulin gegessen werden.	☐	☐
17.	FIT ist die Abkürzung für funktionelle, nahe-normoglykämische Insulintherapie.	☐	☐

B) Ein mit funktioneller Insulinsubstitution behandelter Typ I-Diabetiker kann auf Insulin bei alleinigem Verzehr folgender Speise vollkommen verzichten:

		richtig	falsch
1.	Eine Semmel mit Wurst und ein kleines Bier	☐	☐
2.	Ein großes Wiener Schnitzel mit Gurkensalat	☐	☐
3.	Eine große Portion grüner Salat mit wenig Dressing	☐	☐

C) Während der Lernphase für FIT sollte man folgende Selbstkontrollen machen:

		richtig	falsch
1.	Blutzucker 2mal täglich	☐	☐
2.	Blutzucker 4mal täglich	☐	☐
3.	Blutzucker 10mal täglich	☐	☐
4.	Harnzucker und Aceton mehrmals täglich	☐	☐
5.	Harnzucker und Aceton gar nicht	☐	☐

D) Stellen Sie sich vor, Sie sind ein Typ I-Diabetiker mit folgenden Regeln (= Algorithmen) der Insulindosierung bei funktioneller Insulintherapie.

- **Basales Insulin:**
  Morgens: 12 IE Ultratard HM + 4 IE Actrapid HM
  Abends: 12 IE Ultratard HM
- **Prandiales Insulin:**
  je 1 BE: 1.5 IE Actrapid HM
- **Korrekturwerte:**
  je 1 IE Normalinsulin: − 40 mg/dl
  je 1 BE: + 50 mg/dl
  Blutzucker-Zielbereich:
  nüchtern und vor dem Essen: 100 mg/dl
  1 Stunde postprandial: bis 180 mg/dl

Was würden Sie in folgenden Situationen unternehmen? Beurteilen Sie, ob die angeführten Antworten richtig oder falsch sind.

1. Sie wachen um 7 Uhr morgens auf, der Blutzucker ist 180 mg/dl. Sie möchten zum Frühstück eine Buttersemmel und einen Viertelliter Joghurt essen. Sie würden spritzen:

		richtig	falsch
a)	11 IE Normalinsulin, 12 IE Verzögerungsinsulin	☐	☐
b)	12 IE Ultratard HM, 6 IE Actrapid HM	☐	☐
c)	7 IE Actrapid HM, 14 IE Ultratard HM	☐	☐

2. Es ist 13 Uhr. Seit dem Essen und dem Spritzen sind mehrere Stunden vergangen. Sie messen einen Blutzucker von 240 mg/dl. Sie wollen nichts essen. Das Mittagessen wird

heute offensichtlich verschoben, da Sie zu einer dringenden Besprechung mit Ihrem Chef müssen. Sie spritzen:

	richtig	falsch
a) 3 IE Ultratard HM, 0 IE Actrapid HM	☐	☐
b) 3 IE Actrapid HM, 0 IE Ultratrad HM	☐	☐
c) 5 IE Actrapid HM, 0 IE Ultratard HM	☐	☐

E) Stellen Sie sich vor, Sie sind ein Typ I-Diabetiker mit folgenden Regeln (= Algorithmen) der Insulindosierung bei funktioneller Insulintherapie.

- **Basales Insulin:**
  morgens: 18 IE Ultralong + 6 IE Humalog
  spätabends: 17 IE NPH Basal
- **Prandiales Insulin**
  je 1 BE: 2 IE Humalog
- **Korrekturwerte:**
  je 1 IE Normalinsulin: – 35 mg/dl
  je 1 BE: + 60 mg/dl
  Blutzucker-Zielbereich:
  nüchtern und vor dem Essen: 100 mg/dl
  1 Stunde postprandial: bis 180 mg/dl

Was würden Sie in folgenden Situationen unternehmen? Beurteilen Sie, ob die angeführten Antworten richtig oder falsch sind:

1. Sie wachen mit 125 mg/dl auf. Es ist schon 7.20 – zum Frühstück bleibt keine Zeit. Sie würden spritzen:

	richtig	falsch
a) 17 IE NPH Basal, 5 IE Humalog	☐	☐
b) 18 IE Ultralong, 0 IE Humalog	☐	☐
c) 6 IE Humalog, 18 IE Ultralong	☐	☐

2. Es ist 23 Uhr. Sie wollen schlafengehen. Seit dem Abendessen sind schon mehrere Stunden vergangen. Ihr Blutzucker ist 180 mg/dl. Sie spritzen:

	richtig	falsch
a) 18 IE Ultralong, 4 IE Humalog	☐	☐
b) 2 IE NPH Basal, 17 IE Humalog	☐	☐
c) 2 IE kurz wirkendes Insulin, 17 IE Verzögerungsinsulin	☐	☐

F) Stellen Sie sich vor, Sie sind ein Typ I-Diabetiker mit folgenden Regeln (= Algorithmen) der Insulindosierung bei funktioneller Insulintherapie.

- **Basales Insulin:**
  morgens: 7 IE Ultratard HM + 2 IE Actrapid HM
  abends: 7 IE Ultratard HM
- **Prandiales Insulin:**
  je 1 BE: 1 IE Actrapid HM
- **Korrekturwerte:**
  je 1 IE Normalinsulin: – 50 mg/dl
  je 1 BE: + 50 mg/dl

Blutzucker-Zielbereich:
nüchtern und vor dem Essen: 120 mg/dl
1 Stunde postprandial: bis 200 mg/dl

Was würden Sie in folgenden Situationen unternehmen? Beurteilen Sie, ob die angeführten Antworten richtig oder falsch sind:

1. Es ist 7 Uhr morgens. Sie wachen mit einem Blutzucker von 60 mg/dl auf. Sie möchten 2 BE Müsli essen. Sie spritzen:

	richtig	falsch
a) 5 IE Actrapid HM, 7 IE Ultratard HM	☐	☐
b) 3 IE Actrapid HM, 7 IE Ultratrad HM	☐	☐
c) 0 IE Actrapid HM, 3 IE Ultratard HM	☐	☐

2. Um 13 Uhr messen Sie einen Blutzucker von 220 mg/dl. Seit dem Essen und Spritzen sind schon mehrere Stunden vergangen. Sie möchten zu Mittag 3 BE essen. Sie spritzen:

	richtig	falsch
a) 3 IE Actrapid HM, 7 IE Ultratard HM	☐	☐
b) 5 IE Normalinsulin, 0 IE Verzögerungsinsulin	☐	☐
c) 7 IE Actrapid HM, 0 IE Ultratard HM	☐	☐

6. Zusammenfassung des ersten FIT-Tages

Eine Stunde nach dem Frühstück bin ich auf 260 mg/dl gekommen!

Wo hat der Blutzucker nüchtern gelegen?

Eigentlich auch nicht schön. Bei 150 mg/dl. Habe ich denn zu wenig korrigiert?

Drei Dinge bestimmen, wie hoch die Normalinsulin-Dosis morgens, vor dem Frühstück sein sollte:

1. die Korrektur des Blutzuckers, sofern dieser außerhalb des Zielbereiches liegt;
2. der Ausgleich des morgendlichen basalen Insulinmehrbedarfes mit der vorgeschriebenen Menge Normalinsulin (meist ca. 4 Einheiten). Dieses „Pflicht"-Normalinsulin wurde von Patienten „Morgengupf" genannt. Dieses Extra-Insulin brauchen Sie für die vermehrte Zuckerproduktion, die morgens in der Leber stattfindet;
3. das prandiale Insulin – sofern Sie frühstücken wollen.

Das habe ich alles gemacht. Die Korrektur gespritzt, den Morgengupf und das Nahrungsinsulin und trotzdem ist der Blutzucker nach dem Frühstück angestiegen! Vielleicht hätte ich für den „Morgengupf" mehr Insulin nehmen sollen?

Aus diesem Wert, 1–2 Stunden nach dem Frühstück, können Sie kaum ersehen, ob die Insulindosis richtig war. Das können Sie erst 4–5 Stunden nach dem Essen (genauer: nach dem Spritzen des Nahrungsinsulins) beurteilen. Anders ausgedrückt: Erst dann, wenn sich sowohl das Frühstück als auch das zum Frühstück gespritzte Insulin vollkommen resorbiert und „ausgewirkt" haben, können Sie anhand des Blutzuckers beurteilen, ob die gewählte Dosis richtig (wenn der Blutzucker im Zielbereich ist), zu hoch (wenn Sie einen Hypo haben) oder zu niedrig war (wenn die Blutzuckerwerte auch vor dem Mittagessen weiterhin hoch sind).

Ich habe zwar nichts getan, um die Insulinwirkung zu beschleunigen, aber ich habe nach dem Spritzen mehr als eine halbe Stunde mit dem Essen gewartet.

Wie Sie gesehen haben, hat dies eben nicht gereicht: Die Nahrungsaufnahme bei erhöhtem Blutzucker kann nur zu noch höheren Werten führen.

Ich weiß schon: „Iß nicht, wenn dein Blutzucker erhöht ist!..."

Sie können natürlich jederzeit essen, denn gerade jetzt entscheiden Sie selbständig, ob, was und wann Sie essen. Wenn Sie allerdings mit einem Blutzucker von 160 mg/dl frühstücken, ohne die Insulinaufnahme zu „beschleunigen", so dürfen Sie sich über die Werte nach dem Frühstück nicht wundern.

Kann der Blutzuckeranstieg nach dem Frühstück auch mit dem Mischen von beiden Insulinen, von Langzeit- und von Normalinsulin, zusammenhängen?

Ja. Es ist nicht gut, die Insuline vom Monotard- oder vom Ultratard-Typ mit Normalinsulin zu mischen. Dadurch kommt es zur Veränderung der Wirkungsweise des Normalinsulins. Durch Mischen wird ein Teil des Normalinsulins auch zu Verzögerungsinsulin. Es empfiehlt sich daher grundsätzlich, die beiden Insuline voneinander getrennt zu spritzen und nicht in einer Spritze zu mischen. Dies trifft nicht für Humalog® zu.

Als ich nach dem Frühstück bei 260 mg/dl gewesen bin, habe ich den Blutzucker mit 4 Einheiten Normalinsulin auf 100 mg/dl korrigiert. Der Blutzucker ist sehr schön gefallen. Allerdings habe ich vor dem Mittagessen einen Hypo bekommen. Habe ich zur Korrektur zu viel Insulin genommen?

Sie haben mehrere Fehler gemacht. Erstens haben Sie den Zielpunkt falsch gewählt.

Stimmt! Hätte ich nur auf 160 korrigieren sollen?

Auf 160 oder sogar auf 180 mg/dl, sofern Sie besonders zu Unterzuckerungen neigen. Aber Sie haben noch einen Fehler gemacht. Sie haben etwa 1 Stunde nach dem Essen korrigiert, obwohl Sie bereits vor dem Frühstück, also nicht einmal 2 Stunden davor, den Blutzucker schon einmal (nüchtern) korrigiert haben.

Habe ich also „doppelt" korrigiert?

Genau.

Ich darf mich also wirklich nicht wundern, daß ich zu Mittag eine Unterzuckerung hatte. Das wird mir sicher nicht mehr passieren. Aber warum waren die Nüchtern-Blutzuckerwerte so hoch? Muß ich meine Basalrate erhöhen?

Die Nüchternwerte allein sind für die Beurteilung der Basalrate nur bedingt von Bedeutung. Sie sind ja mit einem Blutzucker von 170 schlafen gegangen, hatten also den Blutzucker vor dem Schlafengehen diesmal nicht auf den Zielbereich korrigiert, denn zu diesem Zeitpunkt war das Abendessen schon mehrere Stunden her.

Ich hätte also auf den Zielbereich – in diesem Fall auf 100 mg/dl – korrigieren sollen?

Nicht unbedingt. Daß Sie am ersten Tag die Korrektur unterlassen haben, ist durchaus richtig, denn Sie wußten ja gar nicht, ob die vorgeschlagene Basalrate für Sie angemessen ist. Anders ausgedrückt, haben Sie aus Sicherheitsgründen vernünftigerweise vorläufig einen höheren Zielbereich gewählt. Allerdings dürfen Sie sich nicht wundern, wenn die Blutzuckerwerte am Morgen dementsprechend höher sind.

Um 4 Uhr morgens habe ich Blutzucker gemessen. Der Wert lag bei 150 mg/dl. Wenn diese drei Werte:
(1) spät vor dem Schlafengehen,
(2) am Tiefstpunkt – etwa um 4 Uhr morgens und
(3) nüchtern
in vergleichbarer Höhe liegen, heißt das, daß meine Basalrate richtig ist?

Wenn Sie allerdings erst gestern mit Ihrer neuen Behandlung begonnen haben, ist es noch zu früh, um diese Frage endgültig zu beantworten. Seit gestern haben Sie auch andere Insuline. Warten Sie daher noch einige Tage, bevor Sie die Basalrate beurteilen. Die Alltagskriterien für die Beurteilung des basalen Insulins sind: (1) Blutzucker-Stabilität zwischen den Mahlzeiten, (2) Nüchternwerte und (3) das Tagesverhältnis von Verzögerungs- zu Normalinsulin. Wir kommen noch darauf zurück. Siehe auch die Umschlagseite dieses Buches.

Ich hatte noch einige Ausreißer nach oben und nach unten. Allerdings konnte ich meinen mittleren Tagesblutzucker schon während des ersten Tages auf unter 150 mg/dl senken.

Sie sollten die einzelnen Ausreißer nicht überbewerten. Es genügt schon, wenn Sie Ihren Blutzucker-Mittelwert unter 140 mg/dl halten können. Allerdings sollten Sie vermeiden, aus Ihrem Blutzucker ein „Jo-Jo Spiel" zu machen.

Ich fasse nochmals zusammen, wie Sie die Ausreißer „nach oben" vermeiden können:

1. Korrigieren Sie Ihren Blutzucker. Die wichtigsten Korrekturen sind spät vor dem Schlafengehen, nüchtern morgens und zumindest noch 2mal während des Tages.
2. „Beschleunigen" Sie die Aufnahme und Wirkung von Normalinsulin (bei zu hohem Zucker, bei Kohlenhydrataufnahme und bei erhöhtem Insulinbedarf morgens). Oder nehmen Sie rasch wirkende Insulinanaloga (z. B. Humalog®).
3. Zum Erreichen von guten Blutzuckerwerten nach dem Frühstück kann auch die Verlängerung des Spritz-Eß-Abstandes beitragen.
4. „Iß nicht, wenn dein Blutzucker erhöht ist!", senke ihn zuerst mit Normalinsulin.

Was ist zur Vorbeugung von zu niedrigen Blutzuckerwerten und Unterzuckerungen von Bedeutung?

Versuchen Sie, immer so wenig Insulin wie möglich zu verwenden. In der Praxis heißt das:

1. Wählen Sie immer ein für Sie richtiges Ziel für Blutzucker-Korrektur. Werte von 160 – 180 mg/dl kurzfristig nach dem Essen sind akzeptabel.
2. Die Blutzuckerkorrekturen nach der Mahlzeit sind zwar möglich, aber relativ risikoreich und sollten daher nach Möglichkeit vermieden werden. Wenn Sie sich schon entscheiden, auch nach dem Essen zu korrigieren, dann nur auf den Bereich von 160 bis ca. 180 mg/dl und nur dann, wenn Sie vor dem Essen noch nicht korrigiert haben!

In den nächsten Tagen ist es vorläufig noch nicht so wichtig, „wunderschöne" Blutzuckerwerte zu haben. Bemühen Sie sich allerdings immer zu interpretieren, falls Ihr Blutzucker außerhalb des Zielbereiches liegt. Wenn Sie zu hoch oder zu niedrig liegen, korrigieren Sie Ihren Blutzuckerwert. Denken Sie aber auch gleichzeitig nach, wann Sie von welchem Insulin zu viel oder zu wenig genommen haben und was Sie in Zukunft machen sollen, um dies zu vermeiden. Lernen Sie zu beurteilen, ob die für Sie vorgeschlagenen Algorithmen der Insulindosierung richtig oder falsch gewählt worden sind. Schlagen Sie vor, wie Ihre Regeln der Insulindosierung für Sie angepaßt werden sollten. In der Praxis heißt das, daß in erster Linie Sie selbst Ihre eigenen Dosierungsrichtlinien festlegen und dies auch künftig machen werden.

7. Einige „Insulinspiele" zur Überprüfung der Insulindosierungs-Algorithmen

Sie haben erwähnt, es gebe einige Tests für die Prüfung meiner Insulin-Dosierungsrichtlinien?

Die gewählten Richtlinien für das prandiale (Nahrungs-) Insulin können Sie durch deren Verwendung zum Essen, die Fasteninsulindosierung durch Fasten und die Blutzucker-Korrekturalgorithmen durch gezielte Hebung bzw. Senkung des Blutzuckers überprüfen (siehe auch die Zusammenfassung auf der Umschlagseite dieses Buches).

7.1 Der Festtag oder die sogenannte „Sünde"

Die sogenannte „Sünde" ist der besondere Test zur Prüfung der Algorithmen für die Nahrungsaufnahme?

Nicht ausschließlich. Indem Sie sich einmal außerhalb des Krankenhauses entscheiden, das zu essen, was Sie schon immer essen wollten, sich allerdings nicht getraut haben, prüfen Sie auch Ihre Fähigkeiten, mit dem Insulinersatz im Alltag fertig zu werden.

Abb. 7.1:

Experiment: „Die Sünde"

Name: Kurt L.

Datum: 10. 07

Essen Sie, was Sie wollen.

Antworten Sie sich dabei (und danach!) selbst:

1. Kann ich die Insulindosis mit einer bestimmten Kohlenhydratmenge richtig abstimmen?

   ja!

2. Kann ich die Insulinkinetik und den Spritz-Eß-Abstand der gewählten Speise (und der aktuellen Blutzuckerhöhe) entsprechend anpassen?

   noch nicht

3. Habe ich meine Minimalausrüstung für FIT richtig zusammengestellt, d.h. kann ich außerhalb des Krankenhauses bei der Blutzuckerschätzung auch ohne Blutzucker-Meßgerät auskommen sowie das Insulin problemlos verabreichen?

   ja!

Zeit	BG	Insulin	BE; Mahlzeit	Bemerkungen
14^{30}	194	2 E Actrapid (Korr.)	–	wir gehen zum Stephansdom
15^{45}	~ 80	–	Tee im Kaffeehaus	
		7 E Actrapid		Apfelstrudel bestellt
16^{10}			? 3-4 BE Apfelstrudel	
16^{30}	~ 240	keine Korr.		Kärntnerstraße
17^{30}				zu Fuß zurück
18^{00}	~ 120			wieder im Spital
18^{45}				
		Zum Abendessen gespritzt!		
4^{00}	110			
7^{00}	126			

Ich glaube, ich wäre schon reif für eine „Sünde"...

Die „Sünde" im klassischen Sinn Ihrer bisherigen Insulintherapie gibt es für Sie nicht mehr. Sie können essen, was und wann Sie wollen. Allerdings nur dann, wenn Sie das Insulin richtig gebrauchen können. Sie **dürfen** nur das, was Sie können... Ihre Kenntnisse und Fähigkeiten – und deren Grenzen – sollten Sie im geschützten Rahmen noch während der Schulung herausfinden. Wichtig ist dabei ein genaues Protokoll, denn sonst ist die Interpretation der Ereignisse nicht möglich.

Genügen denn die üblichen Blutzuckerprotokolle für eine „Sünde" nicht?

Nein, legen Sie sich für diesen Zweck ein spezielles Protokoll an. Ein Beispiel sehen Sie in der Abb. 7.1.

Wenn der Blutzucker nach dem Essen stimmt, kann ich dann annehmen, daß ich die richtige Insulinmenge zum Essen gewählt habe?

Die Werte kurz nach dem Essen (1–2 Stunden danach) sind doch in erster Linie für die Übereinstimmung der Resorptionsgeschwindigkeit des Insulins mit jener der Nahrung maßgeblich. Sie informieren aber nicht unbedingt darüber, ob die Insulindosis richtig war!

Ich weiß ja... über die Insulinmenge entscheiden erst die „späten" Werte nach dem Essen. Etwa 4 Stunden danach.

Richtig, wenn bereits beides, sowohl Insulin als auch Essen, resorbiert wurden. Wenn Sie mehrere Stunden nach dem Spritzen und Essen mit Ihrem Blutzucker im Zielpunkt sind, können Sie annehmen, daß die Insulindosis in Ordnung war – vorausgesetzt, daß das Fasteninsulin auch richtig dosiert wurde.

Anhand der sogenannten „Sünde" kann ich auch meine Korrekturalgorithmen überprüfen, sofern mein Blutzucker nicht ganz im Zielbereich liegt.

So ist es. Die „Sünde" erfaßt auch all Ihre Fähigkeiten, unter Alltagsbedingungen mit einer möglichst geringen „Ausrüstung" Ihren aktuellen Blutzucker zu erfassen, zu korrigieren und das Insulin zu dosieren.

Was umfaßt denn die „Minimalausrüstung" für unterwegs?

Absolut erforderlich sind (Abb. 7.2)

1. Die Blutzuckerstreifen (z.B. Haemo-Glukotest 20-800); Alternativ können Sie sich ein sehr rasch messendes (in etwa 12–20 Sek.), kleines Blutzuckermeßgerät zulegen.
2. Normalinsulin (das Verzögerungsinsulin spritzen Sie ja nur 2mal täglich daher müssen Sie es nicht mit sich herumtragen, sofern Sie zu Hause übernachten);
3. Eine Insulinspritze mit eingeschweißter Nadel;
4. Dextroenergen;
5. Ihr Protokollblatt und Schreibzeug.

Die aufgezählten Gegenstände sind absolut unentbehrlich. Machen Sie diese Minimalausrüstung daher so klein wie möglich, denn sonst werden Sie es nicht schaffen,

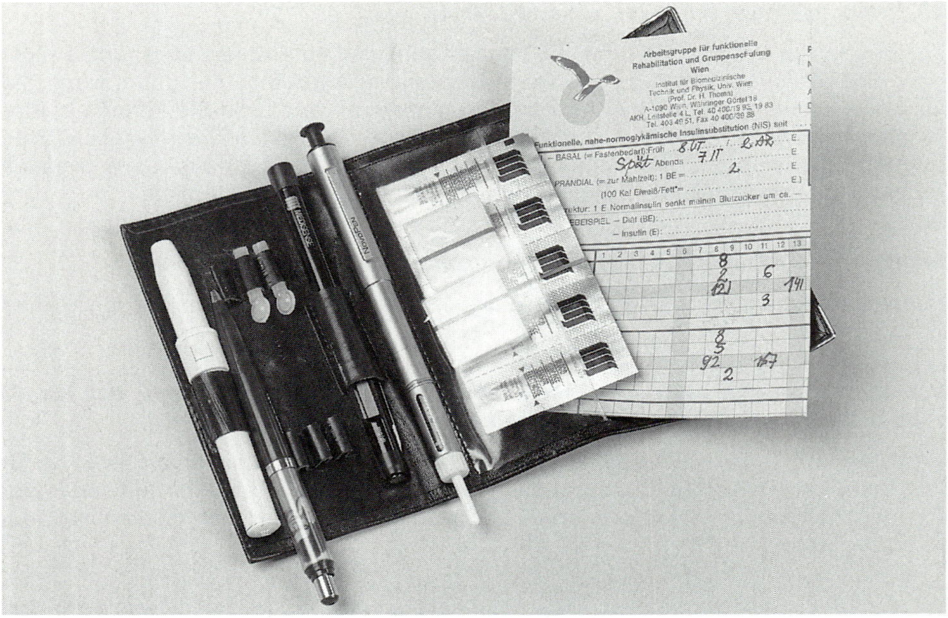

Abb. 7.2: Die Minimalausrüstung für FIT: ein Beispiel hier mit einem rasch messenden Blutzuckermeßgerät in Form eines Pens

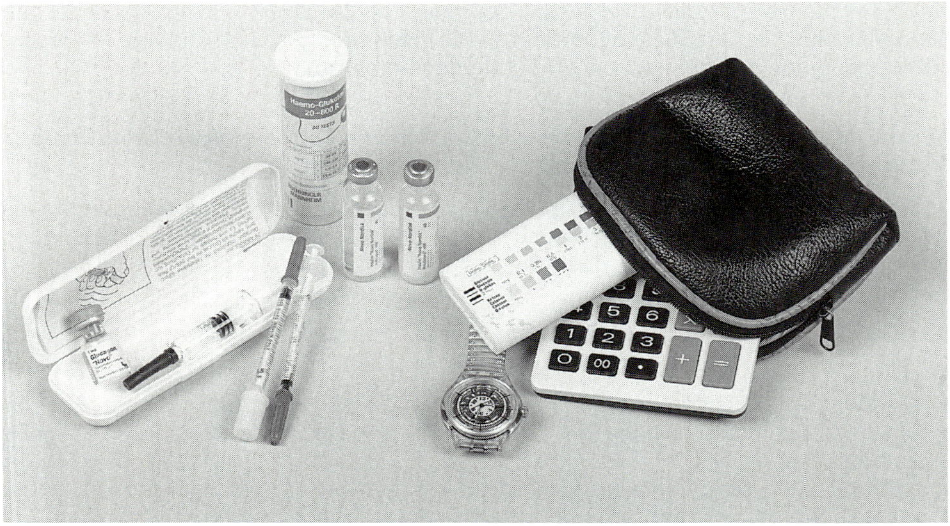

Abb. 7.3: Die sinnvolle Ergänzung der Minimalausrüstung für FIT: Aceton- und Harnzuckerstreifen, Uhr mit Sekundenzeiger, Insulinspritzen, Normal- und Verzögerungsinsulin, Glukagon, Blutzuckerstreifen, die ein visuelles Ablesen ermöglichen, Taschenrechner für MBG-Berechnung. Bitte nicht vergessen, daß alle Insulin-Pens und Blutzuckermeßgeräte eines Tages kaputt werden! Eine entsprechende Ersatzausrüstung ist daher unentbehrlich.

diese Dinge ständig mit sich zu führen. Seitdem es die Insulin-Pen Geräte auf dem Markt gibt, bevorzugen viele einen „Pen" statt der Spritze.

Wie häufig soll ich den Blutzucker während meiner sogenannten „Sünde" außerhalb des Diabetesschulungszentrums messen?

Messen Sie ihn häufiger als Sie dies in Zukunft machen werden. Sie befinden sich derzeit ja in der Lernphase. Nur so können Sie auch Ihre Fähigkeiten gut abschätzen. Wenn Sie sich im Bereich zwischen 80 und 140 mg/dl bewegt haben, sind Sie ein wirklicher „Könner". Wenn Sie sich während der „Sünde" zwischen 60 und 240 mg/dl bewegt haben, sind Ihre Kenntnisse und Fähigkeiten noch als „akzeptabel" einzustufen. Wenn Sie den erwähnten Bereich allerdings unter- oder überschritten haben, so haben Sie sich offensichtlich zu viel zugemutet. Versuchen Sie mit Ihrem FIT-Berater zu analysieren, was Sie zur künftigen Verbesserung der Sache noch unternehmen sollten.

Ist mit der Blutzuckermessung 4 – 5 Stunden nach dem Essen die „Sünde" an und für sich abgeschlossen?

Nicht ganz. Die Auswirkungen der Nahrungsaufnahme und des Normalinsulins können noch lange Zeit nach dem eigentlichen Ereignis eintreten. Wenn Sie während oder nach der „Sünde" den Blutzucker zwar zwischen 80 und 120 hatten, aber 6 – 7 Stunden später, etwa um 3 Uhr nachts, Unterzucker bekommen, gilt die „Sünde" nicht als „ausgezeichnet" absolviert. . .Und umgekehrt, wenn Sie ausnahmsweise an einem Tag viel mehr essen als sonst, werden Sie mit der vermehrten Nahrungsaufnahme auch Ihren Zuckerspeicher in der Leber in gewissem Ausmaß „überfüllen". Es ist bekannt, daß eine vermehrte Nahrungsaufnahme am nächsten Morgen zu einem erhöhten Blutzucker im Sinne des verstärkten „dawn"-Phänomens führen kann. Die wirklichen Profis sollten daher auch mit den längerfristigen Konsequenzen einer „Sünde" fertig werden und auch in der Nacht und am nächsten Morgen akzeptable Blutzuckerwerte aufweisen.

7.2 Die Prüfung der Blutzucker-Korrekturalgorithmen; Nebeneffekt: Bestimmung der Nierenschwelle

Was hat eigentlich die Nierenschwellenbestimmung mit Algorithmen der FIT zu tun?

Den Einfluß der Kohlenhydrate und des Normalinsulins auf den Blutzucker können Sie untersuchen, indem Sie den Blutzucker gezielt heben und anschließend senken. Dabei müssen Sie sich Ihrer Korrekturalgorithmen bedienen. Allein aus zeitlichen und technischen Gründen ist es sinnvoll, diese Untersuchung mit einer gleichzeitigen Bestimmung des Harnzuckers (und somit mit einer Bestimmung der Nierenschwelle) zu verbinden.

Wie wird eigentlich konkret bei der Nierenschwellenbestimmung vorgegangen?

Die Untersuchung sollte bei einem normalen, eher niedrigen Blutzucker begonnen werden. Dabei wird kein Zucker in den Harn ausgeschieden. Sie können den Blutzukker gezielt heben, indem Sie so viel Glukose (als Dextroenergen) zu sich nehmen, daß Sie auf den Wert von etwa 240 mg/dl kommen. Wenn Sie nun während des darauf folgenden Blutzuckeranstiegs in kurzen Abständen den Blutzucker und den Harnzucker bestimmen, können Sie jene Blutzuckerhöhe herausfinden, bei der Zukker im Harn auftritt – die Nierenschwelle. Bei der ganzen Untersuchung müssen Sie viel trinken (z.B. Mineralwasser, Tee), um viel Harn zu produzieren. Bevor Sie wiederum Ihren Blutzucker in den Zielbereich senken, warten Sie ab, bis sich die aufgenommene Glukose im Körper verteilt. Warten Sie, bis der Blutzucker stabil ist und nicht mehr spontan abfällt. Jetzt können Sie Ihren Blutzucker gezielt senken, indem Sie sich ausrechnen, wieviele Insulineinheiten Sie jetzt zur Blutzuckernormalisierung nehmen sollten. Sie überprüfen auch gleichzeitig Ihren bis jetzt verwendeten Algorithmus „1 Einheit Normalinsulin senkt meinen Blutzucker um...mg/dl". In der Abbildung 7.4a/b finden Sie ein Beispiel eines Protokolls für die Nierenschwellenbestimmung.

Aus diesem Protokoll entnehme ich, daß die gesamte Untersuchung ziemlich lange dauert?

Leider. Die schwierigste und meist die längste Phase ist das Erreichen der *„basalen"* Bedingungen.

Was heißt eigentlich „basale Bedingungen"?

Basale Bedingungen werden Sie erreichen, wenn Ihr Blutzucker „steht", also weder abfällt noch ansteigt. Anders ausgedrückt – wenn das in Ihrem Blut gerade vorhandene (Fasten-)Insulin ganz genau auf die (durch Ihre Leber) produzierte Glukosemenge abgestimmt ist. Es wird genau soviel Zucker in die Zellen abtransportiert als produziert wird.

Jetzt verstehe ich, warum die Untersuchung erst viele Stunden nach einer Mahlzeit und nach einer Normalinsulinspritze stattfinden soll.

Das ist notwendig, weil sich sonst der Blutzuckerverlauf nur schwer interpretieren läßt.

Ist es wirklich so schwierig, den Blutzucker stabil zu halten?

Auf jeden Fall sollten Sie es versuchen. Sie werden schon sehen, daß trotz Ihrer Bemühungen doch häufig eine gewisse Spontandynamik Ihres Blutzuckers vorhanden ist. Meist werden Sie entweder ein bißchen zu viel Insulin (= spontaner Blutzuckerabfall) oder zu wenig Insulin (Blutzuckeranstieg, eventuell spontane Überschreitung der Nierenschwelle) haben.

Abb. 7.4a: Bestimmung der Nierenschwelle. Anweisung für Patienten

---

Patient: Susanne M. Datum 5.03. Berater: Dr. Grill

Technische Voraussetzungen	Erfüllt: Ja	Nein
1. Blutzucker-Meßgerät mit adäquaten Streifen vorhanden?	..✓...	......
2. Acetonstreifen (Keto Diabur 5000, Ketur) vorhanden?	..✓...	......
3. Harnzuckerstreifen (Diabur 5000) vorhanden?	..✓...	......
4. Ausreichende Menge an Flüssigkeit (ca 2000 ml, kein Bier!, keine Milch) vorhanden?	..✓...	......

Alle Fragen sollten Sie mit „ja" beantworten können. Sollten Sie die technischen Voraussetzungen nicht erfüllen können, so führen Sie die Untersuchung bitte ein anderes Mal durch.

Phase 1: Erfüllung der Voraussetzung zur Nierenschwellenbestimmung:
Erreichen der basalen Bedingungen

	Ja	Nein
1. Letzte Mahlzeit vor mehr als 5 Stunden? (4,5)	..✓...	......
2. Letzte Normalinsulininjektion vor mehr als 5 Stunden?	..✓...	......
3. Stabiler Blutzucker (kein Trend zum Ansteigen oder Abfallen) seit 1.5h?	..✓...	......
4. Harnzucker negativ? (zu Mittag Spuren)	..✓...	......
5. Aceton negativ?	..✓...	......

Wenn Sie am Ende der Phase I mehr als eine Frage mit „nein" beantworten, hat die Untersuchung wenig Sinn. In diesem Fall sollten Sie die Nierenschwellenbestimmung an einem anderen Tag durchführen, wenn die basalen Bedingungen erreicht werden können. Während der Phase I sollten Sie zumindest 1l Flüssigkeit (z.B.Tee, Mineralwasser) trinken.

Phase 2: Kontrolliertes Heben der Blutglukose (s.Frage 1 und Frage 2)
Nehmen Sie bitte so viel Dextroenergen zu sich, daß Ihr Blutzucker auf ca 250 mg/dl ansteigt. Versuchen Sie ab jetzt in 10-minütigen Abständen zu urinieren. Dies ist leicht möglich, sofern Sie bis jetzt zumindest 1 l Flüssigkeit getrunken haben. Messen Sie bitte gleichzeitig Blut- und Harnzucker in kurzen Abständen. Trinken Sie weiter ca 1/4–1/2 l.

Phase 3: „Plateau"
Warten Sie bis Ihr Blutzucker wieder stabil ist und nicht mehr spontan abfällt. Erst dann können Sie sich die Menge von Normalinsulin ausrechnen, die Sie zur Blutzuckersenkung auf ca 100–110 mg/dl benötigen. Trinken Sie immer noch ca 1/4 bis 1/2 l.

Phase 4: Gezielte Blutzuckersenkung mit Normalinsulin
Verwenden Sie dabei (aus Zeitgründen) die Ihnen bekannten Möglichkeiten zur Beschleunigung der Normalinsulinwirkung. Beantworten Sie Frage 3. Führen Sie weiterhin Parallelmessungen Harnzucker/Blutzucker durch.

a

Abb. 7.4b:

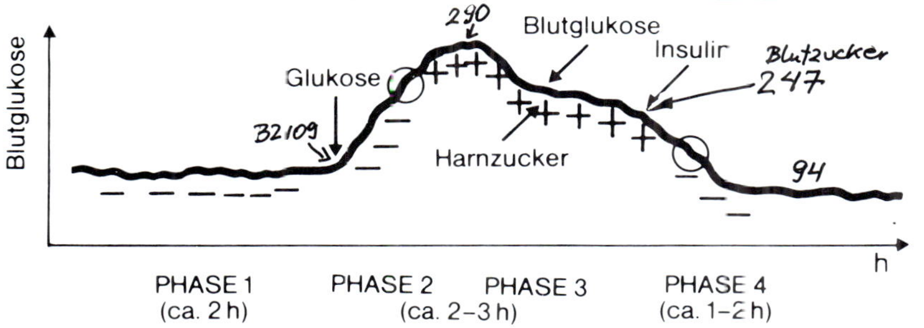

Fragen: Unter basalen Bedingungen

1. Wo liegt meine Nierenschwelle? ~210 mg/dl

2. Was bewirkt bei mir 1 BE (50 kcal) Glukose? + ~50 mg/dl

3. Was bewirkt bei mir 1 E Normalinsulin? – ~40 mg/dl

Zeit	Blutglukose mg/dl	+/– HZ Harnzucker-streifen	Handlung
Phase 1: Erreichen der basalen Bedingungen (ca 2–3h)			
15 00	127	Spuren	Letzte Mahlzeit um
15 30	115	neg.	Letzte Injektion um
15 50	107	neg	Letzte Korrektur
16 30	98	neg	um ~ 12 40
17 00	109	neg	mit 3E Normalins.
			weil BZ ~ 240!
Phase 2 + 3: Hebung der Blutglukose bis zur BG-Plateaubildung (ca 2–3h)			
17 10			(30) g Glukose = 2,5 BE
17 20	141	neg	
17 30	148	neg	
17 40	179	neg	
17 50	174	neg	
18 00	198	neg	
18 10	224	! pos	
18 30	290	pos	
19 10	250	pos	
Phase 4: Gezielte Blutglukosesenkung (ca 2h)			(3,5) (i.m.)
19 30	247	pos	IE Normalinsulin
19 45	210	pos	
20 00	184	pos	
20 20	173	Spuren	
20 45	121	neg	
21 00	98	neg	
21 30	94	neg	zum Abendessen gespritzt!

b

Kann die Untersuchung auch dann durchgeführt werden, wenn man mit sehr hohen Blutzuckerwerten beginnt, d. h. wenn der Blutzucker zu Beginn der Untersuchung „über der Nierenschwelle" liegt?

Im Prinzip können Sie die Untersuchung ja in umgekehrter Reihenfolge durchführen, zuerst gezielt den Blutzucker senken und dann gezielt heben. Allerdings werden bei vorhandenem Harnzucker keinesfalls die basalen Bedingungen erreicht, zumal Sie hier kontinuierlich Zucker in den Harn verlieren. Die Überprüfung der Blutzucker-Korrekturalgorithmen unter diesen Bedingungen erscheint daher problematisch; vielleicht können Sie die Untersuchung unter geeigneteren Umständen wiederholen.

Gibt es noch Tips für die Untersuchung der Nierenschwelle?

1. Führen Sie diese Untersuchung nie unmittelbar nach einem Fasttag oder nach der sogenannten „Sünde" durch, zumal dann die „basalen" Bedingungen besonders schwer zu erreichen sind: Die Zuckerproduktion in Ihrer Leber hängt ja von den vorhandenen „Vorräten", d. h. von der vorausgegangenen Nahrungsaufnahme ab. Wenn Ihr Speicher eben relativ ausgeschöpft (nach dem Fasten) oder überfüllt (nach reichlichem Essen) ist, wird Ihnen eine sonst angemessene basale Dosierung nun zu hoch oder zu tief werden.
2. Verwenden Sie stets das gleiche Blutzucker-Meßgerät, um etwaige Interpretationsprobleme zu vermeiden.
3. Verwenden Sie möglichst empfindliche Harnzuckerstreifen (z. B. Diabur 5000 oder Keto-Diabur-Test 5000).
4. Führen Sie die Untersuchung in Anwesenheit eines erfahrenen FIT-Beraters durch. Sie werden seine Hilfe bei der Beurteilung des Untersuchungsablaufes sicher brauchen.

7.3 Das Fasten

Wenn das Fasten ein Basalratentest ist, sollte ich nicht gleich mit Fasten beginnen, um meinen basalen Insulinbedarf herauszufinden?

Überschätzen Sie die Wertigkeit des Fasttages als Test zur Prüfung der basalen Dosierung nicht. Der 36stündige (zwischen Abendessen und dem Frühstück am übernächsten Tag) Verzicht auf Nahrung verkleinert offensichtlich die Kohlenhydratspeicher in der Leber, und vieles spricht dafür, daß die Zuckerproduktion durch die Leber (und somit der Fasteninsulinbedarf) u. a. auch durch die Menge der gespeicherten Kohlenhydratvorräte mitbestimmt wird. Dadurch kann die sonst angemessene basale Insulindosierung nach längerfristigem Fasten (länger als etwa 20 Stunden) scheinbar zu hoch sein.

Heißt das, daß ich selbst bei einer „guten" Basalrate bei längerfristigem Fasten eine Unterzuckerung bekommen könnte?

Sie sollten am Fasttag keine gravierende Unterzuckerung bekommen, soferne Sie Ihren Blutzucker normal kontrollieren. Messen Sie Ihren Blutzucker etwa alle 3 – 4 Stunden. Korrigieren Sie die Blutzuckerwerte unter 80 mg/dl mit Traubenzucker (Dextroenergen). Erfahrungsgemäß liegt eine gute basale Insulindosierung dann vor, wenn an einem Fasttag etwa 1,5 bis 3 Broteinheiten (maximal 40 g Glukose in Form von Dextroenergen) zum Stabilhalten des Blutzuckers erforderlich sind. Viele Diabetiker haben auch herausgefunden, daß an einem Fasttag (bzw. auch wenn Sie auf Ihr Frühstück und Ihr Gabelfrühstück verzichten möchten) das morgendliche „Pflicht"-Normalinsulin auf etwa 50% des üblichen Wertes gesenkt werden soll.

Mein „Pflicht"-Normalinsulin soll 4 Einheiten betragen. Soll ich am Fasttag nur 2 Einheiten Normalinsulin zusätzlich zum Verzögerungsinsulin spritzen?

Ja, sofern Sie im Blutzucker-Zielbereich aufwachen. Das heißt bei etwa 100 – 120 mg/dl. Wenn Sie mit höheren Blutzuckerwerten aufwachen, spritzen Sie natürlich zusätzlich die übliche Blutzuckerkorrektur.

Und wenn ich am Fasttag mit 60 mg/dl aufwache?

Die Blutzuckerkorrektur hat immer den höchsten Vorrang. 60 mg/dl ist niemals ein Zielbereich. Sie können sich daher mittels Ihrer Regel: „1 Broteinheit hebt meinen Blutzucker um...mg/dl" ausrechnen, wieviel Glukose (in Form von Dextroenergen) Sie zu sich nehmen sollen, um den Blutzucker zu heben. Dann können Sie Ihre vereinbarte Menge an Verzögerungsinsulin und das morgendliche basale Normalinsulin (eventuell vermindert auf 50% des üblichen Wertes) spritzen. Statt Traubenzucker (Dextroenergen) können Sie alternativ bei so niedrigen Blutzuckerwerten auch auf Ihr morgendliches Basal-Normalinsulin verzichten.

Forschungsgruppe für funktionelle Rehabilitation und Gruppenschulung Wien

Institut für Biomedizinische Technik und Physik, Univ. Wien
(Prof. Dr. H. Thoma)
A-1090 Wien, Währinger Gürtel 18
AKH, Leitstelle 4 L, Tel. 40 4000/-9 93,
Fax 40 400/39 88

PATIENT:
Name: Erna M.
Geb.: 1949 Tel.-Nr.:
Adresse:
Diabetes seit: 1964 Gewicht:

Funktionelle Insulintherapie (FIT) seit .... mit ☒ Insulininjektionen ○ Insulinpumpe

INSULIN
I – BASAL (= Fastenbedarf): Früh 12 UT / 3 AR E.
Abends 12 UT E.
U – PRANDIAL (= zur Mahlzeit): 1 BE = 1,5 AR E.

Ziel für Blutzucker-Korrektur:
Nüchtern/Vor dem Essen: 100 mg/dl (bzw.: ......)
Nach d. Essen, 1 h: < 160 (bzw.: < .....); 2 h: < 140 mg/dl
MBG-Zielbereich: von ...... bis ...... mg/dl

Korrektur: 1 E Normalinsulin senkt meinen Blutzucker um ca. – 40 mg/dl. 1 BE hebt meinen Blutzucker um ca. + 50 mg/dl.

THERAPIEBEISPIEL – Diät (BE):
– Insulin (E):

DATUM:

TAGESZEIT		1	2	3	4	5	6	7	8	9	10	11	12	13	14	15	16	17	18	19	20	21	22	23	24	SUMME
MO	DEPOT-I.	Ultratard					12														12					24 / 28
	NORMAL-I.	Actrapid					2				2															4
7.6	BZ				92			127			154			107				64			81		64			MBG 98
	BE																	0,5					0,5			1
	KAL.																	25					25			50
BEMERKUNG		Fasttag:									korr.							1 Dextro				1 Dextro				
DI	DEPOT-I.																									
	NORMAL-I.																									
8.6	BZ				71			79																		MBG
	BE				0,5																					
	KAL.				25																					
BEMERKUNG				1 Dextroenergen																						
MI	DEPOT-I.																									
	NORMAL-I.																									
......	BZ																									MBG
......	BE																									
	KAL.																									
BEMERKUNG																										

Abb. 7.5a: Der mittlere Tagesinsulinbedarf von Erna M. liegt bei 45 bis 55 IE (Normalinsulin + Verzögerungsinsulin/Tag).

Den Blutzuckerverlauf am Fasttag sehen Sie am Protokoll. Was halten Sie von der basalen Insulindosierung von Erna M.?

Soll sie die Ultratard-Dosierung

- ☐ erhöhen (morgens und abends)?
- ☐ reduzieren (morgens und abends)?
- ☐ nur am Abend reduzieren?
- ☐ unverändert belassen?

Abb. 7.5b:

Während der 36 Stunden Fasten wurden insgesamt einige IE Normalinsulin zur BZ Korrektur (am Morgen) verwendet. Später mußten allerdings Kohlenhydrate (insgesamt 1.5 BE) bei zu tiefen Werten eingenommen werden.

Bei durchschnittlicher Hypoglykämiewahrnehmung kann daher die basale Insulindosierung unverändert belassen werden.
Eine noch niedrigere Basalrate wäre lediglich bei

- geplanter Gewichtsabnahme,
- wiederholten schweren Hypos in der Vergangenheit

zu diskutieren.

Kommt es dann spontan zu einem Blutzuckeranstieg?

Das bereits erwähnte Morgendämmerungs-Phänomen („dawn"-Phänomen) beruht offensichtlich in erster Linie auf einer vermehrten Zuckerproduktion in den Morgenstunden. Deswegen braucht man eben das meiste Insulin in der Früh, bzw. zum Frühstück. Nützen Sie die Gelegenheit des Fasttages, um den Verlauf Ihrer Blutzuckerwerte ohne Frühstück zu beobachten. Meist kommt es (sogar trotz einer Normalinsulinspritze) zu einem Blutzuckeranstieg.

Jetzt verstehe ich, warum es so schwierig ist, nach dem Frühstück akzeptable Blutzuckerwerte zu erreichen! Ja, wenn der Blutzucker von selbst steigt...

Sie können sich das bildlich so vorstellen, daß Ihre Leber in der Früh eine bestimmte Menge an Kohlenhydraten zusätzlich zu ihrer üblichen Zuckerproduktion ans Blut abgibt. Wenn Sie in der Früh 2 Semmeln essen wollen, produziert sich Ihre Leber vielleicht noch eine oder zwei weitere dazu.

Das heißt, es müßten also insgesamt an die 8 Broteinheiten abtransportiert werden?

So ist es. Technisch ist es besonders dann schwierig, wenn Sie bereits mit erhöhten Blutzuckerwerten aufwachen.

Dagegen gibt es bekannterweise zwei Maßnahmen. Ich kann den Spritz-Eß-Abstand verlängern oder die Altinsulinaufnahme beschleunigen, z. B. durch Spritzen in den Muskel oder das Humalog® verwenden. Ich bin aber froh, daß ich am Fasttag endlich einmal nicht frühstücken muß. Das war immer schon ein Horror für mich. Ich habe in der Früh keinen Hunger. Bis jetzt mußte ich das Frühstück aber doch irgendwie hinunterwürgen. Kann ich in Zukunft nun wirklich auf das Frühstück verzichten?

Dagegen ist nichts einzuwenden. Essen Sie, wann Sie wollen, was Ihnen schmeckt, und was Sie entsprechend mit Insulin decken können.

Aber zurück zum Fasttag. Hat nun das 36-stündige Fasten Konsequenzen bezüglich der künftigen basalen Insulindosierung?

Eine angemessene Dosierung des basalen Insulins liegt dann vor, wenn am Fasttag nur wenig Kohlenhydrate (höchstens etwa 3 BE) zur Vorbeugung einer Hypoglykämie aufgenommen werden. Natürlich meine ich, daß diese Kohlenhydrate sozusagen „in die Basalrate" gegessen werden, d. h. es wird hiezu kein Normalinsulin gespritzt. Wenn es am Fasttag zu einem spontanen Blutzuckeranstieg kommt und, abgesehen von der morgendlichen Blutzuckerkorrektur, noch weitere Korrekturen mit Normalinsulin notwendig sind, muß das basale Insulin erhöht werden. Umgekehrt, wenn aufgrund des Blutzuckerabfalls größere Mengen an Kohlenhydraten (mehr als 3 BE) gegessen werden, um den Blutzucker stabil zu halten, soll die basale Dosierung vermindert werden.

Und noch etwas – gehen Sie nicht mit zu tiefen Blutzuckerwerten schlafen. Heben Sie die Werte spät vor dem Schlafengehen auf über 120 mg/dl an. Patienten mit einer Neigung zu schweren Unterzuckerungen sollten die Werte auf über 140 mg/dl anheben!

8. Hypoglykämie: Unterzuckerung

Stimmt es, daß bei einer Unterzuckerung Gehirnzellen absterben?

Nicht bei einer leichten Unterzuckerung. Tierexperimentelle Untersuchungen sprechen dafür, daß eventuelle bleibende Hirnschäden nur bei schweren Hypoglykämien mit Krämpfen vorkommen können. Für die Behandlung des Menschen bedeutet das, schwere Unterzuckerungen mit Bewußtseinsverlust auf jeden Fall zu vermeiden.

Wie kann sich eine Unterzuckerung sonst äußern?

Bereits ein Blutzuckerabfall unter 60 oder sogar 70 mg/dl kann zu einer vorübergehenden relativen Unterversorgung des Gehirns mit Glukose führen. Es wurde auch belegt, daß bereits in einem Bereich, in dem noch keine wahrnehmbaren Symptome auftreten – eben um 60 bis 70 mg/dl – die intellektuelle Leistung nachläßt. Erst später kommt es zu einer stärkeren Konzentrationsstörung, Nervosität, Schwäche, Müdigkeit und Kopfschmerzen. Um diese Unterversorgung des Gehirns zu beseitigen, bemüht sich der Körper, den Blutzucker mittels unterschiedlicher Mechanismen zu heben. Der Blutzucker wird auch ohne Kohlenhydrataufnahme durch regulatorische Hormone erhöht, die vor allem zu einer Ausschüttung des Reservezuckers aus den vorhandenen Speichern (aus der Leber) führen.
Zu diesen Hormonen gehören *Adrenalin* und *Glukagon*, aber auch *Cortisol* und das *Wachstumshormon*. Es handelt sich hier um Hormone, die im Streß freigesetzt werden. Alle klassischen Symptome einer Unterzuckerung wie Schwitzen, Zittern, Herzklopfen sind auf die Ausschüttung von Adrenalin, des wichtigsten Streßhormons, zurückzuführen. Wenn es dem Körper allerdings nicht gelingt, den fallenden Blutzucker zu heben, so kann es tatsächlich zu einer Hirnfunktionsstörung kommen, die zu Verwirrtheit, ja letztlich zu Bewußtlosigkeit führt.

Können diese Symptome in gewisse Klassen unterteilt werden? Was unterscheidet einen „leichten" Unterzucker von einem „schweren"?

Das Ausmaß einer Unterzuckerung wird grundsätzlich davon bestimmt, wie sehr die Gehirnfunktion durch Zuckermangel beeinträchtigt ist. Die absolute Höhe des Blutzuckers bei einem Hypo entscheidet aber nicht immer über die wahrnehmbaren Symptome.
Nach dem Funktionszustand des Gehirns können unterschieden werden:

1. **Leichte Hypoglykämie („H1"):** Symptome einer Unterzuckerung bei Blutzuckerwerten unter 70 mg/dl bzw symptomfreie Zufallsblutzuckerwerte unter 60 mg/dl. Bei einer leichten Hypoglykämie besteht keine wesentliche Einschränkung der Handlungsfähigkeit. Also unabhängig davon, wie unangenehm oder dramatisch es sein mag – die Hypo-Symptome sind von Person zu Person sehr unterschiedlich – ob Sie viel oder wenig schwitzen, solange Sie noch klar denken können, gilt die Unterzuckerung als „leicht". Davon läßt sich eine
2. **Mittelschwere Hypoglykämie („H2")** abgrenzen, die durch den Verlust der vernünftigen Handlungsfähigkeit charakterisiert ist. Dieser Zustand tritt z. B. dann ein, wenn Sie mit Ihrem Körper für Ihre Umgebung unter Umständen sogar scheinbar

unauffällig wirken, geistig jedoch „abwesend“ sind. Diesen gefährlichen Zustand der geistigen Verwirrtheit gilt es auf jeden Fall zu vermeiden!

3. **Schwere Hypoglykämie („H3“)** ist ein Unterzucker mit Bewußtlosigkeit. In diesem Zustand sind Sie vollkommen von der Hilfe anderer abhängig. Manche Mediziner unterscheiden davon allerdings noch eine
4. **Schwere Hypoglykämie begleitet von einer medizinischen Intervention („H4“),** wenn eine Bewußtlosigkeit mit **Traubenzucker intravenös oder Glukagon** behandelt wird.

Was ist Glukagon?

Glukagon ist – ähnlich dem Insulin – ein Eiweißhormon der Bauchspeicheldrüse, allerdings mit einer dem Insulin praktisch entgegengesetzten Wirkung. Es erhöht den Blutzucker, indem es die Zuckervorräte aus der Leber freisetzt. Glukagon ist ein Eiweißkörper und muß daher – genauso wie Insulin – gespritzt werden, wobei es sowohl unter die Haut (subkutan), in den Muskel (intramuskulär) als auch in eine Vene (intravenös) verabreicht werden kann. **Glukagon gehört auf jeden Fall in den Haushalt eines insulinbehandelten Diabetikers!** Ihre Familienangehörigen sollten unbedingt Glukagon spritzen können, denn jede Bewußtlosigkeit eines Diabetikers ist höchstwahrscheinlich auf eine Unterzuckerung zurückzuführen. Das Spritzen von Glukagon ist völlig unkompliziert und nicht gefährlich. Bedenken Sie allerdings, daß Ihre Familienangehörigen viel weniger Erfahrung mit Injektionen haben als Sie. Sie müssen sie daher nicht nur über die Verabreichung von Glukagon informieren (Abbildung 8.1), sondern dies auch praktisch mit ihnen üben.

Meine Angehörigen fürchten sich immer davor, sollte ich bewußtlos werden, nicht zu erkennen, ob ich nun wegen zu tiefen oder zu hohen Blutzuckers bewußtlos geworden bin.

Die beiden Komazustände können von jedem klar unterschieden werden. Eine schwere Hypoglykämie wird bei Ihnen schon rein statistisch gesehen viel eher vorkommen als eine so schwere Entgleisung, daß Sie davon bewußtlos werden. Abgesehen von der statistischen Wahrscheinlichkeit ist es auch wichtig zu wissen, daß ein schwerer Unterzucker einfach aus heiterem Himmel kommt, eine schwere Entgleisung hingegen meist mit einer Zusatzerkrankung verbunden ist und sich daher langsam entwickelt.

Unter FIT kann man aber wegen zu hohen Zuckers praktisch nie bewußtlos werden, oder?

Das ist richtig. Wenn Sie jeden Tag mit Verstand einige Male Blutzucker-Selbstkontrolle durchführen und eine etwaige Blutzuckererhöhung unmittelbar korrigieren, ist eine Entgleisung unmöglich. Für Ihre weniger informierten Familienangehörigen genügt daher die beruhigende Botschaft, daß Sie unter FIT (wenn Sie tatsächlich die Selbstkontrollen und -korrekturen durchführen) kaum so gravierend „nach oben“ entgleisen können.

Bei einem schweren Hypo mit Bewußtlosigkeit sind natürlich auch andere Erscheinungen zu erkennen, wie z.B. Abfall der Körpertemperatur, kühle Haut, erhöhte Schweißproduktion etc. Diese Zeichen grenzen diesen Zustand klar gegen ein Coma diabeticum ab, das durch Zeichen der Austrocknung und durch eine charakteristische, durch vermehrte Acetonbildung und Säureentstehung (= *Ketoacidose*) hervorgerufene, tiefe, „forcierte" Atmung charakterisiert ist.
Kehren wir nun aber zurück zu einer leichten Hypoglykämie, denn ein leichter Unterzucker ist für Sie um so wichtiger, als er Ihnen wesentlich häufiger begegnen wird als eine etwaige Ketoacidose.

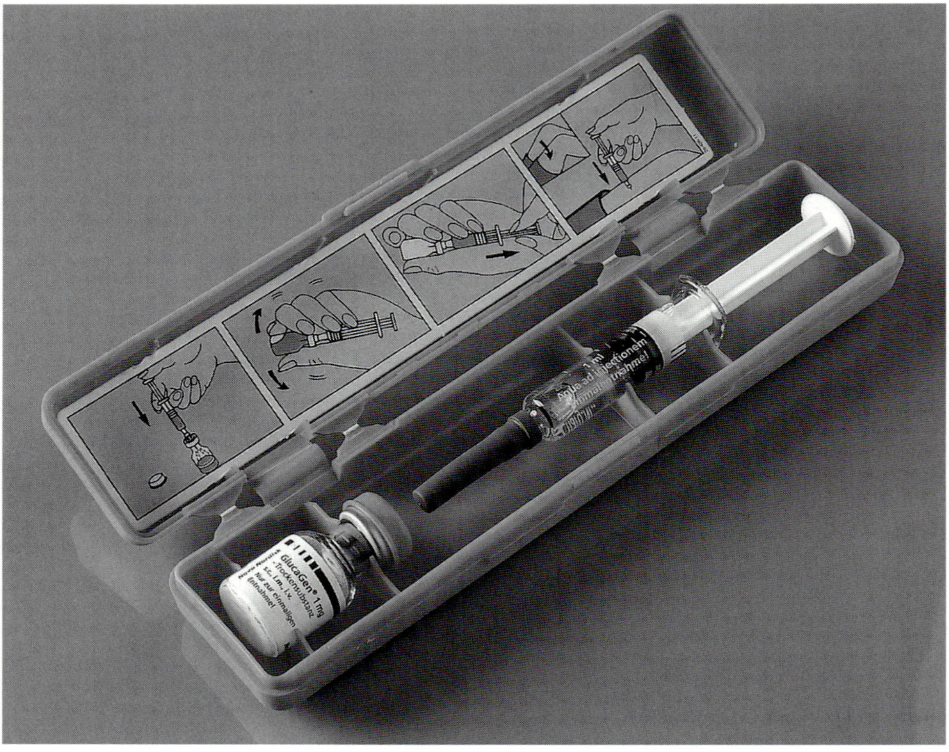

Abb. 8.1: Glukagon ist ein weißes Pulver, das vor der Injektion im beigelegten Lösungsmittel aufgelöst werden muß. Nach dem Durchmischen und der Auflösung des Glukagonpulvers, wird der gesamte Inhalt (1 mg) der Glukagonampulle (das Volumen des Lösungsmittels ist nicht so wichtig) verabreicht. Wie bei Insulininjektionen kann auch hier auf eine Hautdesinfektion (Zeit sparen!) verzichtet werden. Nach Wiedererlangen des Bewußtseins nach Glukagon ist es günstig, noch 1–2 BE zu essen, um einen neuerlichen Blutzuckerabfall zu verhindern.

Bei einem leichten Hypo sollte man ja gleich Kohlenhydrate zu sich nehmen?

Richtig. Wenn Sie unsicher sind, ob eine Hypoglykämie vorliegt, dann messen Sie Ihren Blutzucker. Essen Sie nicht zu viel bei einem Hypo, denn sonst schießen Sie über das Ziel. Verwenden Sie ausschließlich rasch resorbierbare Kohlenhydrate. Benützen Sie dabei Dextroenergen: Es ist abgepackt, portioniert (1 Blatt Dextroenergen in Österreich* = 7 g Traubenzucker also ca. 0,5 BE) und leicht mit sich zu tragen. Der Zucker wird noch schneller vom Magen-Darm-Trakt aufgenommen, wenn Sie zusätzlich noch Flüssigkeit trinken, weil durch Vergrößerung des Volumens die Magenpassage und die Resorption beschleunigt werden. Auch hochzuckerhältige Colagetränke oder Fruchtsäfte sind zur Behandlung von Unterzucker gut geeignet.

Warum soll man bei der Behandlung eines leichten Unterzuckers keine langsam resorbierbaren Kohlenhydrate verwenden?

Entweder besteht ein tatsächlicher Unterzucker oder nicht. Sollten wirklich zu tiefe Werte oder Unterzuckersymptome bestehen, so sollten Sie nach dem Motto „sofort oder gar nicht“ – hier besteht eine vergleichbare Situation zur Insulinanwendung bei der Korrektur eines erhöhten Blutzuckers – eine unmittelbare Blutzuckerhebung anstreben. Oder wollen Sie die gesamte „Gegenregulation“ Ihres Körpers in Gang setzen?...

Früher wurde mir bei einem Hypo immer Schokolade gegeben.

Schokolade ist zur Behandlung des Unterzuckers nicht gut geeignet, weil der Zusatz von Fett die Resorption der Kohlenhydrate verzögert. Der Blutzuckeranstieg wird (in Abhängigkeit von der aufgenommenen Menge) zwar vielleicht nach Stunden letzten Endes sogar sehr hoch sein – allerdings viel zu langsam. Wenn Sie Ihren Blutzucker unmittelbar heben wollen, vermeiden Sie fetthältige Speisen.

Es ist wahrscheinlich sinnvoll, immer Dextroenergen mit sich zu führen?

Klar, denn wer Insulin spritzt, kann Unterzucker bekommen. Besonders, wenn Sie eine möglichst gute Stoffwechselkontrolle anstreben, sollten Sie das Risiko einer Unterzuckerung nicht unterschätzen.

Leider passiert es mir immer wieder, daß ich bei einem Hypo immense Nahrungsmengen in mich hineinstopfe... Ich kann mich einfach nicht beherrschen!

Das mag zum Teil daran liegen, daß Sie eben zu langsam resorbierende Kohlenhydrate zu sich genommen haben, wodurch es sehr lange dauert, bis der Blutzucker so weit ansteigt, daß Sie sich eben beherrschen können. Wahrscheinlich waren Sie auf eine Unterzuckerung nicht vorbereitet, und haben den Traubenzucker (Dextroenergen) offensichtlich nicht bei sich getragen. Sollte es Ihnen in Zukunft doch wieder passieren, daß Sie bei einer Unterzuckerung viel zu viel gegessen haben, so ist dies aber nicht so schlimm (obwohl es natürlich günstiger wäre, wenn Sie in solchen Situationen „vernünftiger“ und gezielter handeln könnten). Sie brauchen aber kein

---

* In der BRD und in der Schweiz ist Traubenzucker auch anders abgepackt.

schlechtes Gewissen zu haben, wenn es Ihnen dennoch passieren sollte, daß Sie 6–7 Broteinheiten zu sich nehmen, obwohl Sie eigentlich nur 2 BE essen wollten. Vergessen Sie nur nicht, einen Teil von diesem „Berg an Kohlenhydraten", den Sie gegessen haben, mit Insulin abzudecken. Wenn es schon passiert, daß Sie bei einem „ordentlichen" Hypo an die 6 BE essen, so nehmen Sie davon 1 bis 2 – aber sicher nicht mehr als 3 – zur Korrektur des Blutzuckers; **die restlichen aber müssen natürlich mit Normalinsulin abgedeckt werden** (wobei Sie in diesem Fall ausnahmsweise das Insulin nach dem Essen spritzen, und zwar erst dann, wenn es zur Blutzuckernormalisierung gekommen ist), sofern Sie nicht am Himalaja des Blutzuckers landen wollen... Und vergessen Sie nicht: Vorbeugen ist besser als behandeln.

Ich zweifle daran, daß man einer Unterzuckerung immer vorbeugen kann!

Da haben Sie recht. Es steht Ihnen allerdings eine ganze Reihe von Möglichkeiten zur Verfügung, um weniger Unterzuckerungen zu bekommen. Gerade in Zukunft ist das für Sie von größter Bedeutung, zumal Sie sich entschlossen haben, eine gute Blutzuckersteuerung anzustreben.

Ich kenne einige Diabetiker, die sich mit Selbstkontrolle und Behandlung die größte Mühe geben und trotzdem immer wieder schwere Hypos bekommen!

Ja, es ist leider so, daß gewisse Patienten dazu neigen, schwere Unterzuckerungen zu bekommen. Diese Patientengruppe sollte daher ganz besondere Vorsichtsmaßnahmen anwenden, auf die wir noch zurückkommen werden. Auch Sie können erkennen, ob Sie selbst ein erhöhtes Risiko für schwere Unterzuckerungen haben.
Zu den **Hypoglykämie-Risikopatienten** gehören nämlich jene, die
- in der Vorgeschichte bereits Unterzuckerungen mit Bewußtlosigkeit durchgemacht haben,
- eine lange Diabetesdauer haben,
- eingeschränkte Nierenfunktion haben,
- sehr schlank sind,
- sehr ehrgeizig sind.

Die Wahrscheinlichkeit einer künftigen schweren Unterzuckerung ist besonders dann sehr groß, wenn Sie mehrere der angeführten Eigenschaften besitzen. Unserer Erfahrung nach ist etwa jeder 10. bis jeder 5. Patient (d.h. etwa 10–20% aller Typ I Diabetiker) mit besonderem Risiko für schwere Unterzuckerungen belastet.

Welche besonderen Vorbeugungsmaßnahmen sollten diese Personen treffen?

Das Allerwichtigste ist, daß Sie sich darüber klar werden, ob Sie zu der erwähnten Diabetiker-Gruppe gehören, denn das hat bereits Konsequenzen für die Therapiedurchführung. Andererseits müssen Sie auch wissen, in welchen Situationen die Unterzuckerungen häufiger hervorgerufen werden.

Was sind das für besondere Umstände?

Die sogenannten **Hypoglykämie-Risikosituationen** werden durch Verkennung der Hypo-Symptome oder durch Insulinüberdosierung hervorgerufen.
Zu diesen besonderen Risikosituationen gehören:

- Übermüdung;
- Alkoholkonsum, weil von der Leber weniger Glukose produziert wird als sonst;
- Einschränkung der Nahrungsaufnahme, weil dadurch die „Vorräte“ in der Leber schmelzen. Bei Abmagerungskuren müssen Sie daher auch die Basalrate drastisch reduzieren!
- Gebrauch von gewissen Medikamenten, wie z.B. Beta-Blockern (Hochdruckbehandlung), weil dadurch die Antwort Ihres Körpers auf Unterzucker abgeschwächt wird oder von Sympathomimetika (Asthmabehandlung), weil sie unterzuckerungsähnliche Symptome vortäuschen können und dadurch Ihre Aufmerksamkeit für echte Anzeichen eines Unterzuckers abschwächen;
- Unterlassung der Selbstmessungen, weil der Blindflug bekannterweise gefährlich ist. Auf keinen Fall sollten Sie einen vermuteten, zu hohen Zucker „nach Gefühl“ korrigieren!
- Essen von Nahrungsmitteln mit unbekanntem Kohlenhydratgehalt (Süßigkeiten!), weil dadurch die Gefahr der Fehleinschätzung des prandialen Insulinbedarfes sehr groß ist;
- Muskelarbeit ohne Diät- und/oder Insulindosis-Konsequenzen. Darauf kommen wir später noch zurück.
- Mangelnde Ausbildung im Insulingebrauch im allgemeinen, weil Sie sich durch unsachgemäße Insulinanwendung gefährden.

Welche Faktoren können ursächlich an der Entstehung der Hypoglykämie beteiligt sein?

Unter funktioneller Insulinanwendung, d.h. unter FIT, gibt es drei Ursachen (oder deren Kombinationen):

1. Zu viel Insulin zum Fasten;
2. Zu viel Insulin zum Essen;
3. Zu viel Insulin für eine Blutzuckerkorrektur.

Ad 1: Eine zu hohe Basalrate wird vorübergehend dann entstehen, wenn Sie z.B. unter körperlicher Belastung oder bei Alkoholaufnahme auf eine Kohlenhydratzufuhr verzichten. Zu viel basales Insulin kann zeitweise auch dann vorhanden sein, wenn Sie Ihr Verzögerungsinsulin über den Tag falsch verteilen (z.B. bei täglich einmaliger Ultratard HM-Spritze für die Basis).

Ad 2: Die Fehleinschätzung des prandialen Insulinbedarfs ist wohl der häufigste Grund für einen Unterzucker unter funktioneller Therapie. In der Lernphase ist es wichtig, sich zu merken, welche Insulindosis für welche Speisen angemessen war, um auch in Zukunft die Insulinmenge richtig abzuschätzen. Zu einer relativ unberechenbaren Resorption des Insulins kann eine Insulininjektion in hautverändernde Bezirke führen (z.B. Hautareal mit Fettüberwucherung durch Insulinspritzen). Ähnlich kann sich auch das Mischen von Verzögerungs- und Altinsulin auswirken. Besondere Probleme können nach prandialen Injektionen dann auftreten, wenn die Magenentleerung und die Aufnahme von Kohlenhydraten aus dem Magen-Darm-Trakt durch Nervenschädigung, wie sie manchmal bei langer Diabetesdauer zu sehen ist, verzögert ist.

Ad 3: BZ-Korrekturen mit Normalinsulin führen erfahrungsgemäß zu Unterzuckerungen, wenn ein falscher Korrekturzielpunkt gewählt wird. In den Hypoglykämie-Risikosituationen muß vorübergehend (bei Hypoglykämie-Risikopatienten permanent!) ein höheres Ziel für Korrekturen gewählt werden (etwa in der Größenordnung von 120 mg/dl vor dem Essen und bis 200 mg/dl nach dem Essen). Blutzuckerkorrekturen nach dem Essen, also relativ kurz nach dem Spritzen von paradialem Insulin, sind relativ risikoreich, zumal sich die Resorptionsgeschwindigkeit sowohl von Insulin als auch von Kohlenhydraten nicht immer voraussagen läßt. Postprandial darf die Korrektur höchstens auf einen **aktuellen** Zielpunkt vorgenommen werden und nur dann, wenn keine Korrektur vor dem Essen erfolgt ist. Vermeiden Sie „Doppelkorrekturen" des erhöhten Blutzuckers! Der Mindestabstand zwischen zwei aufeinanderfolgenden Korrekturen sollte größer als 3 Stunden sein.

Gibt es sonst noch Möglichkeiten zur Vorbeugung eines Unterzuckers?

Ja. Verwenden Sie möglichst wenig Insulin. Auf keinen Fall sollten die Unterzuckerungen durch das Verzögerungsinsulin hervorgerufen werden. Es ist günstig, die Basalrate so niedrig festzulegen, daß sie gerade noch akzeptable Nüchtern-Blutzuckerwerte erlaubt. Die Überdosierung von prandialem Insulin können Sie vermeiden, indem Sie das Insulin jeweils ausschließlich für eine einzige Mahlzeit (die Sie genau „überblicken") spritzen. Sie können zwar – um die Anzahl der Insulininjektionen pro Tag zu verkleinern – das Insulin jeweils für 2 aufeinanderfolgende Mahlzeiten (in einem Abstand, der kleiner ist als etwa 2–3 Stunden) injizieren. Das würde heißen, daß Sie das Insulin für eine Hauptmahlzeit und eine Zwischenmahlzeit, sozusagen „kumulativ", spritzen. In der Praxis müssen Sie dadurch allerdings wiederum (wie einst unter der konventionellen Insulintherapie) eine Verpflichtung für die Zwischenmahlzeiten eingehen. Was wird aber geschehen, wenn Sie dann keine Zeit oder keine Möglichkeit zum Essen haben?
Spritzen Sie doch lieber nur für eine Mahlzeit.

Ich habe von einer Einrichtung, einem Sensor gehört, der den Diabetiker bei einer Unterzuckerung warnen kann.

So etwas wäre von größter Bedeutung; denn die Gefährdung der Menschen durch mögliche Unterzuckerungen stellt heute das größte Limit in der Insulintherapie dar. Derzeit versucht man eine praktikable Einrichtung zu entwickeln, die insbesondere bei Patienten mit einer schlechten Hypo-Wahrnehmung durch verstärkte Registrierung von Symptomen, wie Abfall der Körpertemperatur, Veränderung der Schweißsekretion und der Hauteigenschaften usw., eine Alarmfunktion übernehmen könnte. Bis jedoch so eine Einrichtung für Sie erreichbar ist, könnten Sie versuchen, sich selbst einen solchen „Schrankensensor" für die Hypoglykämie einzurichten.

Ich selbst?

Wenn wir davon ausgehen, daß das Nervensystem (insbesondere das Gehirn) in seiner Funktion am empfindlichsten auf einen Blutzuckerabfall reagiert, und zur Kenntnis nehmen, daß die Glukose gerade für das Gehirn nahezu die einzige Energie-

Setzen Sie sich doch lieber realistischere Ziele …

quelle darstellt, würde sich daraus ergeben, daß empfindliche, praktikable Tests zur Erfassung der intellektuellen Leistungsminderung hier von Bedeutung sein könnten. Bedenken Sie, daß man Ihnen lange vor dem Auftreten der klassischen Hypoglykämiesymptome wie Schwitzen, Zittern, etc., meßbar nachweisen könnte, daß Ihr Vorstellungsvermögen und Ihre intellektuellen Fähigkeiten nachlassen (etwa bei einer Blutglukosehöhe zwischen 50 und 65 mg/dl). Wenn es Ihnen gelänge, diesen Zustand **routinemäßig** selbständig zu erfassen und zu behandeln, so könnten Sie gegen einen weiteren Blutzuckerabfall gefeit sein. Patienten haben uns berichtet, daß die Hypoglykämiewahrnehmung durch Training verbessert werden könne. Viele zeigen bei niedrigen Blutzuckerwerten schon lange vor dem Auftreten anderer Symptome ein typisches, führendes Symptom wie z.B. das Auftreten von bestimmten Emotionen (Angst, Depression), die keinen Zusammenhang mit der Realität haben. Die Überprüfung Ihrer Fähigkeit, eine Kopfrechnung (z.B. 7 × 14 = ?) durchzuführen, oder sich an ein Gedicht oder ein Gebet aus der Kindheit zu erinnern oder an die Telefonnummer Ihrer Oma, kann die gleiche Funktion erfüllen. Wenn Sie nicht mehr imstande sind, die erwähnten ‚Standard"-Aufgaben durchzuführen, bzw. wenn Sie unendlich lange dazu brauchen, müssen Sie das als einen Hinweis auf einen etwaigen Unterzucker bewerten und sofort den Blutzucker bestimmen! Wenn sich Ihr Verdacht als bestätigt erweist, heben Sie Ihren Blutzucker durch entsprechende Maßnahmen.

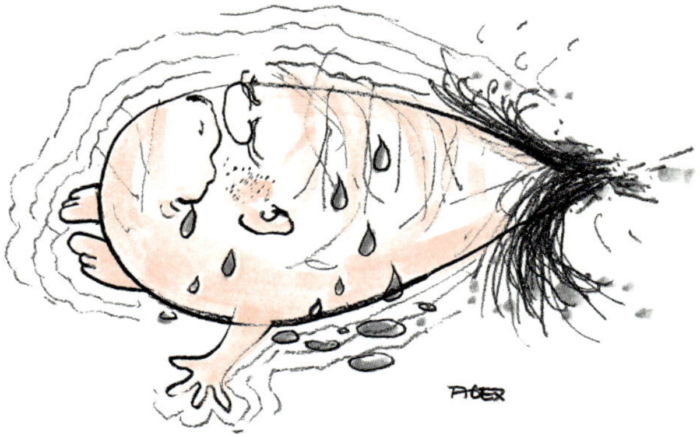

Sie haben gemeint, daß die Ehrgeizigen besonders hypogefährdet sind, – warum?

Weniger die Ehrgeizigen als vielmehr die Perfektionisten, die übersehen, daß statt konstant niedriger Blutzuckerwerte mitunter eine flexible Anpassung des angestrebten Blutglukose-Zielbereiches an die Lebensumstände notwendig ist. Trotz Ehrgeiz sollte der Blutzucker-Zielbereich jeweils je nach Situation so gewählt werden, daß eine **möglichst** gute Stoffwechselkontrolle mit **möglichst** geringem Risiko schwerer Unterzuckerungen sowie mit einem **möglichst** geringen Aufwand erreicht wird. Neuerdings wurde belegt, daß wiederholte leichte Unterzuckerungen, also Blutzuckerwerte bereits zwischen 50 – 70 mg/dl, zu einer Verschlechterung der Hypoglykämiewahrnehmung führen können. Dies geht konform mit der Erfahrung, daß Patienten, die sich eben gerne „niedrig" halten, letztlich die Hypoglykämiewahrnehmung verlieren. Eine neue Studie zeigte, daß sich – umgekehrt – eine schlechte Hypoglykämiewahrnehmung durch eine systematische Hypoglykämievermeidung relativ gut wiederherstellen läßt. Dies ist ein Trost für Hypoglykämierisiko-Patienten, sofern sie sich zu einer Änderung der Verhaltensstrategie überzeugen lassen... Für diese Gruppe haben wir zuletzt eine spezielle Schulung (zwei Nachmittage), die sich spezifisch mit Wiederherstellung der Hypoglykämiewahrnehmung und mit Hypoglykämievorbeugung befaßt, entwickelt: das Hypoglykämie-Gruppenmodul. Die vorläufigen Erfahrungen zeigen, daß dies eine Standardausbildung für alle übermäßigen Ehrgeizlinge sein sollte...

Gibt es noch Tips für Perfektionisten?

Perfektionismus in der Diabeteskontrolle ist häufig mit viel zu drastischen Korrekturen der erhöhten Blutzuckerwerte verbunden, mitunter auch mit „Doppelkorrekturen". Sollten Sie bei sich perfektionistische Züge entdecken, könnten Sie, um eine Insulinüberdosierung zu vermeiden, bewußt den Algorithmus „1 Einheit Normalinsulin senkt meinen Blutzucker um...mg/dl" vergrößern. Das heißt z. B., statt „1 Einheit senkt meinen Blutzucker um –40 mg/dl", vergrößern Sie diesen Algorithmus auf den Wert „1 Einheit senkt meinen Blutzucker um –50 mg/dl". Die für die Korrekturen des Blutzuckers errechnete Normalinsulinmenge wird dadurch geringer.

Können Sie nochmals die Maßnahmen zur Vorbeugung der Hypoglykämie zusammenfassen?

FIT ohne eingehende Ausbildung in der gesamten Problematik der Unterzuckerung sollte gar nicht versucht werden. Wichtig ist es auch zu wissen, daß funktionelle

Therapie eben nur nahe-normoglykämisch bleibt und bleiben muß. Ein Streben nach echter Normoglykämie (Blutzuckerwerte zwischen 60 und 120 mg/dl) ist mit den heutigen Mitteln weder sinnvoll (auch etwas höhere Blutzuckerwerte genügen wahrscheinlich zur Vorbeugung der Spätschäden) noch möglich. Bei Patienten mit einer besonderen Neigung zu schweren Unterzuckerungen muß ein leicht hyperglykämischer Zielbereich gewählt werden. Anders ausgedrückt: in jedem Einzelfall muß die Frage, **wie nahe-normoglykämisch** die Insulinsubstitution durchzuführen ist, individuell beantwortet werden.

Unter FIT können zur Vorbeugung folgende Schritte unternommen werden:

1. Rechnen Sie mit einem Hypo. Lernen Sie im Alltag „Hypoglykämie-Risikosituationen" als solche zu erkennen (vor dem Autofahren: immer Blutzucker messen!!!). Tragen Sie immer Zucker oder Traubenzucker bei sich („Minimalausrüstung"!).
2. Tragen Sie immer Blutzuckerstreifen bei sich, um bei Unsicherheit jederzeit Ihre Blutzuckerhöhe beurteilen zu können („Minimalausrüstung"!).
3. Nehmen Sie so wenig Verzögerungsinsulin wie möglich. Das basale Insulin darf keinen spontanen Blutzuckerabfall bei kurzfristigem Fasten hervorrufen. Nüchternwerte unter 90 mg/dl lassen auf zu viel basales Insulin schließen.
4. Nehmen Sie so wenig Normalinsulin wie möglich. Spritzen Sie am besten nur für eine Mahlzeit und korrigieren Sie Ihren Blutzucker in höchstens 3 bis 4stündigen Abständen, um Doppelkorrekturen zu vermeiden.
5. Prüfen Sie Ihren Blutzucker-Zielbereich. Bei gewissen Diabetikern und in gewissen Situationen muß ein höherer Blutzucker-Korrekturzielpunkt gewählt werden.
6. Korrigieren Sie Werte unter dem Zielpunkt unmittelbar mit rasch resorbierbaren Kohlenhydraten „nach oben", auch dann, wenn Sie keinerlei Symptome eines Unterzuckers haben.
7. Wenn Sie zu Perfektionismus neigen, setzen Sie sich lieber ein ehrgeiziges Ziel „ab jetzt keine schweren Unterzuckerungen" statt „die bestmögliche Kontrolle". Lesen Sie dieses Kapitel in den nächsten Tagen nochmals durch.
8. Trainieren Sie Ihre Hypoglykämiewahrnehmung. Sie sollten immer ein Gedicht, ein Gebet, Omas Telefonnummer oder eine Kopfrechnung auf Lager haben, die Sie als Schnelltest zur Überprüfung Ihrer intellektuellen Leistungsfähigkeit heranziehen könnten.
9. Besorgen Sie sich Glukagon, das Sie im Haushalt und wenn möglich am Arbeitsplatz haben sollten und weihen Sie Ihre Familienangehörigen und einen Arbeitskollegen ein.
10. Besprechen Sie mit Ihrem FIT-Berater, welche besonderen Vorsichtsmaßnahmen in Ihrem individuellen Fall noch angebracht sind.
11. Lernen Sie aus jedem Unterzucker. Halten Sie inne und denken Sie nach. Warum kam es dazu? Welche Konsequenzen ergeben sich daraus für die Zukunft? Genügt es, den Blutzucker zu heben oder müssen Sie auch Ihre Algorithmen der Insulindosierung verändern?
12. Sollte es Ihnen in Zukunft dennoch passieren, daß Sie eine schwere Unterzuckerung bekommen... Wenn alles vorbei ist, kommen Sie bei Ihrem erfahrenen Diabetesarzt vorbei. Lesen Sie dieses Kapitel nochmals durch. Bedenken Sie: Wenn Sie aus den Zwischenfällen nicht lernen können, so wird es immer wieder zu Hypos kommen. Lassen Sie sich in ihrer Analyse der Ereignisse von Ihrem erfahrenen FIT-Berater helfen.

9. Hyperglykämie: Überzuckerung, Insulinmangel

Hyperglykämie heißt im Gegensatz zu Hypoglykämie zu hoher Blutzucker, oder?

Das stimmt. Im engeren Sinne liegt eine Hyperglykämie immer dann vor, wenn Ihr Blutzucker über dem gewählten Blutzucker-Zielbereich liegt. Wenn Sie feststellen, daß Ihre aktuelle Blutglukose mehr als 40 – 50 mg/dl über Ihrem Zielpunkt liegt, d.h., wenn eine Korrektur mit mehr als einer Einheit Normalinsulin notwendig ist, führen Sie die Blutzuckerkorrektur unmittelbar durch.

Unter FIT kann ich einen zu hohen Blutzucker, die Hyperglykämie, jederzeit rasch mit einer Normalinsulin-Spritze beseitigen, nicht wahr?

Das ist richtig. Allerdings gibt es dazu noch eine Einschränkung. Die letzte Korrektur des Blutzuckers mit Humalog® sollte mehr als 2 (besser: 3), mit Normalinsulin mehr als 3 (besser: 4) Stunden zurückliegen . . .

...um Doppelkorrekturen zu vermeiden. Ich sollte auch mit der Nahrungsaufnahme ein bißchen abwarten, bis sich der Blutzucker normalisiert. Denn: „Iß nicht, wenn Dein Blutzucker erhöht ist!".

So ist es.

Wenn ich das schon früher gewußt hätte, wäre ich ja nie im Krankenhaus gelandet. Ich hätte mir schon viele Spitalaufenthalte „zur Neueinstellung" oder nach „Entgleisung" ersparen können. Immer wieder bin ich nach einer Grippe ins Spital gekommen, weil meine Blutzuckerwerte bei einer Verkühlung meist in die Höhe schießen...

Allerdings müssen Sie dabei beachten, daß eine Akutkorrektur des Blutzuckers allein, in solchen Situationen, die mit einer Erhöhung des gesamten Insulinbedarfes einhergehen, wie z.B. Fieber, Grippe, Operation, nicht ausreicht.

Ja, sicher. Aber das werde ich ja erkennen, wenn ich den Insulinverbrauch täglich bilanziere. Dann werde ich sehen, daß ich durch die wiederholten Blutzuckerkorrekturen am Tag, obwohl ich weniger esse, insgesamt mehr Insulin brauche als sonst.

Bei einer schweren Grippe müssen Sie damit rechnen, daß die Erhöhung des Insulinbedarfes einige Zeit andauern wird.

Wenn ich derzeit in der Summe an die 50 Insulineinheiten – Verzögerungs- und Normalinsulin zusammen – pro Tag brauche, wie hoch wird mein Insulinbedarf bei so einer Grippe mit Fieber werden?

Erfahrungsgemäß kann es bis zu einer Verdoppelung des sonst üblichen Insulinbedarfes kommen.

Das heißt, statt etwa 50 würde ich dann an die 100 Einheiten pro Tag benötigen?

Möglicherweise. Es läßt sich nicht vorhersagen. Weil Sie nun viel mehr Normalinsulin für die Korrekturen nehmen, wird es zu einem gewissen Mißverhältnis der Anteile des Verzögerungs- und des Normalinsulins kommen. Der Normalinsulinanteil wird durch Korrekturen wachsen.

Wenn ich bis jetzt 24 Einheiten Verzögerungsinsulin pro Tag gespritzt habe – morgens 12 und abends 12 – so muß ich auch die Dosierung für die Basalrate erhöhen, nicht wahr?

Das ist klar, denn sonst müssen Sie ständig den Blutzucker korrigieren. Die Basalrate, die bis jetzt richtig war, wird bei globaler Erhöhung des Insulinbedarfes „zu knapp" werden. Sie werden aber auch die Insulindosierung zum Essen erhöhen müssen.

Wenn ich also durch Grippe, Fieber oder eine ähnliche Situation erhöhten Insulinbedarf feststelle, so muß ich die Insulindosierung sowohl zum Fasten als auch zum Essen erhöhen.

So ist es. Die Frage ist nur, um wieviel Sie Ihre Algorithmen erhöhen sollen.

Das wird sich ja daraus ergeben, um wieviel sich mein Insulinbedarf insgesamt vergrößert hat. In unserem konkreten Fall hat er sich verdoppelt. Vorher benötigte ich etwa 50 Einheiten, jetzt brauche ich im Durchschnitt 100 Einheiten Insulin pro Tag. Muß ich beides, sowohl die Algorithmen für das Fasten als auch zum Essen (je 1 BE) verdoppeln?

Ja.

Jetzt verstehe ich, warum es so wichtig ist, die Summen der Insulindosierung täglich zu erstellen. Denn wenn ich nicht wüßte, wieviel Insulin ich durchschnittlich pro Tag verbrauche, könnte ich die Anpassung der Insulinalgorithmen nicht durchführen!

Richtig, erst durch tägliches Bilanzieren werden Sie merken können, wenn sich – wie bei der erwähnten Grippe – Ihr Insulinverbrauch drastisch verändert, denn selbst bei regelmäßiger Lebensweise müssen Sie mit Schwankungen des Insulinbedarfs in der Größenordnung von etwa 20% rechnen.
Stellen Sie sich vor, daß trotz identer Bedingungen, trotz identer Diät – man hat bereits so ein Experiment durchgeführt und Insulinmangel-Diabetiker bezüglich ihres Insulinbedarfes auf einigen aufeinanderfolgenden Tagen durch Anschluß an die „Beta-Zelle" untersucht – der Insulinbedarf von Tag zu Tag sehr unterschiedlich sein kann, ohne daß die Ursachen dafür unmittelbar ersichtlich sind.

Heißt das, daß ich die Ausrutscher des Blutzuckers, auch wenn ich alles richtig mache, nicht verhindern kann?

So ist es. Aber Sie können sie korrigieren! Sie sollten die einzelnen Ausrutscher nicht überbewerten.

Und ich habe immer ein schlechtes Gewissen bei hohen Werten gehabt...

Schlechtes Gewissen ist nutzlos. Korrektur ist besser. Einige Überlegungen sind wichtig, um die Situation rasch in den Griff zu bekommen. Bedienen Sie sich zur Beurteilung Ihrer Stoffwechselsituation der mittleren Blutglukose des Tages, MBG. Wenn Sie an einigen aufeinanderfolgenden Tagen eine MBG des Tages von über 160 mg/dl ausrechnen, versuchen Sie zu ergründen, was mit Ihrer Insulindosierung nicht stimmt. Dabei müssen Sie abklären, ob sich Ihr Insulinbedarf (aus welchen Gründen auch immer) nun verändert hat und ob Sie Ihre Insulindosierungs-Algorithmen verändern müssen.

Ich kann mir aber vorstellen – weil ich ja nicht tagtäglich unter identen Bedingungen im Krankenhaus immer die gleiche Diät bekomme – daß ich unter Alltagsbedingungen noch mehr Ausrutscher nach oben haben werde!

Das ist völlig richtig. Folgende Ursachen sind für einen erhöhten Blutzucker (für eine Hyperglykämie) zu unterscheiden:

1. Fehleinschätzung der Aufnahmegeschwindigkeit der Kohlenhydrate aus dem Darm: zu hoher Blutzucker nach dem Essen. Das kommt dann vor, wenn Sie einen zu kurzen Spritz-Eß-Abstand wählen und keine Anpassung der Insulinresorption vor der Aufnahme von Kohlenhydraten vorgenommen haben. Alternative: Humalog®.
2. Fehleinschätzung der Kohlenhydratmenge. Anders ausgedrückt, zu niedrige Normalinsulindosis für eine Mahlzeit. Das können Sie erst einige Stunden nach dem Essen erkennen.
3. Morgendliche Hyperglykämie: Zu niedrige Basalrate oder ein sogenanntes „dawn"-Phänomen.
4. Infektionen, Grippe, Operationen, Menstruationszyklus und andere Situationen, die zu einer globalen Erhöhung des Insulinbedarfes führen.
5. Falsche Algorithmen für die Dosierung des prandialen Insulins.
6. Relative Hyperglykämie nach einer Unterzuckerung. Die auf die sogenannte Gegenregulation zurückgehende Blutzuckererhöhung tritt jedoch unter FIT (zumindest bei sachgemäßer Verwendung von Langzeitinsulin) relativ selten auf (siehe auch S. 54).

Wenn ich mir die Ursachen der Hyperglykämie ansehe, so muß ich feststellen, daß die Veränderung der Algorithmen nur relativ selten durchgeführt werden sollte. Meistens wird es wohl genügen, den Blutzucker zu korrigieren, nicht wahr?

Das ist richtig. Ohne viel nachzudenken, können Sie wie üblich mittels einer akuten Blutzuckerkorrektur mit Normalinsulin Ihren Blutzucker wieder in den vorgewählten Zielbereich bringen. Eine sekundäre Veränderung Ihrer Algorithmen sollten Sie – nach gründlicher Überlegung – nur dann durchführen, wenn es klar ist, daß sich Ihr durchschnittlicher Insulinbedarf tatsächlich (und das für eine gewisse Zeit) verändert hat, oder wenn es ersichtlich wird, daß z.B. Ihre Basalrate nun zu knapp ist. Wir werden im Kapitel über Algorithmenveränderung noch darauf zurückkommen.

Könnten Sie das Wichtigste bitte nochmals zusammenfassen?

Ein erhöhter Blutzucker (= Hyperglykämie) kann auftreten, obwohl Ihnen an und für sich keine Fehler bei der Insulindosierung bewußt sind. Die Ursachen hiezu sind ein von Tag zu Tag schwankender Insulinbedarf, unregelmäßige Resorption des Insulins (insbesondere des Verzögerungsinsulins), in erster Linie jedoch Fehleinschätzung des prandialen Insulinbedarfes. Das macht die mehrmals tägliche Blutzucker-Selbstkontrolle notwendig. Eine kurzfristige, vorübergehende Hyperglykämie ist belanglos und sollte nicht überbewertet werden. Den erhöhten Blutzucker sollten Sie durch eine entsprechende Normalinsulinzufuhr auf den Zielpunkt korrigieren.
Sollte es augenscheinlich sein, daß sich Ihr Tagesinsulinbedarf verändert hat, bzw. daß die einzelnen Insulindosierungs-Algorithmen nicht mehr angemessen sind, so müssen Sie diese verändern.
Die Korrektur Ihrer FIT-Algorithmen (siehe nächstes Kapitel) ist allerdings viel seltener notwendig als die viel einfachere Blutzuckerkorrektur.

10. Regeln zur Algorithmenanpassung zusammengefaßt

Soll ich denn meine Algorithmen für die Insulindosierung wirklich selbständig verändern? Sollte einmal etwas nicht ganz funktionieren, so kann ich doch meinen Blutzucker in den Zielbereich bringen, indem ich gezielt Normalinsulin spritze oder Kohlenhydrate esse!

Zurückhaltung bei allfälliger Veränderung der sonst „gut funktionierenden" Algorithmen der Insulindosierung ist sicher angebracht. Solange sich die mittlere Blutglukose des Tages (MBG, stichprobenweise Messungen auch **nach** den Mahlzeiten inkludiert!) zwischen etwa 100 und 160 mg/dl (bei Hypoglykämie-Risikopatienten ist der angegebene MBG-Zielbereich etwas höher z. B. 120 bis 180 mg/dl) bewegt, und Sie ohne besondere Unterzuckerungen ein normales bzw. nahezu normales Hämoglobin A1c erreichen, besteht sicherlich kein Grund, Ihre Regeln der Insulindosierung zu verändern.

Wann soll ich die Regeln verändern?

Entweder wenn sich Ihr Tagesinsulinbedarf verändert hat, oder wenn Ihre Regeln für die Dosierung von basalem und prandialem Insulin oder für Korrekturen nicht mehr zutreffen.

Woran kann ich erkennen, daß sich der Insulinbedarf verändert hat oder die Algorithmen nicht mehr stimmen?

Aus Ihrer „Bilanzführung". **Verändern Sie nie Ihre Regeln zur Insulindosierung ohne sich Ihre Bilanz (Tagesinsulinverbrauch, Verhältnis Verzögerungsinsulin:Normalinsulin, MBG, BE/Tag) der letzten Tage angeschaut zu haben.** Wenn die MBG des Tages den erwähnten Bereich von 100 – 160 mg/dl an einem Tag überschreitet, so ist das belanglos; dies kann durch einen „Ausrutscher" nach oben oder nach unten hervorgerufen worden sein. Wenn der Zustand allerdings länger anhält und Sie mit Ihrem MBG über 160 oder unter 100 mg/dl **an drei aufeinanderfolgenden Tagen** liegen, so ist das ein Hinweis dafür, daß etwas mit Ihrer Insulindosierung nicht funktioniert! Beginnen Sie spätestens ab diesem Zeitpunkt zu überlegen, ob Sie eine sekundäre Anpassung Ihrer Insulindosierung durchführen sollten.

Was heißt sekundäre Anpassung der Insulindosierung?

Als **primäre Anpassung** der Insulindosierung können wir einfache Korrekturen des Blutzuckers entweder mit Normalinsulin (bei hohem BZ) oder mit Kohlenhydraten (bei Hypoglykämie) bezeichnen. Diese Anpassung erfolgt **ständig**, weil sie praktisch bei jeder Blutzuckermessung vorgenommen werden kann. Erfahrungsgemäß wird selbst bei richtig durchgeführter Substitution unter Alltagsbedingungen trotz relativ regelmäßiger Lebensführung bei den meisten Patienten etwa jeder zweite oder zumindest jeder dritte Blutzuckerwert außerhalb des Zielbereiches liegen und daher „korrekturbedürftig" sein.

Im Gegensatz dazu erfaßt die **sekundäre Anpassung** der Insulindosierung nicht die akuten Korrekturen des Blutzuckers, sondern die Veränderung der Algorithmen der Insulindosierung. Die Notwendigkeit einer sekundären Anpassung können Sie aus der erwähnten Bilanzführung herauslesen, wobei Sie neben einer etwaigen Erhöhung oder Senkung der MBG des Tages auch den aktuellen Tagesinsulinbedarf berücksichtigen müssen.

Wann kann es zur Veränderung des Insulinbedarfes kommen?

Mit einer **Erhöhung des Insulinbedarfes** müssen Sie rechnen bei
- akuten Erkrankungen (besonders, wenn sie mit Fieber einhergehen),
- bei Operationen,
- in der Pubertät,
- in der Schwangerschaft, und
- bei Gewichtszunahme.

Eine **Verminderung des Tagesinsulinbedarfes** kann hervorgerufen werden durch:
- Muskelarbeit (darauf werden wir noch zurückkommen),
- Gewichtsabnahme oder weniger Essen,
- Abschluß der Pubertät,
- Entbindung,
- Einschränkung der Nierenfunktion, und
- Verbesserung der Insulinempfindlichkeit und -wirkung nach Verbesserung der Stoffwechseleinstellung.

Was soll ich tun, wenn ich feststelle, daß ich nun mehr oder weniger Insulin brauche?

Sie können höchstens 3 Tage zuwarten und den Blutzucker einfach (mit Normalinsulin oder Kohlenhydraten) korrigieren. Spätestens dann (manchmal ist das viel früher möglich) müssen Sie sich die Frage stellen: „Wird der veränderte Insulinbedarf weiter bestehen?". Das kann z. B. nach einer Entbindung (hier fällt der Insulinbedarf drastisch ab), bzw. nach einem operativen Eingriff (hier ist mit einer starken Erhöhung des Insulinbedarfes zu rechnen) der Fall sein.

Wenn ich diese Frage mit „ja" beantworten kann, d.h., wenn mit einer anhaltenden Veränderung des Insulinbedarfes zu rechnen ist, wie sollen dann meine Regeln für die Insulindosierung verändert werden?

Sie müssen in jenem Verhältnis verändert werden, in dem sich der bisherige Insulinbedarf verändert hat. Wenn Sie durch die zahlreichen Korrekturen des Blutzuckers mit Normalinsulin auf eine Verdoppelung des Tagesinsulinbedarfes kommen, so müssen Sie sowohl das basale als auch das prandiale Insulin verdoppeln. Umgekehrt können Sie bei starker körperlicher Belastung nahezu mit einer Halbierung Ihrer bisherigen Dosierung rechnen. Auch Ihre Algorithmen für die Basis und für das Essen müssen daher halbiert werden. Beachten Sie, daß sich nach Beendigung Ihres Schiurlaubs oder einige Tage nach Ihrer Operation Ihr Tagesinsulinbedarf wieder „normalisieren" wird. Dann müssen Sie Ihre Regeln wieder anpassen.

Was ist bei einer Veränderung einzelner Algorithmen zu beachten?

Einzelne Algorithmen sollten Sie dann korrigieren, wenn kein sicherer Hinweis auf Veränderung Ihres gesamten Insulinbedarfes besteht und Sie trotzdem wiederholt ähnliche Probleme mit Ihrer Insulindosierung haben. Verändern Sie aber die einzelnen Regeln (Algorithmen) maximal um etwa 10 bis 20% in einem Schritt.

Wann soll man die Basalrate verändern?

Hinweise für eine zu niedrige **basale Insulindosierung** sind:

- Hohe Nüchternwerte (nächtlichen Unterzucker ausschließen);
- Ein kleiner Anteil des basalen Insulins am Tagesinsulin (z. B. wenn viel weniger als 40 % auf das Verzögerugnsinsulin entfällt);
- Häufiger Acetonnachweis im Harn;
- Häufig notwendige Blutzuckerkorrekturen ohne ersichtlichen Grund.

In diesen Fällen muß eine Erhöhung der Basalrate (im ersten Schritt: 10 – 20%) erwogen werden.

Hinweise für eine zu hohe basale Insulindosierung (= Gründe zur Verminderung der Basalrate) sind:

- Wiederholt niedrige Nüchternblutzuckerwerte. (Nur sporadisch sind tiefere Werte als 90 mg/dl erlaubt!);
- Spontaner Blutzuckerabfall über Nacht an zwei aufeinanderfolgenden Tagen;
- Hoher Anteil des basalen Insulins (über 55%) am Tagesinsulinbedarf;
- Das „in die Basalrate essen können" (Nahrungsaufnahme ohne prandiales Insulin führt nicht zur Blutzuckererhöhung), ohne daß dies durch eine körperliche Tätigkeit (Muskelarbeit) begründet wäre;
- Wiederholte Unterzuckerungen ohne erkennbare Ursache;
- Gewichtsreduktion: Ihre Leber verhält sich wie ein gefüllter Speicher. Wenn Sie abnehmen, schöpfen Sie aus diesem Speicher. Wenn dieser leer ist, wird Ihnen die sonst angemessene Basalrate zu hoch werden. Reduzieren Sie sie daher rechtzeitig!

Ich kann mich erinnern: Das Fasteninsulin soll so dosiert werden, daß es zwischen den Mahlzeiten keinen spontanen Blutzuckerabfall hervorruft. Es sollte maximal 50% der Tagesinsulindosierung ausmachen, nicht wahr?

So ist es. Weniger Normalinsulin als etwa die Hälfte der Tagesinsulindosierung kann ein Hinweis für zu niedrig angesetzte **prandiale Algorithmen** sein, besonders, wenn wiederholt hohe Werte einige Stunden nach dem Essen festzustellen sind.

Zu hohe Algorithmen für das prandiale Insulin sind zu vermuten, wenn

- wiederholte Unterzuckerungen auftreten, und
- der Anteil des Normalinsulins an der Tagesinsulindosierung weit über ca. 60 – 70% ausmacht.

Auch das prandiale Insulin sollte im ersten Schritt um maximal etwa 20% verändert werden.

Forschungsgruppe für funktionelle Rehabilitation und Gruppenschulung Wien

Institut für Biomedizinische Technik und Physik, Univ. Wien (Prof. Dr. H. Thoma)
A-1090 Wien, Währinger Gürtel 18
AKH, Leitstelle 4 L, Tel. 40 4000/19 93,
Fax 40 400/39 88

PATIENT:
Name: ... Helga G. ...
Geb.: ... Tel.-Nr.: ...
Adresse: ...
Diabetes seit: ... Gewicht: ...

Funktionelle Insulintherapie (FIT) seit ... mit ○ Insulininjektionen ○ Insulinpumpe

I N S U L I N
- BASAL (= Fastenbedarf): Früh ... 11 Ultratard / 12 AR E.
Spät Abends ... 11 Protaphan ... E.
- PRANDIAL (= zur Mahlzeit): 1 BE = ... 1,5 AR ... E.

Ziel für Blutzucker-Korrektur:
Nüchtern/Vor dem Essen: 100 mg/dl (bzw.: ......)
Nach d. Essen, 1 h: <160 (bzw.: <.....); 2 h: <140 mg/dl
MBG-Zielbereich: vor ...... bis ...... mg/dl

Korrektur: 1 E Normalinsulin senkt meinen Blutzucker um ca. –40 mg/dl. 1 BE hebt meinen Blutzucker um ca. +60 mg/dl.

THERAPIEBEISPIEL – Diät (BE): ...
– Insulin (E): ...

DATUM:

TAGESZEIT		1	2	3	4	5	6	7	8	9	10	11	12	13	14	15	16	17	18	19	20	21	22	23	24	SUMME
MO	DEPOT-I.							11 Ut																	11 P	22 44
	NORMAL-I.							8				2		4				5				3				22
12.	BZ							146						~120				~140						107		MBG 128
Okt.	BE								3			1		3					3			2				12
	KAL.																									
BEMERKUNG																										
DI	DEPOT-I.							11 Ut																	11 P	22 42
	NORMAL-I.							4			5			3		2					6			2		22
13.	BZ							86		~300						196					166			~180		MBG 185
Okt.	BE								2			1		2								3				8
	KAL.																									
BEMERKUNG																		Halsweh!								
MI	DEPOT-I.							11 Ut																	11 P	22 61!
	NORMAL-I.							8			3			8				8				8			4	39
14.	BZ							~240						~240				320				240		~160		MBG 240
10.	BE								1		2				2				1/2			2			~1	8
	KAL.																									
BEMERKUNG																Schüttelfrost, 38° C Fieber										

TAGESZEIT		1	2	3	4	5	6	7	8	9	10	11	12	13	14	15	16	17	18	19	20	21	22	23	24	SUMME
DO	DEPOT-I.																									
	NORMAL-I.								10																	
......	BZ								387																	MBG
......	BE																									
	KAL.																									
BEMERKUNG							H2+Act.																			
FR	DEPOT-I.																									
	NORMAL-I.																									
......	BZ																									MBG
......	BE																									
	KAL.																									
BEMERKUNG																										
SA	DEPOT-I.																									
	NORMAL-I.																									

Abb. 10.1 a: Helga ist seit Dienstag verkühlt. Spätestens wann (und wie) sollte sie die Algorithmenkorrektur vornehmen?

Abb.10.1b: Obwohl bereits seit Mittwoch mehrere Blutzuckerkorrekturen mit Normalinsulin vorgenommen wurden, konnte keine ausreichende Glykämiekontrolle erreicht werden: MBG liegt über 160 mg/dl. Für einen höheren Insulinbedarf spricht auch das Aceton im Urin!

Seit Mittwoch bekam Helga Antibiotika, aber das Fieber besteht weiter. Da bei einer so schweren Grippe mit dem Anhalten des erhöhten Insulinbedarfes gerechnet werden muß, müßte spätestens jetzt (neben einfachen BZ-Korrekturen) die Anpassung der bisherigen Algorithmen der Insulindosierung erfolgen. Da der Insulinbedarf um ca. ein Drittel gestiegen ist, sollte sowohl die Basalrate als auch die Dosierung je 1 BE um ein Drittel angehoben werden.

Die neue Dosierung wäre dann etwa:
Basales Insulin:
  morgens: 15 IE Ultratard HM / 3 IE Actrapid HM
  spät abends: 15 IE Protaphane HM (NPH Insulin)
Prandiales Insulin:
  je 1 BE: 2 IE Actrapid HM

Anmerkung:
Manchmal steigt der Insulinbedarf ohne so klar ersichtlichen Grund (z.B. bei Frauen manchmal vor der Regel) an. In solchen Fällen sollte spätestens am dritten aufeinanderfolgenden Tag mit MBG über 160 mg/dl an eine sekundäre Anpassung der Insulindosierung (Algorithmenkorrektur) gedacht werden.

Was ist bei Veränderung der Korrekturalgorithmen zu beachten?

Die Korrekturalgorithmen „Differenzwert der Blutglukose je 1 Einheit Normalinsulin“, bzw. „Differenzwert der Blutglukose je 1 Broteinheit“ hängen von der Höhe der basalen Insulindosierung ab. Wenn es aufgrund einer zu hohen oder zu niedrigen Basalrate zu einem spontanen Abfall oder Anstieg des Blutzuckers kommt, werden die Korrektur-Algorithmen natürlich dementsprechend verfälscht. Ist die Basalrate richtig, muß damit gerechnet werden, daß bei Patienten mit einem Körpergewicht von etwa 60 kg und einem Tagesinsulinbedarf von 40 – 60 Einheiten eine Einheit Normalinsulin den Blutzucker um ca. 40 mg/dl senkt.
Dieser Wert sollte vergrößert werden

- bei geringem (fallendem) Insulinbedarf (z. B. bei Muskelarbeit, nach Entbindung),
- vorübergehend aus Sicherheitsgründen zu Beginn der FIT und bei allen anderen Hypoglykämie-Risikosituationen, und
- dauerhaft bei Hypoglykämie-Risikopatienten.

Umgekehrt sollte dieser Wert verkleinert werden

- bei großem oder wachsendem Tagesinsulinbedarf, und
- bei großem Körpergewicht.

Was ist bei der Wahl eines geeigneten Blutzucker-Korrekturzieles noch zu beachten?

Bei jedem Diabetiker muß ein für den Betreffenden geeigneter Zielpunkt für BZ-Korrektur gewählt werden. Lassen Sie sich nicht dadurch in die Irre führen, daß auf unseren Protokollen der Blutzucker-Korrekturzielpunkt vorgedruckt wurde (vor dem Essen 100, nach dem Essen bis 160 mg/dl). Eine Erhöhung des Korrekturzielpunktes sollte

- in allen Hypoglykämie-Risikosituationen (vorübergehend), und
- bei Hypoglykämie-Risikopatienten (dauerhaft)

vorgenommen werden.

Nur selten ist die Senkung des Blutzuckerkorrekturzieles sinnvoll (Ausnahme: Schwangerschaft).

Könnten Sie bitte dieses Kapitel zusammenfassen?

Solange die mittlere Blutglukose des Tages (Werte nach dem Essen stichprobenweise eingeschlossen!) zwischen 100 (110) und 160 mg/dl liegt, gleichzeitig keine relevanten Unterzuckerungen auftreten, und maximal die Hälfte des Tagesinsulins auf das Verzögerungsinsulin entfällt, wird lediglich die **primäre Anpassung der Insulindosierung** (= Blutzuckerkorrektur) vorgenommen. Dabei werden Werte außerhalb des Zielbereichs mit Normalinsulin oder aber mit Kohlenhydraten korrigiert.

Die **sekundäre Anpassung der Insulindosierung** (= Algorithmenkorrektur) wird wesentlich seltener durchgeführt, und zwar, wenn

- es zur Veränderung des Insulinbedarfes kommt, und/oder
- die bisher angewendeten Algorithmen der Insulindosierung nicht mehr angemessen sind.

Die Veränderung der persönlichen Algorithmen soll nur dann vorgenommen werden, wenn mit der Fortsetzung des gegebenen Zustandes zu rechnen ist. Bei Erhöhung des Tagesinsulinbedarfs müssen die Algorithmen für das basale und das prandiale Insulin proportional (im selben Verhältnis) so erhöht werden, wie sich der mittlere Insulinbedarf verändert hat. Bei Abfall des Insulinbedarfes müssen diese Algorithmen entsprechend verkleinert werden.

Zur **Beurteilung der basalen Insulindosierung** sollen routinemäßig folgende Kriterien verwendet werden:

1. Die **Stabilität des Blutzuckers** unter kurzfristigem Fasten, also zwischen den Mahlzeiten;
2. Die **Nüchternwerte;**
3. Die **Tages-Insulin-„Bilanz“**, d.h. vor allem das Verhältnis Verzögerungsinsulin: Normalinsulin.

Wenn die Nüchternblutzuckerwerte trotz Erhöhung der basalen Insulindosierung auf höchstens 50% des Tagesinsulinverbrauches nach wie vor im Mittel über 140 mg/dl liegen, muß (nach Ausschluß nächtlicher Unterzuckerungen) eine Veränderung der Basalrate vorgenommen werden. Statt der Insuline vom Ultratard-Typ sind hier die NPH- oder Monotard-Insuline (spät vor dem Schlafengehen gespritzt) günstiger. Bei Verwendung von Insulinpumpen kann alternativ eine höhere Basalrate in den Morgenstunden programmiert werden (selten notwendig).

Das Basisinsulin sollte zwischen den Mahlzeiten weder einen Blutzuckerabfall noch einen Blutzuckeransieg bewirken. Es sollte möglichst niedrig dosiert werden, so niedrig, daß eine Kohlenhydrataufnahme ohne prandiales Insulin zu einem Blutzuckeranstieg führt. So niedrig, daß die Nüchternblutzuckerwerte nur selten unter 90 mg/dl liegen.

Auf das Normalinsulin (prandiales Insulin und Korrekturen) sollte durchschnittlich mehr als die Hälfte des gesamten Tagesinsulins entfallen. Richtig dosiertes prandiales Insulin gewährleistet Normoglykämie (Blutzuckerwerte im Zielbereich) einige Stunden nach einer Mahlzeit.

Bei Veränderung der einzelnen Algorithmen ist zu beachten, daß eine Wertänderung in einem Schritt lediglich um höchstens 20% erfolgen sollte.

Forschungsgruppe für funktionelle
Rehabilitation und Gruppenschulung
Wien

Institut für Biomedizinische
Technik und Physik, Univ. Wien
(Prof. Dr. H. Thoma)
A-1090 Wien, Währinger Gürtel 18
AKH, Leitstelle 4 L, Tel. 40 400/19 93,
Fax 40 400/39 88

PATIENT:
Name: Eva L.
Geb.: .... Tel.-Nr.: ....
Adresse: ....
Diabetes seit: .... Gewicht: ....

Funktionelle Insulintherapie (FIT) seit .... mit ○ Insulininjektionen ○ Insulinpumpe

INSULIN
- BASAL (= Fastenbedarf): Früh ... 10 UT ... / ... 2 AR ... E.
- Abends ... 10 UT ... E.
- PRANDIAL (= zur Mahlzeit): 1 BE = ... 1 AR ... E.

Ziel für Blutzucker-Korrektur:
Nüchtern/Vor dem Essen: 100 mg/dl (bzw.: ......)
Nach d. Essen, 1 h: < 160 (bzw.: < .....); 2 h: < 140 mg/dl
MBG-Zielbereich: von ...... bis ...... mg/dl

Korrektur: 1 E Normalinsulin senkt meinen Blutzucker um ca. – 40 mg/dl. 1 BE hebt meinen Blutzucker um ca. + 40 mg/dl.

THERAPIEBEISPIEL – Diät (BE): ....
– Insulin (E): ....

DATUM:

TAGESZEIT		1	2	3	4	5	6	7	8	9	10	11	12	13	14	15	16	17	18	19	20	21	22	23	24	SUMME
MO	DEPOT-I.	Ultratard						10												10						20 / 34
	NORMAL-I.	Actrapid						6					4							4						14
27.	BZ							174						98						110				87		MBG
3.	BE								2				3	1							4			0,5		~11
	KAL.																									
BEMERKUNG																										
DI	DEPOT-I.								10															10		20 / 34
	NORMAL-I.								6					3					2					3		14
28.	BZ								198		110			96										111		MBG
3.	BE										1			3					2			2		3		11
	KAL.																									
BEMERKUNG																				Jogging						
MI	DEPOT-I.			Wecker!					10																	
	NORMAL-I.								8																	
......	BZ				131				187																	MBG
......	BE									3																
	KAL.																									
BEMERKUNG																										

TAGESZEIT		1	2	3	4	5	6	7	8	9	10	11	12	13	14	15	16	17	18	19	20	21	22	23	24	SUMME
DO	DEPOT-I.																									
	NORMAL-I.																									
......	BZ																									MBG
......	BE																									
	KAL.																									
BEMERKUNG																										
FR	DEPOT-I.																									
	NORMAL-I.																									

Abb. 10.2a: Eva ist mit ihren Nüchternwerten nicht zufrieden. Hypos in der Nacht scheinen unwahrscheinlich. Was würden Sie an Evas Stelle machen:

(1) Mehr Ultratard abends nehmen?
(2) Mehr Ultratard morgens und abends nehmen?
(3) Statt Ultratard HM ein anderes Verzögerungsinsulin spätabends einsetzen?

Abb.10.2b: Auf Verzögerungsinsulin entfällt schon weit mehr als die Hälfte (20:34 IE) der Tagesinsulindosierung. Eine noch stärkere Erhöhung der basalen Dosierung ist daher nicht zu empfehlen.

Richtig ist die Lösung 3: Statt abends Ultratard HM, sollte ein Insulin vom NPH- (oder Monotard-Typ) spätabends vor dem Schlafengehen (anfangs in gleicher Dosierung ein wie bis jetzt Ultratard) eingesetzt werden. Dadurch können die hohen Nüchternwerte gezielt beeinflußt werden (siehe Tabelle 4.2).

Nicht günstig wäre die Lösung 1: Mit Insulinen vom Ultratard-Typ kann man einen umschriebenen Tagesabschnitt (z. B. Nüchternwerte) nicht gezielt beeinflussen, weil ihre Wirkung relativ gleichmäßig über 20 – 28 Stunden verteilt ist.

11. Muskelarbeit

Ich weiß schon, daß körperliche Betätigung einen Hypo verursachen kann, wenn ich nicht zusätzlich esse. Alternativ könnte ich die Insulindosis verkleinern. Was ist denn eigentlich besser bei Muskelarbeit: Mehr zu essen oder die Insulindosis zu verringern?

Das ist nicht so rasch zu beantworten! Es stimmt, daß Muskelarbeit meistens zu einem Blutzuckerabfall bei Insulinbehandelten führt. Allerdings gibt es da eine Ausnahme: Den Zustand des absoluten Insulinmangels. Wenn Sie sich durch Dosierungsfehler oder aus anderen Gründen in einem Zustand befinden, wo Sie zu wenig Insulin gespritzt haben, oder wenn sogar Aceton in Ihrem Harn nachweisbar ist, dann kann Muskelarbeit paradoxerweise Ihren Blutzucker sogar erhöhen und zur Verstärkung der Acidose führen. In einem solchen Zustand sollten Sie daher anstrengende körperliche Betätigung unterlassen.

Eben, jetzt kann ich aber durch eine Korrektur mit Normalinsulin oder Humalog® den Insulinmangel rasch beseitigen...

Bei Gesunden kommt es während der Muskelarbeit zur Herabsetzung der Insulinproduktion und zu einer Zunahme der Zuckerproduktion. Andererseits führt Muskelarbeit in Anwesenheit von selbst geringen Insulinmengen insulinähnlich zu einer vermehrten Zuckeraufnahme durch die Muskulatur. Bei absolutem Insulinmangel unterbleibt hingegen diese Wirkung der Muskelarbeit: Blutzucker würde durch erhöhte Zuckerproduktion in der Leber steigen (Streßhormone).

Ich hoffe aber, daß mir das nicht so häufig passieren wird! Ich werde einen etwaigen Insulinmangel schon jederzeit ausgleichen können.

Dann kommen wir zu Ihrer eigentlichen Frage zurück. Ob Sie bei körperlicher Tätigkeit Kohlenhydrate zu sich nehmen oder die Insulindosierung reduzieren sollen.

Bei körperlicher Belastung setzt der Gesunde seine Insulinproduktion herab, haben Sie gesagt...

Das ist richtig. Daraus können sich für Sie gewisse Schwierigkeiten ergeben, beispielsweise dann, wenn Sie sich entscheiden, ein Fußballmatch zu spielen, Ihr Verzögerungsinsulin allerdings schon gespritzt haben...Dann können Sie sich aus Ihrer Basalrate nichts „herausschneiden". Sie können nun Ihren Insulinspiegel für dieses Fußballmatch nicht mehr senken wie der Gesunde es täte...

Dann muß ich etwas dazu essen?

Ja. Grundsätzlich ist daher zu empfehlen: Bei einer kurzfristigen, sporadischen, unvorhergesehenen körperlichen Belastung essen Sie bitte Kohlenhydrate ohne prandiales Insulin.

Wieviel Kohlenhydrate sind angebracht?

Das hängt von Ihrem aktuellen Insulinspiegel (wann haben Sie wieviel Normalinsulin gespritzt?), von der Belastungsdauer und -intensität ab. Üblicherweise müssen etwa 2, manchmal sogar 3 Broteinheiten (bei hoher Belastungsintensität und hohem Insulinspiegel) pro 1 Stunde Bewegung „in die Basalrate gegessen werden", um den Blutzucker stabil zu halten. Bei einer kurzdauernden körperlichen Belastung (Fußballspiel, Tennismatch, Fensterputzen, etc.), sollten Sie sowohl vor als auch nach der Muskelarbeit Blutzucker messen, um sicherzustellen, daß Ihre Maßnahmen richtig waren. Es ist auch wichtig zu wissen, daß es noch viele Stunden nach der Belastung zu einem Blutzuckerabfall durch Verminderung des Insulinbedarfes kommen kann.

Bei einer geplanten, langfristigen, körperlichen Belastung sollte ich die Insulindosierung reduzieren?

So ist es, zumal es mit Sicherheit zu einem Abfall des gesamten Tagesinsulinbedarfes kommen wird. Erfahrungsgemäß wird eine intensive, lang anhaltende körperliche Belastung etwa bis zu einer Halbierung des bisherigen Insulinbedarfes führen.

Dann müßte ich auch – nach den Regeln für Algorithmenveränderung – mein basales und prandiales Insulin halbieren?

Das ist bedingt richtig. Sie wissen ja nicht, wieviel Insulin pro Tag Sie bei einer bestimmten Belastung tatsächlich brauchen. Sie wissen nicht, wie hoch Ihr Tagesinsulinbedarf sein wird, wenn Sie z.B. den ganzen Tag Schilanglaufen, oder wie hoch er ist, wenn Sie Erdbeeren pflücken. Sie können dann am ersten Tag Ihrer länger anhaltenden, geplanten Belastung einfach die Regeln für „kurzfristige, ungeplante" Belastung anwenden. Nehmen Sie etwa 1–2 Broteinheiten pro Stunde Belastung „in die Basalrate", ohne prandiales Insulin. Machen Sie die üblichen Blutzuckerkontrollen am Tag und erfassen Sie am Abend Ihren neuen Tagesinsulinbedarf. Treffen Sie gleich Entscheidungen bezüglich der künftigen Algorithmenanpassung. Verkleinern Sie alles um den Prozentsatz, um den sich Ihr durchschnittlicher Tagesinsulinbedarf verkleinert hat. Vergessen Sie nicht, eine weitere Algorithmenanpassung durchzuführen, wenn Ihr Urlaub vorbei ist!

Ich will nun kurz zusammenfassen:
Sofern kein absoluter Insulinmangel vorliegt, wirkt die Muskelarbeit „insulinähnlich". Das kann entweder durch zusätzliche Kohlenhydratzufuhr oder durch Reduktion der Insulindosierung ausgeglichen werden.

- bei **kurzfristiger**, ungeplanter körperlicher Betätigung ist eher eine Kohlenhydrataufnahme ohne prandiales Insulin sinnvoll (in der Größenordnung 1–2, höchstens 3 BE pro 1 Stunde Muskelarbeit).
- Bei **langfristiger**, geplanter körperlicher Tätigkeit ist es besser (evtl. erst nach Erfassung des neuen Tagesinsulinbedarfes), besonders das basale, später auch das prandiale Insulin proportional so zu vermindern wie sich der Tagesinsulinbedarf verkleinert hat (meist um ca. 30 bis 50 %).

Ob die gesetzten Maßnahmen zur Vermeidung eines Blutzuckerabfalls angemessen waren, muß mit verstärkten Selbstkontrollen abgesichert werden. Manchmal kommt es bei abrupter und sehr anstrengender Bewegung zu einem paradoxen Blutzuckeranstieg (Zuckerproduktion in der Leber steigt, Streßhormone). Nur schwach korrigieren!

Forschungsgruppe für funktionelle Rehabilitation und Gruppenschulung
Wien

Institut für Biomedizinische Technik und Physik, Univ. Wien
(Prof. Dr. H. Thoma)
A-1090 Wien, Währinger Gürtel 18
AKH, Leitstelle 4 L, Tel. 40 400/19 93,
Fax 40 400/39 88

PATIENT:

Name: Peter D.
Geb.: .... Tel.-Nr.: ....
Adresse: ....
Diabetes seit: .... Gewicht: ....

Funktionelle Insulintherapie (FIT) seit .... mit ☒ Insulininjektionen ○ Insulinpumpe

INSULIN
- BASAL (= Fastenbedarf): Früh 13 UT / 4 AR E.
  Abends 12 UT E.
- PRANDIAL (= zur Mahlzeit): 1 BE = 1,2 AR E.

Korrektur: 1 E Normalinsulin senkt meinen Blutzucker um ca. – 30 mg/dl. 1 BE hebt meinen Blutzucker um ca. + 50 mg/dl

Ziel für Blutzucker-Korrektur:
Nüchtern/Vor dem Essen: 100 mg/dl (bzw.: ......)
Nach d. Essen, 1 h: < 160 (bzw.: < .....); 2 h: < 140 mg/dl
MBG-Zielbereich: von ...... bis ...... mg/dl

THERAPIEBEISPIEL – Diät (BE): ....
– Insulin (E): ....

DATUM:

TAGESZEIT		1	2	3	4	5	6	7	8	9	10	11	12	13	14	15	16	17	18	19	20	21	22	23	24	SUMME
MO	DEPOT-I.	Ultratard							13												12					25 / 79
	NORMAL-I.	Actrapid							10		4			5									3			22
10.	BZ								146							110					~60				~120	MBG 109
Juli	BE								~3		3			4		2					1		3			16
	KAL.																									
BEMERKUNG																Fußball										
DI	DEPOT-I.								13														12			25 / 55
	NORMAL-I.								8			5			6					6			4		1	30
11.	BZ								97			147						~100					~120		184	MBG 130
7.	BE									3			4		5					5			3			20
	KAL.																									
BEMERKUNG																										
MI	DEPOT-I.					13																		10		23 / 34
	NORMAL-I.					4					HYPO		3						4							11
12.	BZ	ab heute				120					(H)		~130					87						67		MBG 101
7.	BE						2		1		2		5			2			4			(K.O.)	2			18
	KAL.	Ferienjob:																								
BEMERKUNG						Fließbandarbeit – 8 Stunden! täglich																				
DO	DEPOT-I.	sekundäre Anpassung!				8																	8			16 / 32
	NORMAL-I.					3								3					4			6				16
13.	BZ					68							~	120					~80			110				MBG 94
7.	BE						3		1		1			4					5			6	2			22
	KAL.																									
BEMERKUNG								Fließband																		
FR	DEPOT-I.					8																				
	NORMAL-I.					4																				
......	BZ					134																				MBG
......	BE						3																			
	KAL.																									
BEMERKUNG																										
SA	DEPOT-I.																									
	NORMAL-I.																									

Abb. 11.1 a: Peter D., ein Soziologiestudent, reagiert klugerweise anders auf eine kurzfristige körperliche Bewegung (Montag: Fußball) als auf eine längerfristige, anhaltende schwere körperliche Tätigkeit am Fließband (Ferienjob ab Mittwoch).

Welche Maßnahmen wurden

(1) beim Fußballmatch (am Montag)
(2) bei der Arbeit am Fließband (ab Mittwoch-Donnerstag)
getroffen?

Abb. 11.1b:

Ad 1: Am Montag, beim Fußballspiel (kurzfristige Muskelarbeit) wurden vermehrt Kohlenhydrate (1 bis 2 BE „extra" je 1 Stunde Bewegung) aufgenommen. Vor und nach dem Spiel wurde Blutzucker gemessen. Zum Abendessen (die Wirkung der körperlichen Tätigkeit kann über längere Zeit anhalten!) wurde aus „Sicherheitsgründen" nur sehr „knapp" zum Essen dosiert.

Ad 2: Ab Mittwoch arbeitet Peter am Fließband (Ferialjob). Es stellte sich auch sofort heraus, daß die Insulindosierung nun bei so viel Bewegung zu hoch war. Trotz „Essen in die Basalrate" kam es um 10 Uhr zu einem Hypo. Da nicht vorausgesagt werden konnte, daß die Arbeit so schwer sein würde, wurde am ersten Tag dieser Tätigkeit, die nun für längere Zeit geplant war, lediglich die Regel für kurzfristige Belastung (1 – 2 BE/1 Stunde Bewegung) angewendet.

Am Abend genügte ein Blick auf die Tagesbilanz. Trotz reichlicher Nahrungsaufnahme war es zu einer Reduktion des Tagesinsulinbedarfes um ca. ein Drittel gekommen. Da diese Arbeit für längere Zeit geplant war, wurde nun entsprechend der Veränderung des Insulinbedarfes die Algorithmenanpassung durchgeführt: Sowohl die basale als auch die prandiale Dosierung wurde um ein Drittel reduziert!

12. Sondersituationen

Gibt es überhaupt „Sondersituationen" unter FIT? Ich kann ja meinen Blutzucker jederzeit in den Zielbereich bringen! Da kann man doch unmöglich entgleisen!

Vom Standpunkt Ihrer Stoffwechselkontrolle aus wäre das Schlimmste, was Ihnen passieren könnte, daß Sie Ihrer Fähigkeit zum „Steuern" des Blutzuckers beraubt werden.

Was könnte mir passieren, wenn ich plötzlich kein Selbstkontroll-Material mehr habe oder man mir meine Insuline entwenden würde?

Sie sollten sich daher vor solchen Situationen hüten.

Sicherlich, was soll ich aber machen, wenn ich (z.B. während einer Auslandsreise) nach einem Diebstahl plötzlich ohne Handtasche, ohne Gepäck und ohne „Minimalausrüstung" dastehe?

Versuchen Sie, Ihre „Minimalausrüstung" so schnell wie möglich zu bekommen.

Sie haben dort aber sicher ganz andere Insuline?!

Für Ihre Basis können Sie ruhig irgendein Verzögerungsinsulin nehmen. Vermeiden Sie aber nach Möglichkeit Mischinsuline, ich rufe in Erinnerung: Das sind fertige Mischungen von Verzögerungs- und Normalinsulin. In einer solch außergewöhnlichen Situation brauchen Sie die Insulinherkunft, ob es sich um ein tierisches oder um ein Humaninsulin handelt, nicht zu beachten. Nehmen Sie für Ihre „Basis" das Verzögerungsinsulin, welches Sie bekommen können, und dosieren Sie es wie Ihr bisheriges Fasteninsulin, d.h. annähernd gleiche Portionen 2mal täglich.

Und wenn ich überhaupt kein Verzögerungsinsulin bekomme?

Zur Not können Sie Ihre Basis auch mit Normalinsulin herstellen. Zu diesem Zweck müssen Sie sich allerdings ausrechnen, wieviel Insulineinheiten Sie etwa pro Stunde brauchen. Angenommen, Sie haben bis jetzt 24 Einheiten pro 24 Stunden für das Fasteninsulin gebraucht – Sie haben nämlich morgens 12 und spätabends 12 Einheiten NPH-Insulin gespritzt – so wissen Sie, daß Sie zum Fasten pro Stunde etwa 1 Einheit Insulin brauchen. Wenn Ihnen nur Normalinsulin zur Verfügung steht, so brauchen Sie, auch wenn Sie nichts essen würden, pro Stunde 1 Einheit Insulin. Weil das Normalinsulin nur wenige Stunden wirkt, müßten Sie es alle 4–6 Stunden spritzen, z.B. zumindest 4mal täglich etwa 6 Einheiten Normalinsulin im Fastenzustand. Wenn Sie aber noch essen wollen, verwenden Sie das Insulin noch zusätzlich für die Mahlzeit wie gewohnt.

Ohne Möglichkeit der Blutzucker-Selbstkontrolle bin ich allerdings erledigt...

Versuchen Sie, zur Überbrückung zu irgendwelchen Selbstkontroll-Materialien zu kommen. Sie können vorübergehend auch die Harnzucker-Selbstkontrolle als Ersatzmöglichkeit nützen. Versuchen Sie sich harnzucker-negativ zu halten.

Wenn ich aber auch keine Harnzuckerstreifen auftreiben kann?

Dann können Sie nur Ihre Symptome zur Erfassung der Blutzuckerhöhe verwenden. Sie können (vorsichtig!) versuchen, wenige Einheiten Normalinsulin mehr zu spritzen, um festzustellen, ob Sie dann in eine Hypoglykämie hineingeraten. Achten Sie besonders auf Hyperglykämiezeichen wie häufiges Harnlassen, Austrocknungserscheinungen, etc. Bedenken Sie nur, daß jene Zeit, in der Sie ohne Selbstkontroll-Material und ohne geeignete Insuline dastehen, für Sie gefährlich ist. Versuchen Sie um jeden Preis, möglichst bald zu einer entsprechenden Ausrüstung und zu ärztlicher Hilfe zu kommen.

Besonders schlimm wäre es, wenn ich dazu auch noch krank werden würde – ich bin nicht sicher, ob ich mich da um alles selbst kümmern könnte...

Neben dem Fehlen der „Minimalausrüstung" ist das Fehlen Ihrer Fähigkeit zur Selbstkontrolle und Selbstbehandlung eine weitere schlimme Situation, in die Sie hineingeraten können. Wenn Sie sich bewußt werden, daß Sie nicht mehr imstande sind, die Verantwortung für sich selbst zu tragen, so suchen Sie sofort einen Helfer. Ihr Diabetes-Arzt ist froh und zufrieden, solange Sie sich selbst versorgen können. Sollte es aber einmal dazu kommen, daß Sie dazu nicht mehr in der Lage sind, teilen Sie es bitte eindeutig mit. Ab diesem Zeitpunkt lassen Sie die anderen für Sie sorgen.

Heißt das, daß ich dann ins Spital muß?

Meistens ja – sofern keine andere Lösung gefunden werden kann. Glauben Sie nur nicht, daß Ihnen ein etwaiger Aufenthalt im Spital – z.B. nach einem Beinbruch – bei sonst gutem Zustand erlaubt, auf die Selbstkontrolle und Selbstbehandlung zu verzichten ... Nur wenn Sie sehr krank sind, muß das jemand anderer für Sie tun. Wenn es Ihnen aber gut geht, sollten Sie Ihre Selbstbehandlung in Zusammenarbeit mit den betreuenden Ärzten auch im Krankenhaus fortsetzen. Zeigen Sie Ihre Protokolle der Insulin-Selbstdosierung. Wenn notwendig, schlagen Sie eine sekundäre Algorithmenanpassung vor. Das ist besonders wichtig, wenn Sie nach einer Operation, bzw. nach einem Beinbruch etc. mit einer Erhöhung des Insulinbedarfes rechnen.

Ich kenne jemanden, einen Diabetiker, dem auf einer chirurgischen Abteilung nach einem kleinen Eingriff gesagt wurde, daß 5 Blutzucker-Selbstmessungen pro Tag unzumutbar viel seien, und daß er sich am besten überhaupt nicht mit Insulin beschäftigen soll. Konkret hat man ihm vorgeschlagen, 2mal täglich ein Verzögerungsinsulin zu spritzen und sonst nichts zu tun.

Eine Selbstbehandlung ist nur dann möglich, wenn der Betroffene über eine entsprechende Ausbildung verfügt. Nur wenige Patienten werden sich daher nach einem chirurgischen Eingriff selbst versorgen und eine Insulinsubstitution richtig durchführen können. Wundern Sie sich nicht, daß viele Ärzte es kaum gewohnt sind, daß sich der insulinabhängige Patient selbst behandelt. Sie können aber sicher anhand Ihrer Protokolle und mit Hilfe weniger Erklärungen Ihre Ärzte davon überzeugen, daß Sie wirklich für sich selbst zuständig sein können. Wenn man Ihnen Selbstkontrollen nicht

gestattet, so sprechen Sie mit dem Abteilungsleiter oder der Stationsschwester. Wenn Sie auch hier kaum auf Verständnis stoßen, wechseln Sie die Abteilung.
Alle diese Probleme können Sie vermeiden, wenn Sie sich – sofern Sie alles planen können – vor einer Aufnahme aufklären lassen, welche Behandlung, welcher Eingriff notwendig ist und wo diese Maßnahmen am günstigsten durchgeführt werden können. Da es in der Medizin manchmal unterschiedliche Meinungen gibt, können Sie sich auch von zwei verschiedenen Ärzten beraten lassen und sich deren Meinungen anhören.

Ich hoffe aber, daß ich nicht mehr, wie es mir bis jetzt immer wieder passiert ist, bei einer Grippe oder bei einer Verkühlung mit Fieber aufgrund einer Entgleisung ins Spital muß.

Wenn Sie verkühlt sind oder Grippe haben, so rechnen Sie mit einer globalen Erhöhung des Insulinbedarfes. Es ist nicht ungewöhnlich, daß sich in solchen Situationen oder unter anderen ähnlichen Umständen, z. B. nach einer Operation, der Insulinbedarf verdoppelt. In welchem Ausmaß der Insulinbedarf steigen wird, läßt sich aber nicht vorhersagen.

Deswegen werde ich zuerst einfach den Blutzucker korrigieren – die primäre Anpassung der Insulindosierung durchführen.

Und wenn Sie feststellen, daß es tatsächlich zu einer Veränderung des Insulinbedarfes gekommen ist, dann führen Sie die sekundäre Anpassung der Insulindosierung durch: die Algorithmenkorrektur. Seien Sie aber vorsichtig, wenn die Sache vorbei ist. Sie müssen dann mit der höheren Dosierung wieder schrittweise zurückgehen!

Gibt es außer dem mittleren Blutzucker des Tages und dem durchschnittlichen Insulinbedarf noch Hinweise darauf, daß ich eine Algorithmenanpassung – die sekundäre Anpassung der Insulindosierung – machen sollte?

Sehr wichtige Hinweise ergeben sich aus der Acetonausscheidung im Harn. Wenn Sie einen einfachen Dosierungsfehler ausschließen können (z. B. wenn Sie vergessen haben, die Basalrate zu spritzen), gibt ein positiver Acetonnachweis bei hohem Blutzuckerwert Auskunft darüber, daß tatsächlich ein absoluter Insulinmangel, d. h. eine viel zu niedrige Insulindosierung vorliegt. Hier sollten Sie Ihre Insulindosierung auf jeden Fall erhöhen und eine Algorithmenanpassung vornehmen, sofern der Acetonnachweis nicht z. B. aus einem relativen Hungerzustand (hier wären die Blutzuckerwerte allerdings niedrig) resultiert.

Heißt das nun, daß ich bei einer plötzlichen Erkrankung auf jeden Fall meinen Harn auf Aceton testen sollte?

Richtig. Auf jeden Fall immer dann, wenn Sie mit einer Zunahme des Insulinbedarfes rechnen, wie z. B. bei Fieber oder in vergleichbaren Situationen. Besonders, wenn der Blutzucker hoch ist.

Vor Zuständen, bei denen ich nicht mehr essen kann, also vor Erkrankungen mit Erbrechen, fürchte ich mich nicht mehr – am Fasttag habe ich das Fasten gelernt.

Vergessen Sie nur nicht, daß auch solche Erkrankungen mit einer Erhöhung des Insulinbedarfes einhergehen können. Klarerweise sollten Sie auf jeden Fall das Fasteninsulin spritzen und in weiterer Folge anhand Ihrer Blutzuckerwerte noch eine entsprechende Blutzuckerkorrektur – falls notwendig – machen.

Könnte ich nun, da ich fasten kann, gezielt Gewicht abnehmen?

Wenn Sie unbedingt wollen, so können Sie Ihre Nahrungsaufnahme einschränken. Es ist sehr wichtig, dann auch die Basalrate zu reduzieren. Wie Sie bereits wissen, verschwinden beim Fasten Ihre „Speicher". Die Zuckerproduktion durch die Leber wird geringer. Somit wird die sonst angemessene Basalrate zu hoch werden. Bei einer Reduktion des basalen Insulins gehen Sie immer von der Tagesinsulindosierung aus. Vergessen Sie nicht, daß auf die Basis wirklich nicht viel mehr als etwa 50% des Tagesinsulins entfallen sollte. Noch etwas: Wenn Sie Gewichtsprobleme haben, würde es sicher günstig sein, mit Ihrem Diabetes-Arzt darüber zu sprechen. Statt radikaler Kurzdiäten ist eine systematische Veränderung Ihrer Ernährungsgewohnheiten grundsätzlich günstiger.

Wenn man abnehmen will, ist es wahrscheinlich am besten, die Fettaufnahme zu reduzieren, weil Fett die meisten Kalorien enthält.

Richtig. Es würde Ihnen auch helfen, wenn Sie im Falle eines Abmagerungsversuchs Ihre tägliche Kalorienaufnahme zusammenzählen und überwachen würden. Manchen genügt aber eine einfache Veränderung der Ernährung, und Essen von Gemüse und Obst statt „guter" und fetter Speisen, die in unserer Küche so oft vorkommen.

Sind irgendwelche Sondermaßnahmen notwendig, falls man eingeladen ist und gar nicht weiß, was man zu essen bekommt?

Sie werden ja Ihre Minimalausrüstung mithaben. Schauen Sie sich an, was es zu essen gibt, und spritzen Sie für das, worauf Sie Appetit haben. Vergessen Sie aber nicht auf die Selbstkontrolle! Gerade in allen Sondersituationen gilt immer: Mehr statt weniger Selbstkontrollmessungen!

Das ist zwar logisch, weil ich mich ja leicht verschätzen kann, aber sicher nicht immer leicht zu machen! Wie soll ich denn die 4–5 Blutzuckermessungen täglich durchführen, wenn ich wichtige und schwere Aufgaben zu erfüllen habe, wie z.B. während einer Matura oder bei einer Fließbandarbeit oder wenn ich Auto fahre?

Hier gibt es eine einfache Antwort. Wenn Sie so leben wollen wie Stoffwechselgesunde, dann sollten Sie imstande sein, Ihren Insulinmangel auszugleichen. Wenn Sie bis jetzt nicht akzeptiert haben, daß eine optimale Substitution die konsequente Selbstkontrolle – praktisch unabhängig von Ihrer Lebenslage – erfordert, so ist FIT nicht die richtige Behandlung für Sie. Es steht Ihnen völlig frei, den üblichen Weg der konventionellen Insulinbehandlung zu wählen, wo Sie regelmäßig spritzen, regelmä-

ßig essen, sich regelmäßig von Ihrem Arzt die Insulinverschreibung holen, und wo Sie von der Selbstverantwortung in der Behandlung erlöst sind.
Sollten Sie sich allerdings für das Gegenteil entscheiden, für Selbstverantwortung und Selbststeuerung, so müssen Sie die Konsequenzen ziehen. Es klingt übrigens auch kaum glaubwürdig, daß Sie es nicht schaffen würden, in einer wie immer gearteten Situation für 2 Minuten zu verschwinden und entsprechende Selbstkontrollen und Maßnahmen zu treffen.

Ich werde es schon schaffen...Meine unregelmäßige Art zu leben wird mir allerdings sicher Schwierigkeiten bereiten. Das Problem ist, daß ich am Wochenende länger schlafen möchte und mich auch kaum bewegen will. Im Gegensatz dazu muß ich unter der Woche körperlich schwer arbeiten.

Das sind 2 voneinander zu trennende Probleme. Einerseits möchten Sie zu unterschiedlichen Zeiten aufstehen und andererseits haben Sie eine unregelmäßige Lebensweise, insofern als Sie sich von Tag zu Tag körperlich unterschiedlich anstrengen.

Wenn man zu unterschiedlichen Zeiten aufstehen möchte, ist es dann nicht besser, das Verzögerungsinsulin nur 1mal spätabends zu spritzen statt sich dazu auch morgens zu verpflichten?

Ein 1mal tägliches Spritzen von Langzeitinsulin für die Basalrate hat eine ganze Reihe von Nachteilen, die den Wegfall von einer Injektion täglich für das Verzöge-

Abb. 12.1: Vorteile und Nachteile der 1mal oder 2mal täglichen Verabreichung von Verzögerungsinsulinen für die Basalrate.

1mal täglich	2mal täglich
Vorteile	
• 1 Injektion	• Injektionszeitpunkte verschiebbar („Überlappung“) • Gleichmäßigere „Basalrate“ Weniger Schwankungen durch Insulin-Resorptionsunterschiede
Nachteile	
• Injektionszeitpunkt fixiert • Größeres Injektionsvolumen • Ungleichmäßige Basalrate und ausgeprägtes Wirkungsmaximum meist in den frühen Morgenstunden • (Hypoglykämiegefahr besonders nachts!) • Größere Stoffwechsel-Labilität durch variable Resorption des Insulins	• 2 Injektionen

rungsinsulin morgens überwiegen. Der Vergleich von Vor- und Nachteilen bei einer 1mal täglichen bzw. bei einer 2mal täglichen Verabreichung von Verzögerungsinsulin wurde in der Abb. 12.1 zusammengestellt.

Nun gut. Es ist offensichtlich besser, das Verzögerungsinsulin 2mal täglich zu spritzen. Gibt es irgendwelche Maßnahmen, um den morgendlichen Blutzuckeranstieg zu verhindern, falls man am Wochenende 1mal länger schlafen möchte?

Wenn Sie zu unterschiedlichen Zeiten aufstehen, ist es günstiger, grundsätzlich immer spätabends Intermediärinsuline (NPH- oder Monotard-Typ) zu spritzen statt Langzeitinsuline vom Ultratard-Typ. In der Früh kann dann das Langzeitinsulin (Ultratard) belassen werden. Auf jeden Fall würden wir Ihnen empfehlen, den Blutzucker (wie immer) nüchtern zu kontrollieren und zu korrigieren, sofern es zu einem Blutzuckeranstieg gekommen ist. Und versuchen Sie, nicht gerade bis zu Mittag zu schlafen...Vielleicht schaffen Sie es, sich zumindest das morgendliche Basal-Normalinsulin rechtzeitig zu spritzen. Vergessen Sie nicht, daß Ihre Leber morgens vermehrt Zucker produziert, ob Sie es wollen oder nicht.

Was soll man machen, wenn die körperliche Belastung von Tag zu Tag stark variiert? Wenn zwischen Arbeitstagen und Feiertagen sehr große Unterschiede bestehen?

Sammeln Sie ein bißchen Erfahrung und führen Sie regelmäßig die üblichen Blutzuckerkorrekturen durch. In diesen Fällen ist die sekundäre Anpassung der Insulindosierung unerläßlich, d.h. Sie werden unter unterschiedlichen Bedingungen der körperlichen Aktivität auch unterschiedliche Algorithmen der Insulindosierung brauchen. Ein 19jähriger Schmied löste sein Problem z.B. so, daß er an Tagen ohne körperliche Belastung seine Algorithmen sowohl für das Fasteninsulin als auch für das prandiale Insulin (entsprechend dem Tagesinsulinbedarf) einfach verdoppelte. Sein Tagesverbrauch war am Wochenende etwa bei 80 – 100 Einheiten Insulin, an Arbeitstagen jedoch nicht einmal 40 Einheiten pro 24 Stunden.

Eigentlich wollte ich immer – allerdings nur für kurze Zeit – auch einmal eine steuerbare Insulinpumpe ausprobieren. Was mich aber erschreckt, ist die Tatsache, daß ich das Gerät ja ständig am Körper tragen muß. Kann die Pumpe für kurze Zeit weggelegt werden?

Es gibt Unterschiede zwischen FIT mittels Pumpe und FIT mittels Injektionen. Wenn Sie die Pumpe weglegen wollen, so müssen Sie berücksichtigen, daß Sie keinerlei Insulindepots unter der Haut haben. Die Pumpe führt ja lediglich Normalinsulin zu. Wenn Sie die Pumpe nur für wenige Stunden weglegen, können Sie die Basis mittels Normalinsulin ersetzen. Für den Fastenbedarf spritzen Sie nach Weglegen der Pumpe soviele Einheiten pro Stunde wie die Pumpe bis jetzt (pro Stunde) zugeführt hat. Bei einer Insulinzufuhr für eine Basalrate von z.B. 24 IE pro 24 Stunden werden Sie also etwa eine Einheit pro Stunde brauchen. Wenn Ihre Basalrate allerdings viel komplexer und zeitlich gesehen für umschriebene Zeitabschnitte höher oder niedriger war, so müssen Sie auch das berücksichtigen. Es ist auch nur selten notwendig, eine so komplizierte Basalrate zu programmieren. Bei der erwähnten Dosierung von 1 Einheit pro Stunde würden Sie bei Weglegen der Pumpe für 3 Stunden vorher 3 Einheiten Insulin spritzen müssen. Wenn Sie essen wollen, müs-

FIGER

sen Sie auch das Insulin für das Essen spritzen. Auch die Korrekturen bleiben Korrekturen, auch diese müssen wie üblich gespritzt werden. Wenn Sie die Pumpe für länger als 12 Stunden weglegen, z. B. für eine Nacht oder für ein Wochenende, so können Sie FIT fortsetzen, indem Sie für die Basis ein NPH-Insulin nehmen. Alle anderen Prinzipien bleiben gleich. Eventuell sollten Sie berücksichtigen, daß der Insulinbedarf bei Pumpenbehandlung, d. h. wenn das gesamte Insulin ausschließlich als Normalinsulin verabreicht wird, häufig niedriger ist (um etwa 10 – 20% pro 24 Stunden) als bei Insulinersatz mit Injektionen (u.a. von Verzögerungsinsulin).

Was ist bei Zeitverschiebungen, z. B. bei einer Reise nach Amerika zu berücksichtigen?

Beim Hinflug kommt es zu einer „Verlängerung" des Tages um etwa 8 Stunden, beim Rückflug zu einer „Verkürzung". Mit einer Insulinpumpe (mit konstanter Basalrate) brauchen Sie nicht einmal nachzudenken, was Sie nun unternehmen sollen, denn die Basalrate wird sich durch die Zeitverschiebung nicht verändern. Bei FIT mittels Injektionen wird Ihnen beim Hinflug die Basalrate vielleicht zu niedrig werden, wenn Sie den Abstand zwischen den darauffolgenden Injektionen „auseinanderziehen". Aber Sie werden doch Ihre üblichen Selbstkontrollen durchführen und einen etwaigen Blutzuckeranstieg dann dementsprechend korrigieren. Beim Rückflug könnte es durch die rascher aufeinanderfolgenden Injektionen für die Basis zur Entstehung einer zumindest für eine umschriebene Zeit zu hohen Basalrate kommen. Das sollten Sie vermeiden und deswegen können Sie die Menge des Verzögerungsinsulin vor dem Rückflug vielleicht auf 50% der üblichen Menge verkleinern. Daß Selbstkontrollen und entsprechende Korrekturen notwendig sind, versteht sich wohl von selbst.

Was könnte mir denn sonst noch alles passieren? Ich hoffe, daß ich jetzt gegen so ziemlich alles gefeit bin!

Zusammenfassend: Es ist wichtig, in allen „Sondersituationen" FIT so fortzusetzen, daß (den gegebenen Umständen entsprechend) weiterhin voneinander getrennt folgende Komponenten ersetzt werden:

1. das Fasteninsulin,
2. das Mahlzeiteninsulin,
3. die Steuerung im System, die aus Selbstkontrolle und Blutzuckerkorrektur besteht.

Auch aus schlimmen Abenteuern kann man Nutzen ziehen, indem man sie zur Analyse der Situation oder der eigenen Fehler heranzieht und daraus entsprechende Konsequenzen für die Zukunft zieht.

Wenn man nicht mehr imstande ist, die Behandlung selbständig weiter fortzusetzen, so muß dies den anderen mitgeteilt werden. Die Zuständigkeit für die Behandlung sollte dann von jemand anderen (z. B. von Ihrem Diabetes-Arzt) übernommen werden.

13. Die möglichen Fehler und die letzten Ratschläge

Wir haben über viele Dinge gesprochen. Nun bin ich nicht ganz sicher, ob ich alles, was ich mir vorgenommen habe, in Zukunft auch machen kann...

Nun gut. Versuchen wir, das Wichtige vom Unwichtigen zu trennen. Zugegebenermaßen kann eine selbstverantwortliche Steuerung der Insulinbehandlung sicher belastend sein. Ob und in welchem Ausmaß Sie dadurch beeinträchtigt werden, hängt sehr von Ihren organisatorischen Fähigkeiten ab, die funktionsgebundene Insulindosierung möglichst praktikabel unter Alltagsbedingungen durchzuführen.

Was heißt das konkret?

Bekannterweise kann man im Leben nicht „alles" haben. Es ist sinnvoll, sich nur auf das Wichtigste zu konzentrieren. Um festzustellen, welche Verhaltensweisen für Sie die günstigsten unter FIT wären, haben wir nach einer gewissen Beobachtungszeit Hunderte von FIT-Patienten befragt, wie sie konkret ihre Therapie durchführen. Viele Patienten hatten eine sehr gute Stoffwechselkontrolle, allerdings nicht alle. Aus dem Vergleich von Verhaltensweisen der Patienten mit guter und schlechter Stoffwechselkontrolle unter FIT konnten auch Schlußfolgerungen gezogen werden. Aufgrund dieser Untersuchungen würden wir Ihnen raten:

1. **Führen Sie die Selbstkontrolle regelmäßig durch.** Die Blutzuckermessungen und gegebenenfalls die notwendigen Korrekturen können derzeit durch keine anderen Maßnahmen ersetzt werden. Lassen Sie bitte keinen einzigen Tag aus, führen Sie, selbst wenn „schlechte Zeiten" kommen, zumindest stichprobenweise täglich Ihre Selbstkontrollen durch. Ich wünsche Ihnen nur, daß diese Zeiten möglichst kurz sind, und daß Sie nach Überwindung von Schwierigkeiten gleich wieder Ihre Gratwanderung eigenverantwortlich und bewußt fortsetzen können.

2. **Schreiben Sie die Ergebnisse der Selbstmessungen und Ihre Insulindosierung nieder.** Es wurde eindeutig nachgewiesen, daß Patienten, die regelmäßig Protokolle führen, wesentlich bessere HbA1c-Werte haben. Da Sie Ihre therapeutischen Entscheidungen und auch die Ergebnisse der Selbstkontrolle, wenn Sie sie nicht niederschreiben, sicher schon nach wenigen Stunden vergessen haben, müssen Sie das Protokoll als Bestandteil Ihrer Minimalausrüstung ansehen! Schlagen Sie das Protokoll zumindest 3mal täglich auf. Tragen Sie Ihre Insulindosierung bzw. Ihre Blutzuckerwerte unmittelbar nach der erfolgten Handlung ein. Auch um sich selbst vor Zerstreutheit oder Unsicherheit („Habe ich die Basalrate schon gespritzt oder habe ich es nur beabsichtigt?") zu schützen, ist das Protokoll unbedingt notwendig. Jedem kann es einmal passieren, daß er für wenige Tage die Protokollführung unterläßt. Fangen Sie aber gleich heute wieder damit an! Vergessen Sie nicht, daß nicht die einfachen Blutzuckerkorrekturen allein eine anhaltend gute Kontrolle garantieren, sondern die selbständige Korrektur Ihrer Algorithmen. **Es ist unwahrscheinlich, diese Algorithmenanpassung ohne schriftliche Unterlagen richtig vornehmen zu können.** Aus dem gleichen Grund ist es notwendig, daß

Sie Ihren täglichen Insulinverbrauch kennen und sich den täglichen mittleren Blutzucker ausrechnen. MBG sollte (abgesehen von der Schwangerschaft oder von Ausnahmen) über 100 und nach Möglichkeit unter 150 (160) mg/dl liegen.

3. **Setzen Sie den Dialog mit Ihrem FIT-Arzt auch nach Abschluß der Ausbildung fort.** Kommen Sie zumindest etwa alle 3 Monate zu Ihrem Diabetes-Arzt, Ihrem Diabetes-Schulungs- und Behandlungszentrum. Wenn dies aus Gründen der Entfernung nicht möglich ist, dann zumindest 1mal jährlich. Speziell für diese Gruppe der intensiviert behandelten Diabetiker haben wir eine Spezialauffrischungsschulung entwickelt: das „FIT-UPDATE". Diese Schulung ist auch dann ganz wichtig, wenn Sie vorübergehend wesentlich weniger motiviert sind, die 10 Minuten pro Tag konsequent zu erübrigen und Sie einen Motivationsschub brauchen, um wieder ins Lot zu kommen. FIT-UPDATE ist eine zweitägige Wochenendveranstaltung, die wir regelmäßig anbieten und Ihnen zumindest alle 2–3 Jahre empfehlen und wo wir uns bemühen, Sie nicht nur besonders zu motivieren, sondern auch einfach auf dem neuesten Stand zu halten, was die relevanten Erkenntnisse in der Diabetesbehandlung anbelangt.

4. **Treten Sie den Diabetiker-Selbsthilfegruppen bei.** Auch das ist ein Weg, um stets informiert zu sein, was es Neues in der Diabetes-Behandlung gibt und welche Konsequenzen sich daraus für Sie ergeben.

5. **Vermindern Sie den Aufwand für die Handhabung der Selbstkontrolle und des Insulinspritzens,** um eine „intensivere" Behandlung möglichst lange hinnehmen zu können. Ich erinnere, daß Hautdesinfektion nicht notwendig ist, daß Spritzen mit eingeschweißten Nadeln mehrmals verwendet werden können und daß bei gewisser Übung die Blutzucker-Selbstkontrolle auch ohne Meßgeräte vorgenommen werden kann. Das Zählen von Kalorien ist nur bei Personen sinnvoll, die eine Gewichtsreduktion anstreben. Verzichten Sie darauf, wenn das bei Ihnen nicht der Fall ist. Das Abwiegen der Speisen ist aufgrund eines sehr unterschiedlichen prandialen Insulinbedarfes nicht notwendig, wenn Sie das Schätzen der Kohlenhydratmengen in den Speisen gut geübt haben. Statt einer übermäßigen Genauigkeit sollten Sie lieber mehr Selbstkontrollen durchführen! Zu diesem Zweck tragen Sie immer die Minimalausrüstung mit sich.

Mein Blutzucker schwankt fürchterlich. Man sagt, ich sei ein echter „brittle-Diabetiker".

99% der ungewöhnlichen Blutzuckerschwankungen resultieren aus einem unsachgemäßen Insulingebrauch. Den Großteil dieser Schwankungen können Sie sich ersparen, wenn Sie:

1. Die Insuline immer getrennt spritzen und sie nicht in einer Spritze mischen. Getrenntes Spritzen von Normal- und Verzögerungsinsulin erfordert zwar zwei Stiche, aber die zwei Injektionen sind weniger schmerzhaft, weil das Gesamtvolumen pro Injektion geringer wird. Natürlich können Sie für beide Insuline dieselbe Spritze verwenden.
2. Nicht essen, solange Ihr Blutzucker erhöht ist. Nein, Sie werden nicht verhungern. Senken Sie zuerst den Blutzucker, essen Sie erst dann, wenn der Blutzucker normal ist.
3. Das Insulin nicht in Hautbezirke spritzen, die durch langjährige Insulininjektionen bereits verändert sind. Spritzen Sie nicht in Hautareale mit Lipohypertrophie (Fettüberwucherung). Es ist schwierig sich umzugewöhnen! Ich kenne eine Patientin, die das Insulin 45 Jahre lang in die Oberschenkel gespritzt hat. Und obwohl sie dort schon richtige „Polster" hatte, konnte Sie sich gar nicht vorstellen, daß auch andere Körperregionen dazu geeignet sind. Als wir sie dazu überredet hatten, endlich in eine andere Region zu spritzen, verschwanden die mittlerweile schon sprichwörtlichen Blutzuckerschwankungen.
4. Die Normalinsulinresorption routinemäßig entsprechend anpassen (s. Kap. 5 „FIT-Schulung"). Alternativ können Sie rasch resorbierende Insulinanaloga (Humalog®) probieren.

Was soll man tun, wenn die Schwankungen trotz aller erwähnten Maßnahmen weiter bestehen?

Auf keinen Fall sollten Sie die einzelnen „Ausrutscher" überbewerten. Wenn Sie nahe-normale HbA1c-Werte erreichen, ohne schwere Unterzuckerungen zu erleiden, und gleichzeitig imstande sind, sich das Leben bezüglich des Essens frei zu gestalten, dann betrachten Sie das Behandlungsziel als erreicht. Wenn Sie es schaffen, ein relativ regelmäßiges Leben zu führen und einen halbwegs konstanten Mahlzeitenplan einzuhalten, so wird Ihnen erfahrungsgemäß diese Gratwanderung garantiert leichter fallen...

Ich bin nicht sicher, ob ich mich immer „halten" kann...

Es ist auch nicht immer notwendig, einen angemessenen funktionellen Insulingebrauch vorauszusetzen. Ihre „Freiheit" sollten Sie sich allerdings nur mit Verstand und Selbstkontrolle herausnehmen. Zur Blutzuckersteuerung brauchen Sie eine praktische, diabetesbezogene Ausbildung - das Durchlesen dieses Buches genügt nicht. FIT-Updates sind wichtig für Re-Motivation.

Glauben Sie, daß es in Zukunft mehr Ärzte und Diabeteszentren geben wird, wo man im funktionellen Insulingebrauch beraten werden kann?

Sicher, aber das hängt von vielen Faktoren ab. Die Liste von FIT-Zentren im deutschsprachigen Raum können Sie jederzeit von uns anfordern (s. u.). Sie können und sollen den Prozeß der Meinungsbildung beeinflussen, indem Sie mit anderen Diabetikern und Ärzten über Ihre neue Behandlung sprechen. FIT entstand in erster Linie aus den Erfahrungen Betroffener. Auch Sie können zur weiteren Verbesserung der Sache beitragen, indem Sie uns Ihre Erfahrungen und vielleicht bessere Lösungen der Einzelprobleme mitteilen. Schreiben Sie mir darüber. Nein, nicht morgen. Bitte, machen Sie es **jetzt**.

Wien, August 1999 — Dr. Kinga Howorka

Danksagung

Allen Personen, die mit ihren wichtigen Anregungen zur Verbesserung des Manuskriptes und/oder zur Entstehung dieses Buches beigetragen haben, danke ich herzlichst für ihre Hilfe. Mein besonderer Dank gilt den Mitgliedern der Arbeitsgruppe „Diabetikerschulung und Insulinsubstitution", Wien, insbesondere Frau Dr. phil. Helga Grillmayr, Prof. Dr. Herwig Thoma, Dipl.-Ing. Eva Kitzler, Dinah Heydarian, Susanne Reischl, sowie den Personen, die im neu entstandenen „Internationalen Arbeitskreis für funktionelle Insulinsubstitution" zu zahlreichen Anregungen beigetragen haben. Weiterhin gilt mein Dank noch:

Frau Brigitte Berger, Prof. Dr. Michael Berger, Dr. med. Peter Damjancic, Dipl.-Ing. Wolfgang Delekat, Frau Barbara Demmer, Frau Virginia Drescher, Dr. med. Joszef Fövenyi, Dr. med. Monika Grüßer, Frau Helga Gschwentner, Herrn Lorenz Hackstock, Herrn Georg Höck, Dr. med. Viktor Jörgens, Frau Martina Köstinger, Prof. Dr. Willibald Kubicek, Frau Ingeborg Kupfer, Frau Dipl.-Dolm. Irene Lehfuß-Brodnig, Dr. med. Ingrid Mühlhauser, Frau Barbara Peck, Dr. med. Jiri Pumprla, Frau Gertrude Reiss, Dipl.-Ing. Atilla Szabo, Frau Elfriede Tilzen, Doz. Dr. Heinz Vierhapper, Prof. Dr. Werner Waldhäusl.

In den internationalen Ausbildungsseminaren für funktionelle Insulinsubstitution wurden in den Jahren 1987 bis 1999 insgesamt 450 Ärzte und Diabetesberater aus Deutschland, Österreich, der Schweiz, Italien und Ungarn in Vermittlung der funktionellen Insulintherapie ausgebildet. Sollten Sie Interesse an den FIT-Ausbildungszentren im deutschsprachigen Raum sowie an Aktivitäten des internationalen Arbeitskreises für FIT haben, so bitten wir Sie um Kontaktaufnahme mit der Forschungsgruppe funktionelle Rehabilitation und Gruppenschulung, Institut für Biomedizinische Technik, Neues AKH, Universität Wien.

Fragen zum Abschied:

Datum: ....

Bei allen Fragen sind eine oder mehrere Antworten richtig.

A) Beurteilen Sie, ob die folgenden Sätze richtig oder falsch sind:

		richtig	falsch
1.	Wenn die Nüchternblutzuckerwerte immer zwischen 60 und 90 mg/dl liegen, so ist das ein Hinweis, daß das basale Insulin unter FIT richtig dosiert wird.	☐	☐
2.	„Dawn-Phänomen“ nennt man den morgendlichen Blutzuckerabfall bei Diabetikern.	☐	☐
3.	Bei richtiger Basalrate unter FIT wird der Blutzucker zwischen den Mahlzeiten weder abfallen noch ansteigen.	☐	☐
4.	Das Normalinsulin zum Essen oder für Blutzuckerkorrekturen darf nur subkutan gespritzt werden.	☐	☐
5.	Die Blutzuckermessungen unterwegs sollten ausschließlich mit einem Blutzucker-Meßgerät durchgeführt werden, das regelmäßig auf Meßgenauigkeit überprüft wird.	☐	☐
6.	Bei einem Insulinbedarf von 40 – 60 Einheiten pro Tag kann unter funktioneller Insulinbehandlung mit einem Blutzuckerabfall durch 1 Einheit Normalinsulin (unter basalen Bedingungen) um 40 mg/dl gerechnet werden.	☐	☐
7.	Wenn die Blutzuckerwerte 1 Stunde postprandial unter 160 mg/dl liegen, so ist das ein Beweis, daß die Normalinsulindosis für die Mahlzeit auf jeden Fall richtig war.	☐	☐
8.	Bei Behandlung mit Insulininjektionen zu jeder Mahlzeit getrennt, ist die Anpassung der Insulinresorption bei prandialen Injektionen nur selten erforderlich.	☐	☐
9.	Wenn keine Veränderung der Insulinkinetik präprandial erfolgt, so ist vor einem kohlenhydratreichen Frühstück der richtige Spritz-Eß-Abstand 15 Minuten.	☐	☐
10.	Bei einer globalen Erhöhung des Insulinbedarfes (z. B. bei einem fieberhaften Infekt) sollte das basale und das prandiale Insulin im gleichen Verhältnis erhöht werden, in dem sich der Tagesinsulinverbrauch verändert hat.	☐	☐
11.	Eine Basalrate, die aus Langzeitinsulinen morgens und Intermediär- (NPH-) Insulinen spätabends hergestellt wurde, ist besonders bei hohen Nüchternwerten zu empfehlen.	☐	☐
12.	Die tiefsten Blutzuckerwerte treten meistens zwischen 3 und 4 Uhr morgens auf.	☐	☐
13.	Nach einer schweren Hypoglykämie sollte man die Basalrate auf jeden Fall um 10% reduzieren.	☐	☐

	richtig	falsch
14. Wenn man Verzögeringsinsulin mit Normalinsulin in der gleichen Spritze mischt, so wird aus dem Verzögerungsinsulin ein Normalinsulin werden.	☐	☐
15. Die Minimalausrüstung für FIT besteht aus Blutzuckerstreifen, Normalinsulin, einer Insulinspritze, Traubenzucker, Protokollblatt und Schreibzeug.	☐	☐
16. Die richtige basale Insulindosierung liegt dann vor, wenn man 36 Stunden fasten kann, ohne daß der Blutzucker abfällt und ohne daß man irgendetwas essen muß.	☐	☐

B) Sie möchten unter FIT vielleicht am Nachmittag 2 Stunden Tennis spielen. Welche der vorgeschlagenen Lösungen ist richtig?

	richtig	falsch
1. Verzögerungsinsulin vermindern; Normalinsulin unverändert.	☐	☐
2. 2–3 BE essen ohne prandiales Insulin.	☐	☐
3. Normal- und Verzögerungsinsulin um je 2 Einheiten vermindern.	☐	☐

C) Sie möchten unter FIT eine Woche schilanglaufen. Welche Art der Insulinanpassung würden Sie vorschlagen?

	richtig	falsch
1. Normalinsulin vermindern; Verzögerungsinsulin unverändert.	☐	☐
2. Verzögerungsinsulin vermindern; Normalinsulin unverändert.	☐	☐
3. Prandiales und basales Insulin in etwa gleichem Verhältnis vermindern.	☐	☐

D) Ein Typ I Diabetiker steht seit längerer Zeit unter funktioneller Insulinbehandlung. Er spritzt morgens und abends je 15 Einheiten Ultratard HM und insgesamt etwa 15–20 Einheiten Actrapid HM über den Tag verteilt zum Essen und für Blutzuckerkorrekturen. Er ist normalgewichtig und ißt etwa 12–16 BE pro Tag. Der Patient ist mit seinen Nüchternwerten nicht zufrieden. Sie liegen meist zwischen 140 und 240 mg/dl. Unterzuckerungen treten nicht auf. Welche Veränderungen der Insulindosierungsrichtlinien sind in diesem Fall richtig?

	richtig	falsch
1. Abends mehr Ultratard spritzen.	☐	☐
2. Morgens und abends mehr Ultratard spritzen.	☐	☐
3. Spätabends ein NPH-Insulin statt Ultratard in etwa gleicher Dosierung.	☐	☐

E) Bei einem Patienten mit einem durchschnittlichen Tagesinsulinbedarf von etwa 45–50 Einheiten pro Tag (Gesamtinsulinverbrauch je 24 Stunden) sind folgende Insulindosierungsrichtlinien unter funktioneller Insulinbehandlung am ehesten wahrscheinlich:

	richtig	falsch
1. Basales Insulin (Summe) je 24 Stunden: 10 IE Prandiales Insulin je 1 BE: 1 IE Differenzwert der Blutglukose mg/dl je 1 IE Normalinsulin: –30 mg/dl	☐	☐
2. Basales Insulin (Summe) je 24 Stundnen: 20 IE Prandiales Insulin je 1 BE: 1.5 IE Differenzwert der Blutglukose mg/dl je 1 IE Normalinsulin: –40 mg/dl	☐	☐
3. Basales Insulin (Summe) je 24 Stunden: 35 IE Prandiales Insulin je 1 BE: 3 IE Differenzwert der Blutglukose mg/dl je 1 IE Normalinsulin: –15 mg/dl.	☐	☐

F) Hypoglykämie-Risikopatienten sollten vor allem

	richtig	falsch
1. Die prandialen und die basalen Dosierungsalgorithmen stark reduzieren	☐	☐
2. Einen höheren Blutzucker-Zielbereich wählen und den Algorithmus „1 Einheit Normalinsulin senkt meinen Blutzucker um...mg/dl“ vergrößern	☐	☐
3. Höchstens 2mal pro Tag Insulin spritzen und alle drei Stunden Kohlenhydrate essen	☐	☐

Anhang
Schwangerschaft bei Typ 1 Diabetes

Werden meine Kinder Diabetes bekommen?

Entgegen früheren Vermutungen ist die Wahrscheinlichkeit einer Diabeteserkrankung bei Kindern von Typ I Diabetikern ausgesprochen niedrig. Bei Typ I Diabetikerinnen liegt sie bei 1 – 3% und ist bei Typ I diabetischen Männern geringfügig höher.

Welche Risiken sind dann mit der Schwangerschaft bei Typ I Diabetikerinnen verbunden?

Hier müssen das erhöhte Mißbildungsrisiko wie auch eventuell die Übergröße des Kindes („Riesenbaby" mit Geburtsgewicht von über 4000 g) erwähnt werden. So kann ein erhöhter Blutzucker bei der Mutter während der Entwicklung der Organe des Kindes im ersten Schwangerschaftsdrittel zur Entwicklung von Mißbildungen, in erster Linie des Nerven- und des Herz-Kreislauf-Systems führen. Die Wahrscheinlichkeit einer Mißbildung bei Kindern stoffwechselgesunder Frauen liegt bei 1%. Bei durchschnittlich (= unzureichend) behandelten diabetischen Müttern steigt sie auf etwa 7%.

Und wenn während der Schwangerschaft eine ausgezeichnete Stoffwechselkontrolle erreicht wird?

Mittlerweile wurde belegt, daß eine normoglykämische Einstellung und zwar von der Zeugung an, die Mißbildungsrate bei Kindern diabetischer Mütter nahe an die Mißbildungsrate bei Kindern stoffwechselgesunder Mütter bringt.

Die Mißbildungen entstehen also lediglich am Anfang der Schwangerschaft. Ist es denn notwendig, während der gesamten Schwangerschaft eine sehr gute Einstellung zu erreichen?

Schlechte Stoffwechselkontrolle der Mutter geht mit erhöhtem Risiko des vorzeitigen Absterbens des Kindes in der Gebärmutter einher. In jener Phase, in der das Kind bereits selbst Insulin produziert, also im letzten Schwangerschaftsdrittel, kommt es zu einer vermehrten Insulinproduktion des Kindes. Das Baby reagiert sozusagen auf den erhöhten Blutzucker der Mutter und will ihn normalisieren. Infolge des erhöhten Zuckerangebotes durch die Mutter und infolge der damit verbundenen erhöhten Insulinproduktion des Kindes kommt es zu einer „Glukose-Insulin-Mastkur“ des Kindes und zur Entwicklung eines Riesenbabys. Durch den gleichen Mechanismus können auch Hypoglykämien (nach der Geburt) bei Kindern diabetischer Mütter hervorgerufen werden. Wenn das Kind viel Insulin ausgleichend für die Mutter produzieren mußte, so wird es dann nach der Geburt durch den nun zu hohen Insulinspiegel nach der Trennung vom mütterlichen Organismus hypoglykämisch werden.

Welche Risiken sind für die Diabetikerin selbst mit einer Schwangerschaft verbunden?

Die Risiken für die diabetische Mutter ergeben sich praktisch ausschließlich aus ihren bereits vorhandenen Diabetes-Spätkomplikationen, in erster Linie aus Veränderungen der Gefäße und der Nierenfunktion. Besonders schwierig ist es, wenn bereits ein durch Nierenschädigung hervorgerufener Bluthochdruck besteht. Die schwangerschaftsbedingte Nierenfunktionseinschränkung bildet sich allenfals bald zurück.

Welche Konsequenzen ergeben sich daraus für die Praxis?

Eine normoglykämische Einstellung während der gesamten Schwangerschaft ist ohne eine ausreichende Ausbildung der Patientin nicht erreichbar. In der Betreuung einer diabetischen Schwangerschaft müssen ein Geburtshelfer (etwa 10mal während der gesamten Schwangerschaft), ein Augenarzt (zumindest 2mal während der Schwangerschaft) und ein Diabetologe, der sowohl die Ausbildung der Patientin als auch die Therapieüberwachung übernimmt, herangezogen werden. Auch ein Kinderarzt sollte jederzeit zur Betreuung des Neugeborenen zur Verfügung stehen. Erfahrungsgemäß ist eine ausreichende Zusammenarbeit zwischen den erwähnten Spezialisten lediglich an Spezial-Schulungszentren möglich

Noch etwas: Planen Sie die Schwangerschaft! Als geeignete Möglichkeiten der Schwangerschaftsverhütung werden derzeit bei Diabetikerinnen Barriere-Methoden (d. h. Kondom und Scheidenzäpfchen, am besten in Verbindung), eventuell niedrig dosierte Anti-Baby Pillen neuer Generation (ungünstig bei Raucherinnen, und/oder bei vorhandenen Gefäßschäden und derzeit immer häufiger die Spirale empfohlen. Fragen Sie Ihren Diabetes-Arzt und Ihren Frauenarzt, welche Methoden der Schwangerschaftsverhütung in Ihrem konkreten Fall in Frage kommen).

Muß man während der Schwangerschaft als Typ I Diabetikerin stationär aufgenommen werden?

Das hängt von Ihrer Stoffwechselkontrolle und von der Therapiedurchführung ab. Wenn Sie bereits vor der Schwangerschaft eine normoglykämische Stoffwechselkontrolle (normales HbA1c) erreicht zu haben, wenn Sie sehr gut geschult sind und auch gut über die Besonderheiten der Insulindosierung während der Schwangerschaft Bescheid wissen, so müssen Sie lediglich termingerecht bei Entbindung aufgenommen werden, sofern sich keine Schwangerschaftskomplikationen einstellen. Wir empfehlen allerdings, daß unsere schwangeren Patienten während der gesamten Dauer der Schwangerschaft wöchentlich zur Kontrolle und zur Besprechung kommen (Zeitaufwand: 10 Minuten pro Woche plus Weg ins Zentrum), aber eben gerade deswegen kann Ihnen die frühzeitige stationäre Aufnahme erspart werden. Wenn es keine kindlichen oder geburtshilflichen Probleme gibt, so wird auch auf die früher häufig geübte Kaiserschnittentbindung verzichtet.

Und wie häufig besucht man den Frauenarzt?

Etwa alle 3 Wochen. Ab der 32. Schwangerschaftswoche noch häufiger. Es werden dabei u.a. Ultraschalluntersuchungen des Kindes vorgenommen, seine Entwicklung überwacht und nach etwaigen Mißbildungen gefahndet. Die entscheidenden Untersuchungen zum Ausschluß der Mißbildungen des Kindes sollten von einem in Mißbildungs-Suche mittels Ultraschall erfahrenen Frauenarzt zwischen der 20. und spätestens der 23. Schwangerschaftswoche durchgeführt werden.

Welche Strategien der Insulinbehandlung sind für die Zeit der Schwangerschaft besonders geeignet?

Eine selbständige Anpassung der Insulindosis an den sich während der Schwangerschaft verändernden Insulinbedarf ist eine unbedingte Voraussetzung für eine angemessene Insulinbehandlung. Während einer diabetischen Schwangerschaft ist FIT besonders zu empfehlen! Allenfalls müssen Sie mit Ihrem Diabetes-Arzt besprechen, welche therapeutischen Ziele jetzt gesteckt werden und informieren Sie ihn sofort über Ihre Schwangerschaft.

Wieso ist denn das so wichtig? Wenn ich FIT kann, wird sich doch an meiner Behandlung nichts verändern.

Es ändert sich nichts wesentlich. Allerdings sollten Sie ab jetzt das Ziel der Normoglykämie wirklich „ernst" nehmen. Zu diesem Zweck sollten Sie:

1. Ihren **Blutzucker-Korrekturzielpunkt niedriger als bis jetzt ansetzen.** Meist wird ein Zielbereich von 90 mg/dl nüchtern und bis 120 mg/dl nach dem Essen festgelegt. In der Schwangerschaft werden die Blutzuckerwerte zwischen etwa 65 und 90 mg/dl auch ohne Korrektur „nach oben" akzeptiert. Dies entspricht meist einem erreichbaren Ziel *einer mittleren Blutglukose des Tages von unter 100 mg/dl.* Wenn Sie in der Vorgeschichte wiederholt schwere Hypoglykämien hatten, wird der Zielbereich vielleicht doch etwas höher gewählt. Eine mittlere Blutglukose des Tages von über 120 mg/dl ist jedoch als nicht akzeptabel zu betrachten. Der Zielbereich für MBG im letzten Schwangerschaftsdrittel wird neuerdings häufig auf unter 90 mg/dl festgelegt. Diesen Blutzuckerwerten entsprechen niedrig-normale

Werte des glykosilierten Hämoglobins (HbA1c). Durch eine wirklich „normoglykämische“ Stoffwechselkontrolle im ersten Schwangerschaftsdrittel verhindern Sie die Mißbildungen des Kindes, im letzten Schwangerschaftsdrittel die Entwicklung eines Riesenbabys (Makrosomie) und die damit verbundenen Komplikationen. Deswegen ist gerade am Anfang und am Ende der Schwangerschaft Ihre Mitarbeit (und FIT-Ausbildung) von entscheidender Bedeutung für das Schicksal Ihres Kindes.

2. **Den Aufwand für die Selbstkontrolle verdoppeln.** Wenden Sie zu diesem Zweck statt etwa 10 Minuten - wie bis jetzt - etwa 20 Minuten pro Tag auf. D. h., daß Sie statt 4 - 5 nun ca. 8 - 10 Messungen des Blutzuckers täglich durchführen. Weniger als 8 Messungen reichen erfahrungsgemäß nicht aus! Den Blutzucker sollten Sie überwiegend postprandial, d. h. 1 - 2 Stunden nach den Mahlzeiten messen, zumal dann die größte Gefahr von zu hohen Werten besteht. Besonders, wenn Sie wenig essen, um eine übermäßige Gewichtszunahme zu vermeiden, messen Sie täglich auch Aceton im Harn. Knappe Kost darf nicht zu Acetonausscheidung führen. In der Schwangerschaft sollte man allerdings keine Abmagerungskuren durchführen! Als zulässige Gewichtszunahme während der Schwangerschaft wird etwa 10 - 12 kg angesehen.
3. **Häufiger zur Kontrolle zu Ihrem Diabetes-Arzt kommen.** Im ersten und im letzten Trimenon am besten wöchentlich. Selbst bei sehr guter Stoffwechsellage sind die häufigen Kontrollen durch den sich ändernden Insulinbedarf und Ihre etwaigen Spätkomplikationen begründbar. Bei vorhandenen Spätfolgen ist eine besonders engmaschige Kontrolle der Blutdruckwerte, der Eiweißausscheidung im Harn, der Nierenfunktion und der Augenveränderungen erforderlich.
4. Bei einem so niedrigen Blutzucker-Zielbereich sollten Sie **auf eine Hypoglykämie vorbereitet sein.** Obwohl entgegen früheren Befürchtungen die Unterzuckerungen der Mutter nicht zur Schädigung des Kindes führen, sollen Sie sich jedoch selbst auf keinen Fall gefährden. Meiden Sie schwere Hypos!

Auf welche Art und Weise ändert sich der Insulinbedarf während der Schwangerschaft?

Während der ersten drei Schwangerschaftsmonate fällt er manchmal geringfügig ab, um dann ab der 12. bis 17. Woche infolge der Zunahme der Produktion der Plazentahormone anzusteigen. Der höchste Tagesinsulinbedarf (das 2–3fache der Werte vor Beginn der Schwangerschaft) besteht gegen Ende der Schwangerschaft. In den letzten Wochen kann der Insulinbedarf als Hinweis für unzureichende Plazentafunktion absinken. Nach der Entbindung fällt er schließlich drastisch auf etwa 30–50% des Wertes vor der Entbindung ab und bleibt dann (häufig während der gesamten Stillperiode) etwas niedriger als vor der Befruchtung. Alles das muß bei der Algorithmenanpassung berücksichtigt werden. Während der Schwangerschaft wird die Insulindosierung sowohl prandial als auch basal schrittweise (entsprechend den Blutzucker-Tagesmittelwerten, die unter 100 mg/dl liegen sollten) erhöht.

Wie soll nun während der Geburt vorgegangen werden?

Die Geburt ist mit Halbierung oder einer noch stärkeren Verminderung des Insulinbedarfes verbunden. Die Algorithmen für das basale und das prandiale Insulin sollten daher zumindest halbiert (besser sogar auf etwa 30% des Wertes während der Spätschwangerschaft vermindert) werden.

Ist es nicht so, daß sich die Ärzte und alle anderen während der Geburt um die Patientin kümmern?

Doch, aber die selbständige Kontrolle der Betroffenen über die eigene Stoffwechsellage ist immer von Vorteil. Es ist auch kein besonderer Aufwand damit verbunden. In der Spätschwangerschaft muß man natürlich bereits vorbereitet sein. Bereiten Sie alles vor. Eine „erweiterte Minimalausrüstung“ sollte griffbereit vorliegen.
Mit Einsetzen der Geburtswehen reduzieren Sie Ihre bisherigen basalen und prandialen Algorithmen mindestens auf die Hälfte; machen Sie in etwa einstündigen Abständen Blutzuckermessungen und versuchen Sie, im normoglykämischen Bereich zu verbleiben. Einzelheiten besprechen Sie bitte mit Ihrem FIT-Arzt. Wenn Sie erschöpft sind und sich selbst nicht weiterversorgen können, so teilen Sie das den Anwesenden mit. Nach der Geburt, wenn es Ihnen wieder gut geht, übernehmen Sie die Selbstverantwortung wieder - so früh wie möglich. Sie dosieren das Insulin wieder (jetzt natürlich mit den veränderten, verkleinerten Algorithmen) selbstständig weiter.

Was ist bei einer Behandlung mit Insulinpumpe während der Schwangerschaft zu beachten?

Die Insulindosierung mittels Pumpe wird gleich jener mit Injektionen durchgeführt. Während der Geburt und danach sind auch die gleichen Prinzipien zu beachten: Die bisherigen Algorithmen müssen auf etwa ein Drittel reduziert werden.

Und wenn eine Schnittentbindung durchgeführt werden sollte?

Verfolgen Sie die gleichen Prinzipien. Teilen Sie dem Narkosearzt mit, daß Sie Ihre Algorithmen bereits verkleinert haben und sagen Sie ihm auch, in welchem Ausmaß. Zeigen Sie ihm Ihr Protokoll.

Was ich bis jetzt von der Entbindung bei Diabetikerinnen gehört habe, hat sich sehr kompliziert angehört. Ist eine Traubenzucker- oder Insulininfusion denn nicht mehr notwendig?

Wenn Sie die geschilderten Prinzipien verfolgen, kann die gestellte Frage grundsätzlich mit „nein“ beantwortet werden. Eine Traubenzuckerinfusion (in einer Menge von etwa 2 – 3 Broteinheiten insgesamt, also etwa 20 bis maximal 40 g Glukose) wird nur dann bei der Entbindung notwendig sein, wenn Ihre unverändert hohe Basalrate noch wirksam ist, so daß Sie dies mit Glukosezufuhr ausgleichen müssen. Und auch diese Infusion ist im engeren Sinne nicht notwendig, denn Sie wissen, daß Ihre Basalrate zu hoch ist, also nehmen Sie 1 – 3 Broteinheiten als Glukose (Dextroenergen) zu sich.

Es ist logisch, daß man das mit Traubenzucker ausgleichen muß, aber man muß doch nüchtern sein, oder?

Auch vor Operationen muß man nüchtern bleiben, um Erbrechen zu vermeiden. Im Prinzip spricht nichts gegen die Aufnahme von wenigen Gramm Glukose. Dieser Traubenzucker resorbiert sich sehr schnell, so daß es erfahrungsgemäß dadurch nie zum Erbrechen kommt. Auch Ihr Arzt wird sicherlich gegen Dextroenergen nichts einzuwenden haben. Fragen Sie ihn.

Und nach der Geburt? Welche besondere Überwachung meines Kindes wird dann notwendig sein?

Selbst wenn es Ihrem Kind gleich nach der Geburt gut gehen sollte, besteht während der ersten Stunden die Gefahr einer Unterzuckerung. Die einzige Maßnahme dagegen ist eine engmaschige Blutzuckermessung beim Kind und bei Feststellung von zu tiefen Blutzuckerwerten eine Glukosezufuhr. Nachgewiesenermaßen kann das jedoch an jener Klinik erfolgen, an der die Entbindung stattfindet. Das Hypoglykämierisiko beim Kind ist übrigens nach 2 Tagen nach der Geburt nicht mehr gegeben. Das Kind muß von einem erfahrenen Kinderarzt auf etwaige Mißbildungen und andere Komplikationen untersucht werden.

Fassen wir nun die Probleme der Schwangerschaft zusammen:

1. Schwangerschaft bei Typ I Diabetikerinnen sollte geplant werden, damit eine optimale Stoffwechselkontrolle von Beginn der Schwangerschaft an gewährleistet ist.
2. Während der gesamten Schwangerschaft ist eine normoglykämische Kontrolle zur Verhütung von Mißbildungen des Kindes und zur Gewährleistung einer normalen Kindesentwicklung sowie zur Vorbeugung eines Riesenwachstums erforderlich.
3. Der Aufwand für die Selbstkontrolle sollte verdoppelt werden. Zumindest 8 Blutzucker-Selbstkontrollen täglich sind zu empfehlen. Mehrfache Injektionen, bzw. eine steuerbare Insulinpumpe werden heute in der Schwangerschaft als absolut notwendig angesehen.
4. Eine interdisziplinäre Betreuung an einem erfahrenen Diabeteszentrum unter Zusammenarbeit von Diabetologen, Geburtshelfern, Augenärzten und Kinderärzten ist erforderlich.
5. 1mal wöchentliche Kontrollen bei einem in Schwangerschaftsbetreuung erfahrenen Diabetes-Arzt sind anzustreben.
6. Besondere Überwachungsmaßnahmen sind bei bereits vorhandenen Diabetes-Folgeschäden der Mutter von Bedeutung.
7. Eine entsprechende sekundäre Anpassung der Insulindosierung während der gesamten Schwangerschaft wie auch während der Geburt durch die Mutter selbst ist wünschenswert und notwendig. Während der Schwangerschaft kommt es zu einer schrittweisen Zunahme, während der Entbindung zu einer drastischen Abnahme des Tagesinsulinbedarfes.

Ein letzter Hinweis: Stillen ist sehr wichtig! Es gibt Hinweise, daß ausschließliches und relativ langes Stillen (5 Monate und länger) die Kinder vor einer späteren Manifestation des Typ-1-Diabetes teilweise schützt. Es ist aus vielen Gründen naheliegend, daß gerade Typ-1-Diabetikerinnen stillen sollten - entsprechende Studien wurden bereits begonnen.

Funktionelle Insulintherapie bei Kindern und Jugendlichen

Ist FIT für Kinder und Jugendliche geeignet? Ab welchem Alter?

Funktionelle Insulintherapie ist auch für Kinder und junge Leute geeignet. Solange der kleine Patient nicht selbst imstande ist, die Therapie selbst durchzuführen, braucht er dafür einen Elternteil, der diese Therapie für das Kind vornimmt. Meistens ist dies höchstens bis zum Alter von ca. 12 Jahren notwendig. Ab diesem Alter sind Kinder meist fähig, auch an einer strukturierten Gruppenschulung (mit bestimmten Modifikationen) teilzunehmen und die Therapie überwiegend selbständig vorzunehmen.

Brauchen denn die Kleinen wirklich funktionelle Insulintherapie?

Etwa bis zum Ende der 90er Jahre war ich persönlich der Meinung, daß die Nachteile der intensivierten Therapie die Vorteile von guter Stoffwechselkontrolle eher übertreffen. Es war bekannt, daß Kinder mit frühkindlichem Diabetes, die etwa vor dem 5. Lebensjahr manifestieren, etwas gegen die Spätschäden „geschützt“ sind. Und doch: In den letzten Jahren wurde ich nun durch Erfolge von FIT bei kleineren Kindern in Deutschland (u. a. in Dresden) und in den USA überzeugt. Einige rehabilitierte amerikanische Mütter, deren Kinder im Alter unter 7 Jahren waren, haben große Erfolge mit FIT gehabt.

Was waren das für Erfolge?

Vor allem Aufholen im Wachstum und in der Entwicklung, Verbesserung in der Schule, Normalisierung des Verhaltens. Alles dies offensichtlich durch bessere Stoffwechselkontrolle.

Können die Kinder tatsächlich nahe-normalen Blutzucker erreichen?

Offensichtlich ja. Es dürfte auch für die Eltern einfacher sein, mit FIT die Blutzuckerschwankungen auszugleichen. Es wurde evident, daß Kinder und ihre Eltern die aktive Therapie der „reaktiven“ Behandlung vorziehen. Für das Kleinkind ist vor allem der Genuß, wie die Gleichaltrigen feiern zu können, von großer Bedeutung. Somit wird es möglich, das HbA1c der Kinder zwischen 1,5 - 2% oberhalb des oberen Referenzlimits zu halten, allerdings ohne strikte Diät und ohne dem üblichen „Zeitterror“ für die Eltern.

Ich habe von vielen schulischen Schwierigkeiten durch Diabetes gehört. Warum?

Die konventionelle Insulintherapie ist häufig durch unzureichende Blutzuckerkontrolle begleitet. Erschöpfung, häufiges Urinieren, psychische Empfindlichkeit, Ermüdbarkeit bis Lethargie oder Sehstörungen können die Konsequenzen sein. Die Eltern berichten über verbesserte Lernfähigkeit mit Blutzuckerwerten im Durchschnitt unter 160-140.

Wie reagieren Schulen auf Blutzuckerselbstkontrolle im Klassenmilieu? Ist eine Hilfe von Lehrern bei ganz jungen Kindern notwendig?

Natürlich. Wenn die Kinder auch eine Jause oder ein Mittagessen zu sich nehmen, ist es günstig, die Schule miteinzubeziehen. Der Vorteil ist auch, daß der Druck, zu einer bestimmten Zeit essen zu müssen, wegfällt. Wichtig ist eine Person in der Schule wie ein „Essens-Monitor" oder „-Koordinator", der letzten Endes beurteilen kann, wieviel Kohlenhydrate vom Kind tatsächich gegessen worden sind. Die größeren Kinder brauchen diese Hilfe nicht mehr.

Und wie ist das mit dem Turnunterricht?

Es gelten hier die üblichen Regeln für kurzfristige körperliche Bewegung. Günstig ist die Aufnahme von 1 - 2 BE in Abhängigkeit von der Blutzuckerhöhe. Gravierende Hyperglykämie sollte vor der Belastung angemessen korrigiert werden.

Sind andere glykämische Ziele für die Kinder notwendig?

Nicht wirklich. Wie bei allen anderen sollten Blutzuckerwerte unter 90 - 100 unmittelbar „hinaufkorrigiert werden". Andererseits gibt es keine Notwendigkeit den Blutzucker über 140 mg/dl zu halten. FIT-Kinder erhalten ihre eignenen Algorithmen für Senkung und Hebung des Blutzuckers, so daß sie sehr bald fähig sind, den Blutzucker halbwegs angemessen zu steuern. Schwere Hypoglykämien sollten vermieden werden, genauso wie bei Erwachsenen.

Wie fühlen sich letzten Endes die Kinder unter FIT mit diesen vielen Injektionen oder mit Pumpe?

Wichtig ist, die Alternative zu erklären: konventionelle Therapie mit der üblichen mengen- und zeitdefinierten Diät, oder „Freiheit" mit mehrfachen Injektionen und Selbstkontrolle.

Bei dieser Alternative gibt es wahrscheinlich kaum Kinder die verzichten, so zu sein, wie die anderen. Das muß doch für die Eltern und für die Kinder sehr wichtig sein, wieder spontan reagieren zu können.

So ist es. Beide Gruppen berichten, daß sie nicht bereit sind, auf Familienfeierlichkeiten, Weihnachten und Geburtstagsfeste zu verzichten, wenn sie wissen, was für diese „glücklichen Momente" mit dem Blutzucker zu tun ist. Beide, sowohl die Eltern als auch die Kinder scheinen zu profitieren. Aber das Kind dürfte das meiste gewinnen, wenn es physisch und psychisch an all dem, was im Leben möglich ist, ohne Gefahr partizipieren kann.

Was ist bei Krankheiten zu tun bei den Kleinen?

Im Wesentlichen ist es nicht anders wie bei den Erwachsenen. Wenn das Kind nicht fähig ist zu essen oder erbricht, müssen beide Faktoren (a) die Erkrankung selbst (die den Zucker- und Insulinbedarf erhöht) und (b) das Fasten (mit Verkleinerung der Glukoseproduktion der Leber) in Betracht gezogen werden. Es kann passieren, daß durch Fasten auch der basale Insulinbedarf verringert wird. Dann müßte die Basis reduziert werden.

Welche Tests und Kontrollen für Spätkomplikationen sind bei Kindern notwendig?

Es gibt keine wesentlichen Unterschiede zu den Erwachsenen. Jährliche Kontrollen des Augenhintergrundes und eine noch häufigere Kontrolle der Eiweißausscheidung im Harn (Mikroalbuminurie), des HbA1c und des Blutdrucks sind notwendig.

Werden auch die Kinder von Spätschäden unterrichtet? Können sie es überhaupt verstehen?

Kinder sind keine „kleinen Erwachsenen". Sie benötigen vor allem Informationen, die relevant sind für das jetzige Leben in einer angemessenen Form. Bei älteren bzw. postpubertären Kindern sind strukturierte Schulungen, vielleicht etwas modifiziert, wie üblich durchführbar, auch inklusive den Fastentag. Die Information, die die Kinder wirklich brauchen, um die Therapie tagtäglich zu akzeptieren oder durchzuführen, sollte die positiven Aspekte der Therapie unterstreichen. Die positiven FIT-Seiten werden daher erwähnt:

1. daß sich aus jeder Blutzuckermessung eine Konsequenz (mögliche Senkung, Normalisierung) ergibt,
2. daß der kleine Patient die Freiheit hat, zu essen oder nicht zu essen, und nicht mehr zu den Mahlzeiten „gezwungen" werden muß,
3. daß die Möglichkeit, mit anderen mit zu tun stets gegeben ist (der „Gewinn der Geburtstagstorte"),
4. daß gute Blutzuckerkontrolle gute Gesundheit im allgemeinen erlaubt, und
5. daß die Spitalsaufnahmen drastisch reduziert bzw. nicht mehr notwendig werden.

Wie bei den Erwachsenen, sind strukturierte „Updates" des Gelernten sehr wichtig, und sollten etwa jährlich vorgenommen werden. Kinder wie Erwachsene können FIT ohne weiteres ambulant lernen.

Gibt es „Rezepte" für Pubertät bei Typ-1-Diabetes?

Ich habe eine Hochachtung für alle Eltern, die pubertierende Kinder mit Typ-1-Diabetes begleiten. Sozialer Gruppendruck, Depressionen und gefühlsmäßiges Wirrwar erschweren den Alltag und die Therapiedurchführung sehr. Ich habe die Erfahrung gemacht, daß folgende Informationen gerade für die Pubertierenden von großer Bedeutung sind:

1. die Pubertät mit all ihren Schwierigkeiten geht einmal zu Ende,
2. die Stoffwechselkontrolle während der Pubertät ist für die Prognose einer jungen Person mit Typ-1-Diabetes von größter Bedeutung,
3. die Stoffwechselkontrolle kann (mitunter nur mit stark erhöhter Insulindosierung und sehr häufiger Selbstkontrolle) sehr wohl günstig beeinflußt werden,
4. der Gruppendruck unter Jugendlichen ist besonders stark, aber FIT erlaubt, daß Eßverhalten den Gleichaltrigen anzugleichen - allerdings unter Voraussetzung der Erfüllung von FIT-Prämissen: der Selbstkontrolle, der Korrekturen und Mahlzeitenbezogenen Insulingaben.

Führt in der Pubertät der Diabetes zu Konflikten zwischen Kindern und Eltern?

Manchmal schon. In Familienstrukturen, wo die Eltern zuvor die Therapie sehr stark determinierten, habe ich den Eindruck gewonnen, daß gerade die Ausbildung des Kindes (allein) zur funktionellen Insulintherapie die Situation entscheidend verbessert. Das Kind wird „empowert". Und übernimmt letztlich die Therapie selbst.

FIT bei Typ 2 Diabetes

Funktionelle Insulintherapie ist doch für Typ-2-Diabetiker, die Insulin spritzen, genauso geeignet wie für jene mit Typ-1-Diabetes, oder?

So ist es. Auch Typ-2-Diabetiker, wenn sie bereit sind, immer zum Essen zu spritzen, können die funktionelle Therapie ohne weiteres anwenden.

Gibt es in der Behandlung des Typ-2-Diabetes keine gravierenden Unterschiede zur Behandlung des Typ-1-Diabetes?

Die Unterschiede ergeben sich aus unterschiedlichen Erkrankungsursachen: bei Typ-1-Diabetes fehlt das Insulin, wohingegen bei Typ-2-Diabetes das Insulin nicht wirkt. Nicht also der Insulinmangel, sondern die Insulinresistenz stehen bei Typ-2 im Vordergrund. Die verminderte Insulinwirkung, welche nachfolgend zur Erhöhung des Insulinspiegels führt, resultiert häufig in einer Vielzahl von Störungen, die alle insgesamt das **metabolische Syndrom X** genannt werden. Dabei stehen im Vordergrund folgende Mechanismen und Komponenten:

1. Zentrales, bauchbetontes Übergewicht;
2. Verminderung der Insulinwirkung (Insulinresistenz) und Erhöhung des Insulinspiegels;
3. Fettstoffwechselstörung und Erhöhung der Blutfette;
4. Erhöhung des Blutdrucks;
5. Diabetes mellitus.

Das metabolische Syndrom entsteht auf genetischer Veranlagung und sein Ausbruch wird durch Fehlen der körperlichen Bewegung und ungünstige Ernährungsmuster heraufbeschworen.

Heißt das, daß insulinspritzende Typ-2-Diabetiker mehrere Erkrankungen und nicht „nur“ den Diabetes haben?

Häufig ist es so. Es müssen daher auch andere Teilkomponenten des metabolischen Syndroms energisch behandelt werden. Nicht nur der Blutzuckernormalisierung, sondern auch der Blutdruck- und der Fettstoffwechselnormalisierung kommt eine wichtige Bedeutung zu, um die Artherosklerose, die bei Typ-2-Diabetes besonders häufige Schädigung der großen Gefäße, in ihrer Entwicklung zu verlangsamen. Da ich die Information/Schulung der Patienten für sehr wichtig erachte, empfehle ich den Patienten die einschlägigen Gruppenschulungen, die wir bereits seit Jahren durchführen:

- die Blutfett- (Hyperlipidämie-)Schulung,
- die Blutdruck- (Hypertonie-)Schulung, und den
- Schlankkurs und -treff.

Auf einige dieser Schulungen kommen wir am Ende des Kapitels über Spätschäden zurück.

Und welche Unterschiede ergeben sich betreffend die Insulintherapie und Stoffwechselführung?

Bei Typ-2-Diabetes besteht häufig noch eine ausreichende Insulinproduktion. Dies kann in der Therapie günstig genützt werden. Die vorhandene Insulinproduktion bedingt in Zusammenhang mit der vorhandenen Insulinresistenz auch Vorteile gegenüber dem Typ-1-Diabetes, und zwar: (1) geringere Stoffwechsellabilität (weniger Blutzuckerschwankungen), und (2) geringere Gefahr von schweren Unterzuckerungen. Diese Eigenschaften machen die Behandlung mit FIT bei Typ-2-Diabetikern leichter. Der Hauptunterschied bezieht sich auf die Herstellung der Basalrate.

Der Basalrate? Die Funktion der Basis ist es, die Stabilität des Zuckers zwischen den Mahlzeiten zu gewährleisten. Und dadurch gute Blutzuckerwerte beim kurzfristigen Fasten über Nacht, also nüchtern, sicherzustellen. Muß bei Typ-2-Diabetes für die Basis auf jeden Fall Insulin gespritzt werden?

Eben nicht immer. Akzeptable Nüchternwerte vorausgesetzt, kann auf Verzögerungsinsulin mitunter verzichtet werden. Grundsätzlich kann die **Basis bei Typ-2-Diabetes** folgendermaßen hergestellt werden:

1. **Gar nicht.** Eigenproduktion genügt. Die Therapie erfolgt nur mit kurz wirkendem Insulin zum Essen und für Korrekturen, sonst weder medikamentöse Therapie noch Verzögerungsinsulin. Dies ist aber nur solange als wirksam zu akzeptieren, solange die Nüchternblutzuckerwerte nicht über etwa 130-140 mg/dl ansteigen.
2. **Tabletten** (mit kurzwirksamen Insulin zum Essen oder für Korrektur):

(2a) **Biguanide** sind für die Basis besonders zu empfehlen. Biguanide, daß sie die Zuckerproduktion durch die Leber herabsetzen. Biguanide, wie z. B. Metformin (Glucophage®, Diabetex®) werden besonders erfolgreich bei übergewichtigen Typ-2-Diabetikern angewendet, denn eine weitere und erwünschte Nebenwirkung beruht auf Appetithemmung. In der wichtigsten Studie über Prognose des Typ-2-Diabetes, der UKPDS-Studie, wurde gezeigt, daß Biguanidtherapie die Prognose der Typ-2-Diabetiker (Spätschäden um 32% und Sterblichkeit um 36-42%) signifikant verbessert. Metformin darf allerdings ausschließlich bei Personen mit nicht eingeschränkter Nierenfunktion (Kreatinin im Serum unter 1,4 mg/dl) verwendet werden (sonst besteht die Gefahr der Lactacidose - einer gefährlichen Therapiekomplikation).

(2b) **Sulfonylharnstoffe.** Lange wirkende Sulfonylharnstoffe wie Glimepirid (Amaryl®) bzw. das Glibenclamid (Euglucon®) erhöhen die Insulinproduktion der Bauchspeicheldrüse. Man kann sie mit Insulin, sei es für die Basis oder zum Essen, kombinieren. Im Gegensatz zu Biguaniden können die Sulfonylharnstoffe allerdings Unterzuckerungen hervorrufen, mitunter viel schwerwiegendere als Hypos die ausschließlich durch Insulin hervorgerufen werden. Bei Herstellung der Basalrate mit Sulfonylharnstoffen ist der korrektive Einsatz von Normalinsulin problematisch, wenn der Blutzucker „spontan“ abfällt.

(2c) **„Insulinsensitizer“.** Diese neue vielversprechende Medikamentengruppe soll die Insulinwirkung verbessern.

3. **Verzögerungsinsuline.** Sie können alle derzeit im Handel vorhandenen Verzögerungsinsuline für die Basis nehmen (NPH-, Lente-, und Ultralente-Typ, siehe Abb. 4.2, Seite 34). Aber, wie auch bei Typ-1-Diabetes, ist die Senkung des basalen Insulinbedarfes bei Typ-2-Diabetes durch Herstellung der Basis mittels einem besonders lange wirkenden Insulin (Ultralente) morgens in Kombination mit einem etwas kürzer wirkenden Insulin spätabends (Insuline vom Lente-Typ oder NPH-Typ) möglich. Diese Kombination ergibt bessere Nüchternwerte, die Insulindosis kann reduziert werden. Die Insuline für die Basis können, wie bereits erwähnt, wenn notwendig, auch mit Biguaniden und Sulfonylharnstoffen kombiniert werden. Dies erlaubt ebenfalls die Insulindosis niedriger zu halten.

Gibt es bei FIT und Typ-2-Diabetes Besonderheiten, die bei Mahlzeiten oder Blutzuckerkorrekturen zu beachten sind?

Es gibt Hinweise, daß bei Typ-2-Diabetes gerade „die frühe" Antwort des Insulins auf eine Mahlzeit gestört ist. Das heißt, während beim Gesunden innerhalb von kurzer Zeit nach Kohlenhydrataufnahme sehr hohe Insulinspiegel erreicht werden, ist dieser Prozeß bei Typ-2-Diabetes verlangsamt. Die neuen, schnell wirkenden Insulinanaloga wie z.B. Insulin Lispro (Humalog®) erlauben diesen Defekt bei Typ-2-Diabetes auch spezifisch zu kompensieren. Es gibt auch Hinweise, daß bei Therapie mit diesen neuen Insulinen die Tendenz zur Gewichtszunahme etwas geringer ist als mit Normalinsulin. Darüber hinaus bieten die schnell wirkenden Insulinanaloga die üblichen Vorteile einer Möglichkeit, auch nach dem Essen zu spritzen, bzw. schneller zu korrigieren. Besprechen Sie mit Ihrem Arzt, welches kurzwirkende Insulin in ihrem konkreten Fall besonders geeignet ist. Eine gute Basis vorausgesetzt, kann die Insulinproduktion neuerdings auch mit Tabletten „zum Essen" angeregt werden (NovoNorm®). Noch ein Tip: Wenn Sie Gewichtsprobleme haben, können Sie das prandiale Insulin nicht „pro Brot-/oder Kohlenhydrat-Einheit" sondern „pro 100 Kilokalorien" spritzen, unabhängig von der Nahrungszusammensetzung.

Ich verstehe schon, damit wird meine eigene Tendenz auf kohlenhydratarme Mahlzeiten auszuweichen, unterbunden...

Richtig. Und Sie werden sich dadurch auch bewußter, wieviel Kalorien Sie essen. Denn Gewichtsreduktion und Bewegungstherapie bleiben nach wie vor die ursächlichen Therapien des Typ-2-Diabetes. Durch Bewegung und Einschränkung der Nahrungszufuhr kann die Insulinwirkung verbessert und Insulinresistenz verringert werden.

Oh, ich weiß das alles schon. Ich tue mir halt nur so schwer mit der Gewichtsabnahme. Gibt es denn nicht Medikamente, die all meine Probleme endlich lösen würden?

Es gibt tatsächlich einige Ansätze zur medikamentösen Therapie. Jede wirksame Therapie hat allerdings häufig Nebenwirkungen. Sie sollte daher umsichtig in eher „schwereren" Fällen eingesetzt werden. Ähnlich wie die chirurgische Therapie (Magenverkleinerung).

Und was ist in den „leichteren" und „mittleren" Fällen von Übergewicht bei Typ-2-Diabetes und FIT zu tun?

Die wichtigsten Methoden der langfristigen Gewichtsabnahme sind: (1) Zunahme der körperlichen Bewegung, (2) Vermeidung bzw. Reduktion der „konzentrierten", fetten Nahrung, (3) Erhöhung der Ballaststoffzufuhr und Flüßigkeitsmenge. So eine allgemeine Einschränkung der Nahrungsaufnahme entspricht einer Reduktionskost von unter 800 - 1000 kcal und dem weitestgehenden Fett- und Alkoholverzicht. Unterschiedliche Gewichtsabnahmeverfahren erfordern unterschiedliche Anpassung der Medikation: Insulinresistenz verschwindet!

- Bei einer **langsamen Gewichtsabnahme (Reduktionskost)** ist eine Reduktion der Insulindosis und zwar insbesondere der Verzögerungsinsuline um 30-50 % erforderlich.
- **Schalttage in Form von Gemüse-Obsttagen** mit viel Flüßigkeit und Ballaststoffen (Salat-Obst-Dunstgemüse, „SOD-Tage" ursprünglich eingeführt von Karl von Noorden) sind einfach durchzuführen. An so einem Tag essen Sie praktisch nur Ballaststoffe und Kohlenhydrate (vielleicht 6 - 8 BE), Gemüse und Obst verteilt auf 4 - 5 Mahlzeiten. An einem Gemüse-Schalttag sollen Biguanide und Sulfonylharnstoffe abgesetzt und die Insulindosis halbiert werden. Unter funktioneller Insulintherapie wird das basale Insulin abends halbiert und prandiale Insulingabe entsprechend der geringeren Kohlenhydrataufnahme in geringerer Menge beibehalten. Etwa zwei Schalttage pro Woche sind notwendig um wirklich an Gewicht abzunehmen.
- **Modifiziertes Trainingsfasten nach Lützner, Very-Low-Calorie-Diet (VLCD) oder Low-Calorie-Diet (LCD)** sind modifizierte flüssige Fastenformen. Durch Verzicht auf feste Nahrung kommt es zur „Verkleinerung" des Magens und somit zum Verschwinden des Hungergefühls. Personen, die kaum eine langsame Verhaltensänderung für Gewichtsreduktion herbeiführen können, tun sich manchmal leichter mit so einer „radikaleren" Form der Gewichtsabnahme. Die niedrig-kalorischen Flüssigdiäten lassen sich derzeit in allen Drogeriemärkten kaufen. Sollten Sie sich zu so einer Flüssigdiät entscheiden, wählen Sie bitte jene Formen wo besonders viel Ballaststoffe (flüssige Ballaststoffe) enthalten sind und wo genaue Angaben über Kohlenhydratmenge vorhanden sind (Multaben®-Serie, Redukta® [nur in Apotheken erhältlich]) denn sonst werden Sie kaum die richtige Insulindosis wählen können. „Radikalere" Formen der Gewichtsabnahme sollten unter ärztlicher Supervision (am besten während des Schlankkurs oder -Treffs) geschehen. Die Hauptaufgabe ist hierbei primär, das Eßverhalten und Lebensstil zu optimieren. Eine „radikalere" Diät kann nur ein guter Anfang sein! Trainierende Bewegungsformen (Ihrem aktuellen physischen Zustand angepaßt) sind ganz entscheidend. Wenn Sie während der Gewichtsabnahme Ihre Muskeln nicht gebrauchen, so wird Ihr Körper zunächst die Muskelmasse abbauen und erst später von Fettgewebe knabbern. Und das ist absolut nicht erwünscht!

Heißt das, daß ein Versuch der Gewichtsabnahme, ohne zu trainieren, ohne Gymnastik, gar nicht gemacht werden sollte?

Richtig. Bewegung hat Vorrang. Besprechen Sie daher mit Ihrem Arzt, welche Trainings- und Bewegungsformen für Sie besonders geeignet sind. Seien Sie FIT!

Diabetes-Folgeschäden

Werde ich trotz FIT Spätkomplikationen bekommen?

Die Diabetes-Spätschäden (Erblindung, Nierenversagen, Nervenschädigung) entwickeln sich durch eine chronische Erhöhung des Blutzuckers und sind somit Folge einer nicht optimalen Behandlung dieser Stoffwechselstörung. Die Wahrscheinlichkeit von Spätkomplikationen ist bei einer anhaltend guten Stoffwechselkontrolle geringer. Daß Sie eine Pumpe verwenden bzw. mehrfach tägliche Injektionen durchführen, garantiert jedoch noch lange nicht, daß Ihre Stoffwechselkontrolle wirklich gut ist. Entscheidend sind Ihre Selbstkontrollen und die Konsequenzen, die Sie daraus ziehen. Erst dann, wenn Sie ein nahe-normales Hämoglobin A1c erreichen, können wir Ihre Stoffwechselkontrolle als sehr gut betrachten. Allerdings: Jegliche Senkung von MBG und HbA1c senkt auch das Risiko von Spätkomplikationen.

Gibt es außer einer guten Stoffwechselführung noch andere Vorbeugungsmöglichkeiten, die ich nützen könnte?

Minimieren Sie alle anderen Risikofaktoren für Gefäßerkrankungen wie Rauchen, hohen Blutdruck und erhöhte Blutfette. Mittlerweile wurde auch nachgewiesen, daß ein übermäßiger Alkoholkonsum die Entwicklung von Netzhautveränderungen (Retinopathie) bei Diabetikern beschleunigt.

Welche Mechanismen sind an der Entstehung von typischen Spätfolgen beteiligt?

Die typischen Spätschäden an Augen, Nieren, Herz und an den Füßen sind meist durch gleichzeitiges, kombiniertes Auftreten folgender Einzelkomponenten bedingt:

1. *Mikroangiopathie:* Charakteristische Veränderungen der kleinsten Gefäße wie Verdickung der Kapillarwände, Gefäßverschlüsse und Störung der Gefäßdurchlässigkeit, die zu mangelnder Durchblutung führen. Das Auge, genauer die Netzhaut, und die Niere werden davon in ihrer Funktion am schwersten beeinträchtigt.
2. *Neuropathie:* Schädigung der Nerven betrifft vorwiegend die sensiblen und die autonomen (= Eingeweide versorgenden) Nerven.
3. *Makroangiopathie:* Arteriosklerose, die praktisch jeder Mensch im Alter erlebt betrifft die Diabetiker öfter, früher und stärker. Es handelt sich hier um Veränderungen der Schlagadern, die schließlich in Gefäßverschlüssen resultieren können, was zu Herzinfarkt, Schlaganfall, Schaufensterkrankheit und Gangrän führt.
4. *Infektionen:* Infektionen treten vor allem bei schlecht eingestellten Diabetikern auf. Hier kommt es zu Entzündungen der Blase und des Nierenbeckens, zu Pilzinfektionen und zu eitrigen Hautveränderungen.

Können die Spätfolgen rückgängig gemacht werden?

Ab einem gewissen Stadium leider nicht mehr. Aus diesem Grund wird verständlich, wie wichtig es ist, zur Vorbeugung rechtzeitig eine möglichst dauerhafte Nahenormoglykämie zu erreichen.

In welcher Art und Weise werden die Augen bei Diabetes in Mitleidenschaft gezogen?

Die mit dem Augenspiegel erfaßbaren Veränderungen der Netzhaut (diabetische Retinopathie) treten bei den üblichen Behandlungsformen des Diabetes meist erst nach 7 bis 15jähriger Diabetesdauer auf. Zu Beginn dieser Störung steht eine Minderdurchblutung und erhöhte Durchlässigkeit der kleinen Netzhautgefäße, die später kleine Aussackungen (= *Mikroaneurysmen*) bilden können. Kleinste Blutungen und fettartige Ablagerungen kommen später noch hinzu. Im weiteren Verlauf können sich neue Blutgefäßchen (= *Proliferationen*) ausbilden, die Blut in das Augeninnere austreten lassen. Erst dann tritt eine massive Beeinträchtigung des Sehvermögens auf.

Heißt das, daß die Retinopathie zumindest am Anfang zu keiner Verschlechterung des Sehvermögens führt?

Das ist ja das Heimtückische an den Diabetes-Spätfolgen im allgemeinen. Wenn es schon zu einer Funktionsstörung gekommen ist, ist es viel zu spät, um effiziente Maßnahmen im Sinne der Vorbeugung zu treffen. Möglicherweise ist dieser heimtückische Verlauf daran beteiligt, daß eine schwere Beeinträchtigung des Sehvermögens, bzw. Blindheit bei Diabetikern 25mal häufiger auftritt als bei Stoffwechselgesunden, denn die Behandlung wird oft erst in einem (zu) fortgeschrittenen Entwicklungsstadium begonnen.

Man sollte also trotz guten Sehvermögens häufig zum Augenarzt, nicht wahr?

Das ist richtig. Gehen Sie mindestens 1mal jährlich zu einem Augenarzt, der sich auch schwerpunktmäßig mit Diabetesveränderungen beschäftigt. Günstig ist auch (insbesondere nach dem 5. Diabetesjahr) die Durchführung der *Fluoreszenzangiographie*, weil sie die Gefäße am Augenhintergrund genau darstellen läßt.

Gibt es Möglichkeiten zur Behandlung der Retinopathie?

Mittels Laser- oder Lichtstrahlkoagulation können die veränderten Netzhautgefäße verödet werden. Bei einer Glaskörperblutung (das ist die häufigste Ursache der Blindheit bei Typ I Diabetikern) kann manchmal noch eine Entfernung des Glaskörpers (= Vitrektomie) erwogen werden.

Gibt es denn keine Medikamente gegen Retinopathie?

Leider nicht. Die Wirksamkeit medikamentöser Maßnahmen ist nicht erwiesen. Vor kurzem wurde allerdings gezeigt, daß eine Senkung des (sogar normalen) Blutdrucks das Retinopathie-Risiko verkleinert.

Stimmt es, daß Unterzuckerungen bei bestehender Retinopathie für die Augen besonders schädlich sind?

Aus gewissen Studien geht hervor, daß eine rasche Blutzuckernormalisierung bei vorher unzureichend behandelten Diabetikern zu einer (vorübergehenden!) Verschlechterung der bereits bestehenden, fortgeschrittenen Retinopathie führen kann. Diese Verschlechterung der Netzhautveränderungen kann vermieden werden, indem es nur schrittweise zu einer Blutzuckernormalisierung kommt. Es gibt keinerlei Hinweise dafür, daß Unterzuckerungen an sich zur Entwicklung oder Verschlechterung der Augenveränderungen führen.

Wann treten Nierenveränderungen auf?

Eine mikroangiopathische Schädigung der Niere tritt meist erst nach 10 bis 20 Diabetesjahren auf. Charakteristisch für die diabetische Nephropathie ist die ständige Eiweißausscheidung im Harn. Im weiteren Verlauf kann es – trotz langer Beschwerdefreiheit – zu einer Verschlechterung der Nierenfunktion und schließlich zu Nierenversagen, zur „Harnvergiftung", kommen.

Wie kann man die Nierenschädigung rechtzeitig erkennen?

Regelmäßige Harnuntersuchungen auf Eiweißausscheidung (Microproteinurie: nur die Eiweißausscheidungswerte bis 15 µg/min sind normal) sind bei jeder Kontrolle bei Ihrem Diabetes-Arzt angebracht. Weiters sind Blutuntersuchungen zur Überprüfung der Nierenfunktion (*Kreatinin Clearance*, Harnstoff) sowie Ausschluß eines Harnwegsinfektes von Bedeutung.

Gibt es bei diabetesbedingten Nierenschäden Behandlungsmöglichkeiten?

Der Verlauf der Nierenschädigung kann durch rechtzeitige Behandlung eines gleichzeitig bestehenden hohen Blutdrucks bzw. eines Harnwegsinfektes günstig beeinflußt werden. (Wichtig!!! Spätestens in diesem Stadium sollten Raucher das Zigarettenrauchen einstellen!). Bei Feststellung von Eiweißausscheidung im Harn *(Mikroproteinurie)* muß eine optimale Stoffwechseleinstellung erreicht werden.
Nierenversagen führte früher zum Tode. Heute bieten sich die *Dialyse* („Blutwäsche") und die Nierentransplantation als Therapie an. *Peritonealdialyse* (Blutwäsche mit Hilfe von Flüssigkeitsaustausch im Bauchfellraum) scheint bei Diabetes günstiger zu sein als *Hämodialyse* (Blutwäsche außerhalb des Körpers; erfordert einen Blutgefäßzugang und komplizierte Geräte zur Durchführung).

Sie haben erwähnt, daß auch die Nerven durch Diabetes in Mitleidenschaft gezogen werden können. Wie kann sich das äußern?

Die Schädigung des sensiblen Nervensystems kann einen Verlust der Sensibilität, also Gefühllosigkeit in den Füßen und an den Beinen, seltener an den Händen hervorrufen. Später können sich auch Mißempfindungen oder Schmerzen im Bereich der Beine einstellen.
Eine Schädigung des vegetativen, eingeweideversorgenden Nervensystems (= autonome Neuropathie) kann umfassen:
- Störung der Blutdruckregulation;
- Mangelhafte Anpassung der Herzfrequenz bei Belastung;
- Magenentleerungsstörungen, Durchfall;
- Männliche Impotenz (Verlust der Erektionsfähigkeit);
- Blasenentleerungsstörung;
- Mangelhafte Schweiß- und Talgsekretion im Bereich der Füße.

Gibt es zur Früherfassung der diabetischen Neuropathie besondere Abklärungsmöglichkeiten?

Bereits eine einfache Untersuchung des Vibrationsempfindens (mit einer Stimmgabel) und der Sehnenreflexe durch Ihren Diabetes-Arzt kann Hinweise darauf geben. Eine genauere neurologische Abklärung ist allerdings lediglich mittels Spezialtests (z. B. mittels Nervenleitgeschwindigkeit) möglich. Autonome Neuropathie am Herzen kann mit Messung der Herzratenvariabilität (wie EKG) erfaßt werden.

Gibt es Behandlungsmöglichkeiten der Nervenschädigung?

Die Wirksamkeit bestimmter Medikamente ist lediglich bei sensorischer Neuropathie gesichert. Erfahrungsgemäß können manche Formen der Neuropathie durch eine sehr gute Blutzuckerkontrolle verbessert werden. Frühe autonome Neuropathie am Herzen kann durch regelmäßiges körperliches Ausdauertraining auch beeinflußt werden.

Sie haben gemeint, daß auch die großen Gefäße durch Diabetes betroffen werden. Worauf ist hierbei zu achten?

Die Veränderungen der großen Gefäße (= Makroangiopathie) sind, wie Sie bereits wissen, nicht diabetes-spezifisch. Diabetes ruft jedoch besonders frühes und besonders starkes Auftreten von arteriosklerotischen Gefäßveränderungen hervor. Deswegen treten auch Herzkranzgefäßveränderungen bei Diabetikern wesentlich häufiger auf als bei Stoffwechselgesunden. Auch der hormonelle Schutz der Frau (vor dem 50. Lebensjahr sind stoffwechselgesunde Frauen von Herzkranzgefäßerkrankungen nur extrem selten betroffen) scheint bei diabetischen Frauen vermindert zu sein. Insgesamt kann gesagt werden, daß Frauen, die vor dem 50. Lebensjahr einen Herzinfarkt erleiden, häufig an Diabetes leiden.

Welche Symptome der Herzkranzgefäßerkrankung sind zu erwarten?

Typisch ist die Angina pectoris (Herzschmerzen bei körperlicher Belastung). Aber Vorsicht! Aufgrund der manchmal gleichzeitig bestehenden Neuropathie kann bei Diabetikern eine Herzkranzgefäßerkrankung ohne übliche Beschwerden und Symptome auftreten. Bei über 40jährigen sind daher jährliche EKG-Kontrollen angebracht. Wenn bereits Herzbeschwerden vorliegen, sind zur Abklärung gewisse Spezialuntersuchungen vonnöten.

Welche Vorbeugungsmaßnahmen sind zum Schutz vor Herzkranzgefäßkrankheit geeignet?

Von großer Bedeutung ist der Abbau anderer vorhandener Risikofaktoren der arteriellen Verschlußkrankheit - insbesondere des Zigarettenrauchens und des erhöhten Blutdrucks und/oder der Blutfette. Wichtig sind auch Sport und systematisches Bewegungstraining. Besprechen Sie mit Ihrem Arzt, ob und welche Art des systematischen Trainings in Ihrem konkreten Fall angebracht ist.

Was bedeutet eigentlich „diabetischer Fuß"?

Die Kombination der Neuropathie der durch Gefäßveränderungen bedingten mangelhaften Durchblutung der Wundheilungsstörung und schließlich der Infektion kann zur Entstehung der *diabetischen Gangrän* („Brand") führen. Amputationen sind bei Diabetikern 20mal häufiger als bei Nicht-Diabetikern. Zuckerkranke schenken den Verletzungen am Fuß oder den für die arterielle Durchblutungsstörung typischen, belastungsabhängigen Wadenkrämpfen, häufig zu wenig Beachtung, da die Schmerzempfindung durch Neuropathie beeinträchtigt ist. Verletzungen oder enge Schuhe tun dann nicht weh. Sehr wichtig sind daher entsprechende Kontroll- und Pflegemaßnahmen, die aufmerksame Behandlung von allfälligen Verletzungen und Druckstellen sowie von Fußpilz und Infektionen. Im Vordergrund stehen häufig nicht die Gefäßverschlüsse, sondern die Neuropathie. Der „diabetische Fuß" ist daher nicht kalt und minderdurchblutet, sondern umgekehrt durch unangemessene Gefäßerweiterung (Nervenschädigung) übermäßig durchblutet und heiß und mitunter deswegen so verletzbar.

Welche Untersuchungen sollten nun zusammengefaßt zur Erfassung der Spätkomplikationen durchgeführt werden?

Mindestens 1mal jährlich sollten vorgenommen werden:
1. Augenhintergrund-Untersuchung mit dem Augenspiegel (nach dem 5. Diabetesjahr eventuell auch Fluoreszenzangiographie);
2. Harnanalyse auf Eiweiß (Mikroproteinurie) und Sediment;
3. Blutanalyse (Nierenfunktionsparameter, Blutfette);
4. Untersuchung der Fußpulse;
5. Untersuchung der Sensibilität an den Füßen (Stimmgabel, Sehnenreflexe).

Blutdruckmessungen sollten nach einer Diabetesdauer von über 10 Jahren häufiger als 1mal jährlich vorgenommen werden. Selbst eine leichte Erhöhung des Blutdrucks kann bereits Ausdruck einer Nierenschädigung sein und sollte wirksam behandelt werden. Bei Vorliegen einer erhöhten Mikroproteinurie (über 20 µg/min, bestimmt aus dem Sammelharn) bzw. einer fortgeschrittenen Retinopathie ist praktisch immer eine Blutdruckerhöhung vorhanden. Dann sollte eine selbständige Anpassung der medikamentösen Blutdruckbehandlung anhand der selbständigen Blutdruckmessung in einer speziellen Hypertonie-Schulung gelernt werden (Aufwand: 10 – 12 Unterrichtsstunden verteilt auf 3 bis 4 Nachmittage; vgl. auch **„Weiterführende Literatur", Seite 45**). Eine „wirkliche" Normalisierung des Blutdrucks erlaubt häufig das Fortschreiten der Retinopathie und der Nierenschädigung zu verlangsamen. Vergessen Sie nicht, daß außer einer rechtzeitigen, konsequenten und anhaltenden Normalisierung Ihrer Blutzucker- und Blutdruckwerte noch keine besseren Maßnahmen zur Vorbeugung von Spätschäden gefunden worden sind.

Bei einer beginnenden Nierenschädigung bei Diabetes (Erhöhung der Mikroproteinurie) gehört die Blutdruckselbstmessung zu einem absoluten Muß. Wenn Sie meinen, einen noch „normalen" Blutdruck trotz Eiweißausscheidung zu haben, so raten wir Ihnen eindringlich zur 24-Stunden-Blutdruckmessung. Mit dieser neuen Methode läßt sich häufig nachweisen, daß die Blutdruckwerte in der Nacht erhöht sind bzw. daß der physiologische und erwünschte nächtliche Blutdruckabfall nicht mehr vorhanden ist: auch das kann durch entsprechende Medikamenteneinnahme beeinflußt werden.

Inhalte der Hypertonie-Schulung bei Diabetikern mit Folgeschäden, wie sie derzeit bei uns ambulant gemacht wird:

HYPERTONIE-SCHULUNG

Schwerpunkt: Sekundäre Hypertonie bei Diabetes mellitus

Unterrichts-Einheit I:

- Ursachen des Bluthochdrucks (= Hypertonie)
- Ursachen der Hypertonie bei Diabetes mellitus
- Erfassung von Nierenschäden bei Diabetes mellitus
- Nicht-medikamentöse Behandlungs-Maßnahmen bei Hypertonie
- Medikamentöse Therapie bei Bluthochdruck (Umriß)
- Blutdruck-Selbstmessung
- 24 Stunden Blutdruckmonitoring

Unterrichts-Einheit II:

- Zusammenfassung: Entstehung des Bluthochdrucks
- Bedeutung der sekundären Hypertonie bei Diabetes
- Die häufigsten Fehler bei Blutdruck-Selbstmessung
- Medikamentengruppen und ihre Eigenschaften
  - ACE-Hemmer
  - Calciumantagonisten
  - Diuretika
  - Beta-Blocker
  - Gefäßerweiterer
  - zentral wirksame Substanzen
- Besprechung der ambulant erhobenen Blutdruckwerte; Therapieanpassung

Unterrichts-Einheit III:

- Zusammenfassung der medikamentösen Maßnahmen
- Protokollbesprechung und Therapieanpassung
- Hochdruckbehandlung als Vorbeugung der Spätkomplikationen bei Diabetes
- Absetzen der antihypertensiven Therapie: wann und bei wem sinnvoll und möglich?
- Therapieanpassung bei hypertensiver Krise
- Bluthochdruck und andere Risikofaktoren der koronaren Herzkrankheit
- Diskussion

Glossar

Aceton im Harn: s. Ketonkörper

Acidose: s. Ketoacidose

Adrenalin: wichtigstes Streßhormon vom Nebennierenmark

Algorhythmus (-en) der Insulindosierung: Regeln der Insulindosierung. Bei FIT beschreiben sie, wieviel und welches Insulin zum Fasten oder zum Essen je 1 Broteinheit oder zur Korrektur eines zu hohen Blutzuckers genommen wird.

Altinsulin: s. Normalinsulin

Anpassung der Insulindosierung, primäre: unter FIT Blutzuckerkorrektur mit Normalinsulin oder mit Kohlenhydraten; eine unmittelbare Reaktion auf einen Blutzuckerwert außerhalb des Zielbereiches. **Sekundäre Anpassung:** Veränderung der Algorithmen der Insulindosierung, erforderlich bei Feststellung einer Veränderung des durchschnittlichen Insulinbedarfes (z.B. bei Krankheit) oder einer unzureichenden Glykämiekontrolle.

Autonome Neuropathie: s. Neuropathie

Basalrate: basales Insulin; unter FIT zum Stabilhalten des Blutzuckers (bei kurzfristigem Fasten) erforderliches Insulin.

Beta-Zelle: eine insulinproduzierende Zelle im Bereich der Langerhansschen Inseln in der hormonproduzierenden Bauchspeicheldrüse.

Blutglukose-Korrektur: s. Anpassung der Insulindosierung, primäre

„Brittle"-Diabetes: Zuckerkrankheit mit „außergewöhnlichen" Schwankungen des Blutzuckers. Der labile Diabetes mellitus kommt meist nur bei absolutem Insulinmangel vor.

Coma diabeticum: Ketoacidose mit Bewußtseinstrübung

Dawn-Phänomen, Morgendämmerungsphänomen: bei Diabetikern häufig feststellbare, in den frühen Morgenstunden vorkommende Erhöhung des Blutzuckers; wahrscheinlich hervorgerufen durch eine erhöhte Zuckerproduktion der Leber in den Morgenstunden.

Diabetiker-Selbsthilfegruppen: spontan entstandene Vereinigungen von Patienten mit Diabetes mellitus zur Verbesserung der Aufklärung und Schulung der Diabetiker in der Selbstbehandlung, zum Erfahrungsaustausch, zur Verbesserung der sozialen Position der Diabetiker.

Dialyse: lebensrettende Blutwäsche bei Nierenversagen.

Fluoreszenzangiographie: eine besondere Untersuchung der Augen (der Netzhaut) zur Erfassung einer diabetischen Retinopathie; Darstellung der Netzhautgefäße.

Gegenregulatorische Hormone: blutzuckerhebende, u.a. als Antwort auf eine Hypoglykämie vom Körper produzierte Streß-Hormone (Adrenalin, Glukagon, Cortisol, Wachstumshormon).

Glukagon: ein in den Alfa-Zellen der Langerhansschen Inseln (der hormonproduzierenden Bauchspeicheldrüse) produziertes, gegenregulatorisches Eiweißhormon. Unerläßlich bei Behandlung von Hypoglykämien mit Bewußtlosigkeit. Glukagon muß gespritzt werden.

Glukose: Traubenzucker

Glykämiekontrolle: aktive Blutzuckersteuerung durch den Patienten. Unter FIT: primäre und sekundäre Anpassung der Insulindosierung.

Glykogen: Speicherzucker, Kohlenhydratvorräte (meist in der Leber).

Glykosilierung: unzertrennliche Verbindung von Eiweißkörpern mit Glukose, deren Ausmaß von der durchschnittlichen Blutzuckerhöhe abhängt. Die übermäßige Glykosilierung des menschlichen Gewebes bei unzureichend behandeltem Diabetes ist wahrscheinlich der wichtigste Mechanismus zur Entstehung von Spätfolgen des Diabetes.

Hämoglobin A1c: glykosiliertes, d.h. unzertrennlich mit Zucker verbundenes Eiweißmolekül des Hämoglobins, des roten Farbstoffes der roten Blutkörperchen. Beinhaltet die Information über die durchschnittliche Blutzuckerhöhe in den 6 Wochen vor der Blutabnahme.

Humaninsulin: Insulin mit der Zusammensetzung des menschlichen Insulins.

Hypoglykämie, Unterzucker: Blutglukose unter 60 mg/dl. Bei Diabetikern die Konsequenz einer Insulinüberdosierung.

Hyperglykämie: zu hohe Blutzuckerwerte.

Immunintervention: medikamentöse Veränderung der Abwehrleistung des Körpers. Notwendig z.B. zur Unterdrückung der Abstoßungsreaktionen nach Transplantationen.

Insulinanaloga: veränderte Insuline mit besonderen Eigenschaften: z. B. besonders schnell (z. B. Insulin lispro, Humalog®) oder langsam wirkende Insuline.

Insulinantikörper: gegen Insulin gerichtete, vom Körper produzierte Antikörper. Die Produktion der Insulinantikörper gegen menschliche (Human-) Insuline ist geringer als bei tierischen Insulinen.

Insulinkinetik: zeitabhängiger Verlauf der Insulinkonzentration im Blut.

Insulinmangeldiabetes: Typ I Diabetes mellitus

Interdisziplinäre Betreuung der diabetischen Schwangeren: Betreuung durch mehrere Spezialisten in einem Spezialzentrum (Diabetologe, Geburtshelfer = Gynäkologe, Kinderarzt = Neonatologe, Augenarzt)

Ketoacidose: Entgleisung, Insulinmangel: Aceton und Hyperglykämie.

Ketonkörper: Endprodukt der Fettverbrennung; Hinweis (bei Insulinmangel-Diabetikern) auf unzureichende Insulindosierung, so daß für Energiegewinnung statt Glukose vermehrt Fettgewebe herangezogen wird. Ketonkörper (Aceton) können auch Hinweis für eine zu geringe Nahrungszufuhr sein.

Kontrazeption: Schwangerschaftsverhütung.

Kreatinin: Parameter der Nierenfunktion.

Langerhanssche Inseln: hormonproduzierende Bauchspeicheldrüse; kleinste, hormonproduzierende „Inseln", zerstreut in der Bauchspeicheldrüse. Enthalten u.a. Alpha-Zellen, die Glukagon produzieren und Beta-Zellen, in denen die Produktion des Insulins stattfindet.

Laserbehandlung der Netzhaut: heute klassische Behandlung bei diabetesbedingten Netzhautveränderungen; verlangsamt das Fortschreiten der Retinopathie.

Lipodystrophie: Fettgewebsschwund, hervorgerufen durch ständige Insulinverabreichung in die gleichen Hautareale.

Lipohypertrophie: Fettüberwucherung, ebenfalls hervorgerufen durch längerfristige Insulinverabreichung in die gleichen Hautareale.

Makroangiopathie: Veränderung der großen Gefäße; Arteriosklerose

Mikroaneurysmen: für diabetische Retinopathie typische Veränderungen, kleine Aussackungen von Kapillaren der Netzhaut; Diabetes-Spätkomplikation.

Mikroangiopathie: diabetesspezifische Veränderung der kleinsten Gefäßchen (= Kapillaren). Die Netzhaut und die Niere werden dadurch am stärksten in ihrer Funktion beeinträchtigt. Mikroangiopathie tritt erst nach einer etwa 5–10jähriger Diabetesdauer auf.

Mikroproteinurie, Mikroalbuminurie: Eiweißausscheidung im Harn. Meist typisch für die diabetische Nephropathie. Normal sind die Werte bis 15–20 µg/min.

Nephropathie, diabetische: durch Diabetes und in erster Linie durch diabetische Mikroangiopathie hervorgerufene Einschränkung der Nierenfunktion bei Diabetikern. Geht mit Eiweißausscheidung im Harn, Erhöhung der harnpflichtigen Substanzen im Blut und Hochdruck einher. Im Frühstadium der diabetischen Nephropathie ist eine Blutdrucksenkung sowie Normalisierung der Blutzuckerwerte zur Prävention des endgültigen Nierenversagens von großer Bedeutung.

Neuropathie, diabetische: charakteristische Veränderungen der Nervenfunktion bei Diabetes, die meist nach langer Diabetesdauer und bei schlechter Diabeteseinstellung auftreten. Betreffen in erster Linie die sensiblen Nervenfasern (sensible Neuropathie) sowie die Eingeweide versorgenden Fasern (autonome Neuropathie).

Normalinsulin: Insulin ohne Verzögerungssubstanzen, mit kurzer Wirkung; Altinsulin.

Normoglykämie: normale Blutzuckerwerte, nüchtern zwischen 60 und 120 mg/dl, nach dem Essen bis 160 mg/dl. Das Behandlungsziel bei Diabetikern mit noch langer Lebenserwartung.

Pankreas: Bauchspeicheldrüse

prandial: mahlzeitengebunden, essensbezogen ; praeprandial = vor –, postprandial = nach der Mahlzeit.

prandiales Insulin: für den Transport der Nahrung notwendiges Insulin. Unter NIS wird das prandiale Insulin mit Normalinsulin ersetzt. Die prandiale Insulindosierung ist in erster Linie von der Kohlenhydratmenge der Mahlzeit abhängig.

Resorption: Aufnahme

Resorptionsgeschwindigkeit der Kohlenhydrate: Geschwindigkeit der Kohlenhydrataufnahme vom Magen-Darm-Trakt ins Blut nach einer Mahlzeit.

Resorptionsgeschwindigkeit des Insulins: zeitabhängiger Verlauf des Insulinspiegels im Blut nach einer Injektion.

Retinopathie, diabetische: für Diabetes typische Netzhautveränderungen. Treten meist nach 5–10jähriger Diabetesdauer auf.

Sensor: Einrichtung zur kontinuierlichen Messung von gewissen Parametern; ein Blutzuckersensor mißt kontinuierlich den aktuellen Blutzucker. **Schrankensensor:** Sensor, der imstande ist, lediglich den Grenzbereich zu erfassen (z. B. nur den hypoglykämischen Blutzuckerbereich).

Spätkomplikationen des Diabetes mellitus: charakteristische Veränderungen der kleinsten Gefäße (Mikroangiopathie), der größeren Gefäße sowie der Nerven (Neuropathie), die durch einen langjährigen, unzureichend behandelten Diabetes hervorgerufen werden. Auge und Niere werden dadurch in ihrer Funktion am stärksten beeinträchtigt.

Unterzuckerung: s. Hypoglykämie

Ultratard HM: lang wirkendes Insulin; Verzögerungsprinzip: Zink, kristallin. Wirkungsdauer von 18 bis über 30 Stunden (dosisabhängig).

Verzögerungsinsuline: im Gegensatz zu Normalinsulin verzögert wirkende Insuline. Enthalten Zusätze von Metallionen oder Eiweißkörpern, die die Abgabe von Insulin von der Injektionsstelle ans Blut verlangsamen.

Vitrektomie: Glaskörperentfernung nach einer Glaskörperblutung (bei fortgeschrittener diabetischer Retinopathie) zur Erhaltung der Sehfähigkeit.

Antworten auf Fragen zur „Diabetikerschulung“ (Kapitel 4)

A

Richtig sind:	Falsch sind:
A1	A2
A3	A7
A4	A10
A5	A13
A6	
A8	
A9	
A11	
A12	

B

Richtig sind:	Falsch sind:
B1	B2
B3	B4

C

Richtig:	Falsch:
C2	C1
	C3

D

Richtig:	Falsch:
D2	D1
	D3

E

Richtig:
E1
E2
E3

F

Richtig:	Falsch:
F4	F1
F5	F2
	F3
	F6

G

Richtig:	Falsch:
G5	G1
	G2
	G3
	G4
	G6

H

Richtig:	Falsch:
H2	H1
	H3

I

Richtig:	Falsch:
I2	I1
	I3

J

Richtig:	Falsch:
J1	J2
J3	J4
J5	

K

Richtig:	Falsch:
K2	K1
	K3

L

Richtig:	Falsch:
L1	L2
L3	L4
L9	L5
L10	L6
L14	L7
L16	L8
L18	L11
L19	L12
L26	L13
L29	L15
L31	L17
L32	L20
L33	L21
L45	L22
	L23
	L24
	L25
	L27
	L28
	L30
	L34
	L35
	L36
	L37
	L38
	L39
	L40
	L41
	L42
	L43
	L44

Antworten auf Fragen zur FIT-Schulung (Kapitel 5)

A

Richtig:	Falsch:
A2	A1
A3	A5
A4	A7
A6	A8
A14	A9
A17	A10
	A11
	A12
	A13
	A15
	A16

B

Richtig:	Falsch:
B3	B1
	B2

C

Richtig:	Falsch:
C3	C1
C4	C2
	C5

D

Richtig:	Falsch:
D1.a	D1.b
	D1.c
D2.b	D2.a
	D2.c

E

Richtig:	Falsch:
E1.c	E1.a
	E1.b
E2.c	E2.a
	E2.b

F

Richtig:	Falsch:
F1.b	F1.a
	F1.c
F2.b	F2.a
	F2.c

Antworten auf Fragen zum Abschied

A

Richtig:	Falsch:
A3	A1
A6	A2
A10	A4
A11	A5
A12	A7
A15	A8
	A9
	A13
	A14
	A16

B

Richtig:	Falsch:
B2	B1
	B3

C

Richtig:	Falsch:
C3	C1
	C2

D

Richtig:	Falsch:
D3	D1
	D2

E

Richtig:	Falsch:
E2	E1
	E3

F

Richtig:	Falsch:
F2	F1
	F3

Bestimmung der Korrekturalgorithmen und Nierenschwelle. Anweisung für Patienten

Patient: Datum Berater:

Technische Voraussetzungen	Erfüllt Ja	Nein
1. Blutzucker-Meßgerät mit adäquaten Streifen vorhanden?	......	......
2. Acetonstreifen (Keto Diabur 5000, Ketur BM) vorhanden?	......	......
3. Harnzuckerstreifen (Diabur 5000) vorhanden?	......	......
4. Ausreichende Menge an Flüssigkeit (ca 2000 ml, kein Bier!, keine Milch) vorhanden?	......	......

Alle Fragen sollten Sie mit „ja" beantworten können. Sollten Sie die technischen Voraussetzungen nicht erfüllen können, so führen Sie die Untersuchung bitte ein anderes Mal durch.

Phase 1: Erfüllung der Voraussetzung zur Nierenschwellenbestimmung: **Erreichen der basalen Bedingungen**

	Ja	Nein
1. Letzte Mahlzeit vor mehr als 5 Stunden?	......	......
2. Letzte Normalinsulininjektion vor mehr als 5 Stunden?	......	......
3. Stabiler Blutzucker (kein Trend zum Ansteigen oder Abfallen) seit 1.5h?	......	......
4. Harnzucker negativ?	......	......
5. Aceton negativ?	......	......

Wenn Sie am Ende der Phase I mehr als eine Frage mit „nein" beantworten, hat die Untersuchung wenig Sinn. In diesem Fall sollten Sie die Nierenschwellenbestimmung an einem anderen Tag durchführen, wenn die basalen Bedingungen erreicht werden können. Während der Phase I sollten Sie zumindest 1l Flüssigkeit (z.B.Tee, Mineralwasser) trinken.

Phase 2: Kontrolliertes Heben der Blutglukose (s.Frage 1 und Frage 2)
Nehmen Sie bitte so viel Dextroenergen zu sich, daß Ihr Blutzucker auf ca 250 mg/dl ansteigt. Versuchen Sie ab jetzt in 10-minütigen Abständen zu urinieren. Dies ist leicht möglich, sofern Sie bis jetzt zumindest 1 l Flüssigkeit getrunken haben. Messen Sie bitte gleichzeitig Blut- und Harnzucker in kurzen Abständen. Trinken Sie weiter ca 1/4–1/2 l.

Phase 3: „Plateau"
Warten Sie bis Ihr Blutzucker wieder stabil ist und nicht mehr spontan abfällt. Erst dann können Sie sich die Menge von Normalinsulin ausrechnen, die Sie zur Blutzuckersenkung auf ca 100–110 mg/dl benötigen. Trinken Sie immer noch ca 1/4 bis 1/2 l.

Phase 4: Gezielte Blutzuckersenkung mit Normalinsulin
Verwenden Sie dabei (aus Zeitgründen) die Ihnen bekannten Möglichkeiten zur Beschleunigung der Normalinsulinwirkung. Beantworten Sie Frage 3. Führen Sie weiterhin Parallelmessungen Harnzucker/Blutzucker durch.

a

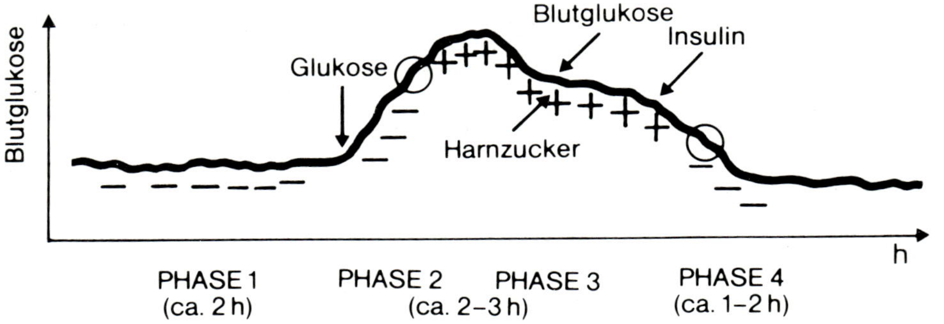

Fragen: Unter basalen Bedingungen

1. Wo liegt meine Nierenschwelle? .... mg/dl

2. Was bewirkt bei mir 1 BE (50 kcal) Glukose? + ... mg/dl

3. Was bewirkt bei mir 1 E Normalinsulin? − .... mg/dl

Zeit	Blutglukose mg/dl	+/− HZ Harnzucker-streifen	Handlung

Phase 1: Erreichen der basalen Bedingungen (ca 2–3h)

....	....	....	LetzteMahlzeit um .
....	....	....	Letzte Injektion um .
....	....	....	Letzte Korrektur . .
....	....	....	um ....
....	....	....	mit ....
....	....	....	weil ....

Phase 2 + 3: Hebung der Blutglukose bis zur BG-Plateaubildung (ca 2–3h)

....	....	....	g Glukose .....
....	....	....	....
....	....	....	....
....	....	....	....
....	....	....	....
....	....	....	....
....	....	....	....
....	....	....	....

Phase 4: Gezielte Blutglukosesenkung (ca 2h)

....	....	....	IE Normalinsulin . .
....	....	....	....
....	....	....	....
....	....	....	....
....	....	....	....

b

Anhang:

Experiment: „Die Sünde“

Name: ______________________________

Datum: ______________________________

Essen Sie, was Sie wollen.

Antworten Sie sich dabei (und danach!) selbst:

1. Kann ich die Insulindosis mit einer bestimmten Kohlenhydratmenge richtig abstimmen?

   ....

2. Kann ich die Insulinkinetik und den Spritz-Eß-Abstand der gewählten Speise (und der aktuellen Blutzuckerhöhe) entsprechend anpassen?

   ....

3. Habe ich meine Minimalausrüstung für FIT richtig zusammengestellt, d.h. kann ich außerhalb des Krankenhauses bei der Blutzuckerschätzung auch ohne Blutzucker-Meßgerät auskommen sowie das Insulin problemlos verabreichen?

   ....

Zeit	BG	Insulin	BE; Mahlzeit	Bemerkungen

Glykämischer Index

= Wirksamkeit ausgewählter kohlenhydrathaltiger Nahrungsmittel auf den Blutzuckerspiegel
(Blutzuckerwirksamkeit reiner Glukose = 100%)

sehr hoch:	90 – 100%	Kartoffeln, Honig, Reis
hoch:	50 – 90%	Brot, Müsli, auch Vollkornprodukte
niedrig:	30 – 50%	Milch, Nudeln, Obst, Eis, Hülsenfrüchte
sehr niedrig:	< 30%	Gemüse, Bohnen, Linsen

Umrechnung von mg/dl in mmol/l

mg/dl	mmol/l	mg/dl	mmol/l
20	1,1	220	12,2
40	2,2	240	13,3
60	3,3	260	14,4
80	4,4	280	15,5
100	5,5	300	16,6
120	6,6	320	17,7
140	7,7	340	18,8
160	8,8	360	19,9
180	9,9	380	21,1
200	11,1	400	22,2

(Umrechnungsfaktoren für Blutglukose: mg/dl × 0,05551 = mmol/l
mmol/l × 18,02 = mg/dl)

Sachverzeichnis

Halbfette Seitenzahlen beziehen sich auf die Seiten, auf denen das Thema schwerpunktmäßig abgehandelt ist.

A

Aceton im Harn 20, 22, 107, 113, 129
Adrenalin 18, 84
Algorithmen (Regeln) der funktionellen Insulinanwendung **15**, 16, 47, **50**, 60, 69, **98 ff**
–, für basales Insulin **53**, 54, 60, 67, **79**, **100** **115**
–, für Blutzuckerkorrekturen 60, 61, 71, **75** 92, **102 ff**
–, für prandiales Insulin 55, 56, 61, 69, **100**
Alkohol **20**, 89, 141
Alters (Typ-2)-Diabetes 20, 22
Altinsulin (Normalinsulin) **32**, 56, 61, 66
Anpassung der Insulindosierung **37**, 96, **98 ff**, 104
–, primäre (Blutzuckerkorrektur) 26, 39, 61, **66**, 90, 94 ff, **113**
–, sekundäre (Algorithmenkorrektur) 53, **95**, 97, **98 ff**, 113, 119, 129
Antibabypille (Ovulationshemmer) 127
Arteriosklerose, Atherosklerose 141
ärztliche, ambulante Kontrollen bei FIT-Patienten **120**, 146
–, in der Schwangerschaft 129, **131**
Augenhintergrundsuntersuchung 134, 137

B

Ballaststoffe 56
„basale“ Bedingungen unter FIT **75**, 78
basales (Fasten-) Insulin, Basalrate für NIS **34**, 83, 100, 111, **115**
–, Anpassung der Dosierung 50, **53 ff**, 60, **104**
–, Anteil an der Gesamtinsulindosierung 53, 100
–, Mehrbedarf morgens 50, 54, 60, 79
–, Verschiebbarkeit der Spritz-Zeiten **115**, 116
Bewußtlosigkeit 52, 85, 93
Bilanzerstellung unter FIT 35, 47, 94, 95, **119**
Blutgewinnung für Selbstkontrolle 11, 26, 121
Blutglukose (Blutzucker)-Selbstkontrolle **26**, 35, 111, 119
–, bei ambulanten Patienten **27**, **60**
–, in der Schwangerschaft 60, 128 ff
–, Meßgeräte 11, 26, 72, **121**
–, postprandiale Stichproben 27, 51, 98, 128
–, Teststreifen 26, 72
–, während des FIT-Programmes 47
Bluthochdruck 127, 146
Blutwäsche (Dialyse) 144
Blutzuckerspitzen und Schwankungen
–, Bedeutung 27, 28, 97, **121**
–, Vermeidung 68, 121
Broteinheiten (BE) **29**

D

„Dawn“-Phänomen 53, 60, 96, **100 ff**, 106
Desinfektion 11, 121
Dialyse (Blutwäsche) **144**
Diät **29 ff**, 59
–, bei Gewichtsabnahme 31, 114, 129
–, bei konventioneller Behandlung 29
–, Eiweiß (Fett)-Berechnung bei kohlenhydratarmen Mahlzeiten 31, 59
–, „freie“ 13, 122
–, und prandialer Insulinbedarf 29, 59
–, und basaler Insulinbedarf 78, 114, 129

E

Empfängnisverhütung 127
Entbindung 99, **129**
Entgleisung 94 ff, 113

F

Fasten 55, **79**, 114
fieberhafter Infekt 94, 99, 113
FIT (funktionelle Insulintherapie) 14, **15**, 25, 35 ff, 46
FIT-Programm 13, **14**
Fluoreszenzangiographie 143, 146
Fructose (Fruchtzucker) 29
funktionelle Insulinanwendung **11**, 14, 25, **46**, 122

G

Gefäßkrankheiten 24, **141 ff**
–, Risikofaktoren 141 ff, 145

gegenregulatorische (Streß-) Hormone 18, 54
Gewichtsabnahme 31, **114**, 129
Glukagon 18, **85**, 93
Glukose (Traubenzucker) 18, **87**
Glykämiekontrolle unter NIS (s. Anpassung der Insulindosierung)
Glykämischer Index 158
Glykogen (Speicherzucker) 20
glykosiliertes (Zucker-) Hämoglobin (HbA1c) 24, **27**, 28, 35, 141
Grippe 95, 99, 113
Guar 56

H

Hämoglobin A1c (HbA1c) **27**, 28, 35, 132
Harnzucker 21, 25, 47, **51**, **74 ff**, 111
Humaninsulin 32, 111
Humalog® 32, 34, 67
Hyperglykämie 68, **94 ff**
–, und Nahrungsaufnahme 59, 66, 68, 121
Hypoglykämie (Unterzucker) 52, **84**
–, Bedeutung 28, 52
–, Risikopatienten 88
–, Risikosituationen **89**
–, Symptome 84
–, Wahrnehmung 82, **90**
–, Vorbeugung 68, 88, **93**

I

Impotenz 144
Injektionstechnik 11, 33, 47, 121
Insulin **32 ff**
–, Human- 32, 111
–, Intermediär- 33, 104, 116, 123
–, Monotard-Typ 32, 54, 104
–, Normal (Alt)- **32**, 56, **61**, 66
–, NPH-Typ **32**, 54, 104
–, Ultratard-Typ **33**, 104
–, Verzögerungs- 33, 60
– –, Wirkungscharakteristika 32, 33
Insulinanaloga 32, 34 ff
Insulinbedarf **18**, 50, **99**, 113
–, basal 33, 34, 54
–, für Eiweiß/Fett bei kohlenhydratarmen Mahlzeiten 32, 48, 59
–, prandial 29, 32, 55, 56
–, pro BE 32
Insulinbehandlung 35, **37**, **38**
–, funktionelle 11, 12, 14, 25, 35, 38, 46
–, intensivierte 18, 38
–, konventionelle 35
Insulinkinetik 55, 57, 61
Insulinpen 39, 50, 72
Insulinproduktionsrate Gesunder **18**, 19, 50, 107
Insulinpumpen 11, 36, 38, 39, **40**, 45, 116, 130, 131
„Insulinspiele“ 69 ff

J

Jugend (Typ-1)-Diabetes 20, 37
–, Entstehung 22, 23
–, Vererbung 126

K

Kaiserschnitt 128, 130
Kalorien 30, **31**, 121
Ketonurie (Aceton im Harn) 20, 22, 107, 113, 128
Ketoacidose (Entgleisung) 20, 113
Kohlenhydratberechnung und prandialer Insulinbedarf 29, 30, 55, 59
Kohlenhydrateinheiten (KHE) 29
Kontrazeption (Schwangerschaftsverhütung) 127
Korrektur des Blutzuckers **11**, **25**, 26, 39, 60, 61, **66**, **90**, 93, 113
Kreatinin (Parameter der Nierenfunktion) 144

L

Langerhanssche Inseln 18
Laser/Licht-Koagulation der Netzhaut 24, 143
Liphohypertrophie (Fettüberwucherung) 121

M

Makroangiopathie 23, **145**
MBG, mittlere Blutglukose
–, der Woche **26**
–, des Tages **26**, 28, **104**, 128
Mikroangiopathie 23, 141
Mikroproteinurie 144, 146
„Minimalausrüstung“ für FIT **71**, 72, 93, 111, 129
Mischbarkeit von Insulinen 66, 67, 89, 121
Mißbildungen 126, 131
Muskelarbeit 20, **107 ff**, 115

N

Nephropathie, diabetische 98, 141, **144**
Neugeborenen-Hypoglykämie 127, 131

Neuropathie, diabetische 23, 132, 145
Nierenschwelle für Glukose 25, **75**
NIS (nahe-normoglykämische Insulin-
substitution) 11, **13**
Normalinsulin (Altinsulin) 26, **32**, 56, 61, 66
Normoglykämie 11, 26, **92**, 141
Nüchtern-Blutzuckerwerte 53, 60, 100, 106, 116

O

Operationen 99, 113, 130

P

Pen-Geräte 39, 50, 72
Perfektionismus in der Behandlung 52, 92, 93
Praktikabilität der Behandlung 11, 26, 114, 121
prandialer Insulinbedarf 18, 29, 32, 48, 59
prandialer Insulinersatz **55**, 56, 90
Proteinurie 144, 146
Protokollführung 48, 119

R

Resorption (Aufnahme)
–, von Insulin 27, **55**, 61, 83, 115
–, von Kohlenhydraten 27, **56**, 83, 87
Retinopathie, diabetische **8 ff**, 12, **143**

S

„Schrankensensor" 90
Schwangerschaftsbetreuung bei Typ-1-
Diabetikerinnen **126 ff**
Sehvermögen, Beeinträchtigung 12, 141 ff
Selbsthilfegruppen 16, 120
Selbstkontrolle 25, 26, 60, 111, **119**
–, während des FIT-Programms 47
Spätkomplikationen des Diabetes 12, 23, 52,
127, **141 ff**
–, Vorsorgeuntersuchungen 146
Spitalsbehandlung 113, 128
Sport und körperliche Aktivität 20, **107 ff**, 115
Spritz-Eß-Abstand 15, **56 ff**, 59, 61
Spritz-Stellen 33
Spritz-Zeiten 11, **116**, 118
„Sünde" 56, 59, 69, **70**
Süßigkeiten 29, 70 ff, 89

T

Traubenzucker (Glukose) 18, **87**, 130

U

Übergewicht 22, 141
Ultratard-Insuline **33 ff**, 104
Unterzuckerung (s. Hypoglykämie)
Urinzucker 21, 25, 47, 51, 111

V

Vererbung des Typ-1-Diabetes 126
Verzögerungsinsuline 33, **60**, **115**
Vitrektomie 143

Z

Zeitverschiebung 118
Zielbereich der Blutglukose **52**, 93, **103**
–, bei Hypoglykämie-Risikopatienten 61, 90, 93
–, in Hypoglykämie-Risikosituationen 92
–, nach dem Essen 61
–, nüchtern 52
Zielbereich für MBG (mittlere Blutglukose) 28,
104, 120
–, in der Schwangerschaft 103, **128**
Zigarettenrauchen 127, 144, 145
Zuckeraustauschstoffe 29

Das **Diabetes***Journal* ist die Fachzeitschrift für alle Menschen mit Diabetes oder die mit Diabetes zu tun haben: also Typ-1- und Typ-2-Diabetiker, Junge und Alte, Eltern von Diabetikern und deren Angehörige. Alle medizinischen Artikel im Heft sind auf dem neuesten wissenschaftlichen Stand. Die Beiträge sollen Hilfe zur Selbsthilfe geben. In Schulungs-Artikeln und in Texten zu Arbeit und Soziales wird Wissen für den Alltag vermittelt. Das Journal will Hilfe zur Bewältigung und Akzeptanz des Diabetes sowie Hilfe gegen Diskriminierung geben und fit machen für das Leben mit Diabetes.

Gut leben mit Diabetes

Ihre Vorteile als Abonnent:

- Sie versäumen kein wichtiges Diabetes-Thema!
- Sie können Experten anrufen und werden individuell beraten!
- Die ersten beiden Ausgaben sind kostenlos und Sie können jederzeit das Abo kündigen!
- Geld-zurück-Garantie bei vorzeitiger Kündigung!

„Diabetes-Journal - das Buch"

Sie sollten es haben!

Mit einem völlig neuen, 150 Seiten starken Adressenteil (über 600 niedergelassene Ärzte; über 600 Selbsthilfegruppen; rund 80 Fußambulanzen, 80 Psychologen und 150 Fachkliniken/Krankenhäuser mit Diabetesschwerpunkt). Neu im Textteil: Potenz- und Anti-Fett-Pillen - neue blutzuckersenkende Tabletten - die große englische Diabetesstudie „UKPDS" - neue Diabetesverträge - das aktuelle Sortiment der Diabetesfirmen mit Service-Adressen.

Bitte senden Sie mir zwei Ausgaben Diabetes*Journal* zur Probe. Gebe ich Ihnen nach Erhalt des zweiten Heftes keine gegenteilige Nachricht, bin ich mit der regelmäßigen Weiterbelieferung bis auf Widerruf einverstanden. Ich zahle dann nur den Abonnementspreis von monatlich 5,60 DM = 67,20 DM/72 sFr/582 öS jährlich. Die Probehefte senden Sie bitte an:

Name/Vorname

Straße

PLZ/Wohnort

Datum/Unterschrift des Bestellers

Sie garantieren mir, daß ich diese Vereinbarung schriftlich innerhalb von 10 Tagen nach Absenden der Bestellung (Poststempel) durch Mitteilung an pan-adress, Leserservice Kirchheim-Verlag, Semmelweisstraße 8, 82152 Planegg, widerrufen kann. Zur Wahrung der Frist genügt die rechtzeitige Absendung des Widerrufs.

Datum/Unterschrift

Falls ich das Abonnement **Diabetes*Journal*** nicht widerrufe, wünsche ich folgende Zahlungsweise: ❍ nach Erhalt der Rechnung ❍ Kontoabbuchung

Bankleitzahl Konto-Nr.

Name der Bank

Datum/Unterschrift

Ich bin Jahre alt ❍ Typ-1-Diabetiker
❍ Typ-2-Diabetiker (ohne Insulin) ❍ Typ-2-Diabetiker (mit Insulin)

Bücher

Bitte frankieren

Antwortkarte

pan-adress
Leserservice
Kirchheim-Verlag
Semmelweisstraße 8

82152 Planegg

❍ Bitte senden Sie .... Exemplar(e)
Nuber: **Diabetes-Journal - DAS BUCH**, 2. Auflage,
zum Stückpreis von 24,80 DM/23 sFr/181 öS,
zzgl. Versandkosten, **Bestell-Nr. 41 0280**,
an nachfolgende Anschrift:

Name/Vorname

Straße

PLZ/Wohnort

Datum/Unterschrift des Bestellers

Bücher

Bitte frankieren

Antwortkarte

LIBRI
Distributions GmbH
August-Schanz-Straße 33

60433 Frankfurt